KB035989

불평등 시대의 부동산 정책

불평등 시대의 부동산 정책

서울사회경제연구소 엮음

송인호 · 이관건 · 이상영 · 전강수 · 이선화 · 정영식 · 박종선 · 정세은 · 정준호 · 나원준 · 권세훈 지음

한울
아카데미

머리말

부동산은 국민의 주거공간이자 중요한 투자자산이다. 부동산 정책은 주거공간으로서의 가계의 기본 주거수요를 충족시켜야 하며, 나아가 생활수준이 향상됨에 따라 더 좋은 위치에 더 넓고 좋은 집을 가지고자 하는 개선 수요에 맞추어 적절한 신·개축의 공급을 허용하고 유도해야 한다. 또한 부동산은 가계의 가장 중요한 투자자산이기도 하다. 정부는 부동산 가격의 과도한 하락이나 침체를 막아야 하며, 과도한 상승도 경계해야 한다. 부동산 가격이 과도하게 상승하면 기본 주거수요를 충족시키기 어려울 뿐만 아니라 자산 불평등과 소득 양극화가 심화되기 때문이다. 부동산 가격 안정이 정부 정책에서 중요한 위치를 차지하는 이유이다.

문재인 정부가 출범한 이후 부동산 가격 안정을 위한 대책들이 연이어 발표되었지만, 대부분 소기의 성과를 거두지 못했다. 서울, 지방, 아파트, 빌라 가릴 것 없이 주택 가격과 전월세가 폭등해 서민의 주거 공간이 위협받는 큰 혼란이 벌어졌다. '빚투', '영끌'처럼 뒤늦게라도 부동산 가격 상승에 편승하려는 부동산 투기의 광풍이 새로운 금융 불안을 만들어냈다. 부동산 가격의 폭등으로 인해 계층 간, 지역 간, 세대 간 자산 불평등이 심화되어 성실한 근로자가 일할 의욕을 크게 잃기도 했다. 결국 부동산 문제가 불평등 시대의 불평등 문제를 더욱 악화시켰다.

이 책 『불평등 시대의 부동산 정책』은 불평등을 심화시키지 않으면서 가격과 공급의 안정성을 유지하는 방안을 아홉 개의 주제로 나누어 탐구한다. 필자들은 모두 부동산 정책이 불평등을 심화시켜서는 안 된다는 대전제에서 출발한다. 부동산 정책은 오히려 불평등을 완화시키는 중요한 수단이 될 수 있다. 그렇지만 정부의 부동산 정책은 시장을 거스르지 않아야 하며, 서로 어울리고 조화되고 활용되어야 한다. 또한 부동산 정책은 의도한 직접적인 일차효과뿐만 아니라 풍선 효과나 밀어내기 효과처럼 의도하지 않은 간접적인 이차효과도 고려해야 한다. 또한 연관된 다른 정책과의 상호작용도 신중히 고려해야 한다.

이 책에 실린 아홉 편의 글은 크게 부동산 정책 진단(시장 전망, 정책 평가, 정책 대안)에 관한 글 세 편과 부동산 정책의 처방(보유세, 부동산 대출, 공공임대)에 관한 글 여섯 편으로 구분할 수 있다. 진단과 관련된 세 편의 글은 1부에 싣고, 처방 중 논쟁이 많은 보유세는 네 개의 측면(개편 방향, 국제 비교, 부담 평가, 과표 평가)으로 나누어 분석해 2부에 따로 실었으며, 나머지 두 편의 글(부동산 대출, 공공임대)은 3부에 실었다.

제1부 '부동산 정책, 평가와 방향 설계'는 주택시장의 전망, 부동산 정책의 평가, 부동산 정책의 방향을 다룬 세 개의 논문으로 구성되어 있다.

제1장 '2021년 주택시장 진단 및 주택시장 전망'에서 송인호·이관건은 2019년 이후 전국적으로 매매가격이 상승한 원인은 이례적으로 풍부한 유동성을 통한 수요 압력과 신규 주택의 공급 부진 때문이었다고 분석한다. 또 '주택임대차법' 개정에 따라 2020년 하반기부터 임대가격이 시장가격, 규제가격,

협상가격으로 삼중화되면서 전월세 가격이 크게 상승했다고 분석한다. 이들은 현 시점에서 주택시장의 추가적 불안 요인이 크지 않다고 진단하고, 현재의 고평가된 주택가격이 안정화되는 시기를 주택공급이 실현되는 2022년 이후로 전망한다.

제2장 '문재인 정부 부동산 정책의 경제적 평가 및 설계'에서 이상영은 문재인 정부의 부동산 정책은 기존 자유주의적 시장체계를 유럽식 체계로 전환시키려 했지만, 그 과정에서 매매가격, 임대차가격의 폭등과 공급부족의 문제가 발생했다고 평가한다. 이상영은 그 대안으로 무주택자와 생애최초구입자 중심의 내 집 마련 주택공급과 대도시권의 우량 임대주택의 공급을 제시한다. 그 외에도 교통망 확충을 통한 수도권 거주비용의 감소, '주택임대차 3법'을 보완하기 위한 주택분쟁 조정기능의 강화, 민간 임대주택 사업자 기능의 활성화, 부동산 자산의 유동화 등 다양한 정책을 제안한다.

제3장 '불평등 시대 부동산 정책의 방향'에서 전강수는 부동산 정책의 최우선 순위를 불로소득의 차단과 환수에 두어야 한다고 주장한다. 전강수는 토지보유세 강화, 불로소득 환수의 수단으로서 양도소득세 정상화, 개발부담금제 강화와 토지초과이득세 부활, 부당이득의 환수 장치 마련 등을 주장한다. 이밖에 공공 강제수용 토지에서의 땅 장사를 중단하고 이를 공공성에 부합하는 주택공급에만 활용해야 한다고 주장한다.

제2부 '부동산 조세 정책 과제'는 보유세 개편의 방향, 보유세 국제 비교,

보유세 부담 효과의 분석, 보유세 과표로서의 공시가격 개편 등 네 편의 글로 구성되어 있다.

제4장 '부동산 보유세제 개편의 쟁점과 기본 방향'에서 이선화는 보유세에 관한 여러 가지 쟁점을 정리하면서 평균 세부담의 점진적 인상, 사회적 합의에 따른 보유세의 부유세 기능 수용, 과세 대상에 대한 공정한 평가체계 마련, 토지 고율 과세, 건축물 세부담 완화를 주장한다. 덧붙여 보유세를 시장안정화 수단으로 사용하는 정책 당국의 관행을 비판하면서, 이런 관행에서 탈피할 것을 주장하고 있다.

제5장 '부동산 보유세 세부담에 대한 국제 비교와 시사점'에서 정영식은 부동산과 관련된 조세의 크기를 OECD 자료로 비교 분석했다. 보유세를 GDP에 대한 비중으로 측정하면 한국은 0.93%로, OECD 평균 1.06%에 비해 낮은 편이다. 그런데 보유세의 실효세율(민간부동산 자산 총액 대비 부동산보유세액)을 비교하면 한국이 0.17%로, OECD 평균 0.30%의 절반에 해당한다. 이러한 차이는 한국의 부동산 가격이 GDP에 비해 상대적으로 높다는 방증이기도 하다. 그렇지만 거래세, 상속증여세는 한국이 훨씬 높은 편이며, 전체 재산세는 한국(GDP의 3.12%)이 OECD 평균(GDP의 1.85%)보다 높다. 따라서 국제사회가 부동산 보유세 강화를 권고하고 있다는 점을 감안해 보유세를 강화하고 거래세를 인하하는 재산세의 전면적인 개편을 제안한다.

제6장 '가계의 부동산 분배 현황과 보유세 개편의 계층별 세부담 효과'에서

박종선·정세은은 정부의 보유세 강화 정책이 가계의 부동산 실효세율과 담세율에 어떠한 영향을 미칠지 추정했다. 종부세의 공정시장가액비율 100%화와 세율 인상 정책은 큰 영향을 미치지 않았으나, 공시가격 현실화는 영향이 컸다. 그러나 우리나라 보유세 실효세율이 OECD 국가들의 절반 수준이라는 점에서 공시가격을 현실화해도 과도하지 않은 것으로 판단한다. 다만 고령 계층의 경우 과세이연제도나 주택연금을 활용해 납부 부담을 줄여야 한다고 제안한다.

제7장 '부동산 공시가격제도의 문제점과 개선 방안'에서 정준호는 많은 사람들이 수긍할 수 있도록 부동산 공시가격 체계를 개편할 것을 요청한다. 시장가치와 정책가치를 구분하되, 시장가치는 실거래가 등을 참조해 전문기관이 독립적으로 평가해서 구하고, 정책가치는 조세, 복지, 보상, 지역개발 등 부처의 정책 목적에 따라 시장 가치에 가중치를 주어 구하는 게 바람직하다고 제안한다.

제3부 '부동산 금융 및 공급 정책 과제'는 부동산 담보대출과 공공임대주택 제도의 개혁 방안에 관한 두 편의 글을 싣고 있다.

제8장 '금융 불균형과 가계부문 건전성 관리'에서 나원준은 한국에서 정부 부채비율보다 민간부채비율이 더욱 많이 상승했는데 그 원인이 부동산 시장에 있다고 지적하면서, 금융 불균형과 가계부채 문제를 완화하기 위해 차주 단위 DSR 규제의 조기 도입, 갭 투자용 대출의 통제 등 거시건전성 관리를 제

안한다. 다만 기준금리 인상 속도를 조절해 신용위험의 급격한 확대와 시장 경착륙을 막아야 한다고 주장한다.

제9장 '공공임대주택제도 개혁 방안'에서 권세훈은 주택 정책은 반값 아파트 분양 같은 소수 무주택자에게 혜택을 집중하는 데서 벗어나 대다수 무주택자의 주거비용을 안정화시키는 정책으로 전환해야 하며, 공공임대주택은 핵심 입지에, 시장가격으로, 단기전세 방식으로, 대규모로 공급해야 효율적이고 공정하며 장기적으로 지속 가능하다고 주장한다.

이 책은 부동산 정책에 관한 여러 주제에 대해 여러 명의 필자가 분담해서 자유롭게 집필한 글을 모은 것이므로, 내적 일관성이 보장되는 것은 아니다. 또한 필자 각자의 분석방법과 소신을 펼친 것이므로 논쟁의 여지가 있을 수도 있다. 그렇지만 각 필자가 근본적이고 객관적인 시각에서 부동산 시장과 정책을 탐구하고 분석한 결과를 모은 것이다. 제20대 대선을 앞둔 시점에서는 다양한 부동산 정책 제안이 쏟아져 나왔다. 첫 번째 대선 토론의 첫 번째 주제도 부동산 정책이었을 정도로 부동산에 대한 대중의 관심도 높았다. 다만 그러한 선거 전후의 정책 제안에서는 대중의 인기에 영합하려는 정책도 섞여 있기 마련이다. 이 책이 이러한 사이비 정책 대안을 식별하고, 바람직한 부동산 정책 대안을 보다 깊이 있게 탐구하는 데 소중한 정보와 생각거리를 마련해 줄 것으로 믿는다.

이 책에 실린 소중한 원고를 써주신 모든 필자 분에게 깊이 감사드린다. 이 글을 책으로 펴낼 수 있도록 도와주신 한울엠플러스 편집진과 이 책의 발간을 위해 수고한 서경연 연구진에도 감사드린다. 이 책이 부동산 시장의 혼란한 상황에서 바람직한 부동산 정책을 모색하고 수립하는 데 일조하기를 바라 마지않는다.

2022년 3월

(사)서울사회경제연구소 소장 장세진

차례

제2부 | 부동산 조세 정책 과제

제3부 | 부동산 금융 및 공급 정책 과제

| 제1부 |

부동산 정책, 평가와 방향 설계

제1장

2021년 주택시장 진단 및 주택시장 전망

송인호 | KDI 경제전략연구부장
이관건 | KDI 전문연구원

1. 최근 주택시장 진단

최근 주택매매시장은 풍부한 자금유동성에 따른 주택 수요 압력, 신규 준공물량의 공급 부진, 기존 주택공급물량의 감소, 교통개발 호재 및 비규제지역의 프리미엄 효과 등으로 주택가격 상승이 지속되고 있다. 장기간 지속된 저금리 기조는 주거의 기회비용을 낮추었고, 풍부한 자금유동성이 주택시장 수요의 상방압력으로 작용하면서 매매가격을 상승시키고 있다. 이와 더불어 2017년 이후부터 2022년 현재까지 신규주택 준공물량은 전반적으로 부진하다. 2018년 4분기에 문재인 정부 들어 가장 많은 17.1만 호 공급을 기록한 이후 2019년 이후 지난 2년간 분기당 평균 신규주택 준공물량은 12.3만 호에 불과했다.

또한 규제지역의 순차적 지정이 비규제지역의 프리미엄으로 이어지면서 주택가격 상승세가 전국에 걸쳐 차례로 확산된 것으로 판단된다. 다만, 2018년 하반기 및 2019년 상반기에는 주택시장이 일시적으로 안정화되었는데, 이

것은 당시가 문재인 정부 들어 가장 많은 신규주택 물량이 공급된 시기이기도 했고 정부의 주택시장 안정대책(9·13 대책)이 발표된 이후 고가주택에 대한 대출규제가 강화되면서 서울 동남권을 중심으로 부동산 투자 심리를 약화시키는 데 일시적으로나마 영향을 주었기 때문인 것으로 보인다. 다만, 이처럼 일시적으로 주택시장이 안정되었던 기간에도 서울과의 접근성이 높고 개발 호재가 많은 인천·경기지역은 비교적 높은 상승세를 기록했다.

2. 주택시장 현황

2021년 2분기 주택매매시장은 수도권으로 중심으로 2.2% 상승하면서 전분기 2.4%에 이어 상승 추세를 이어갔다. 특히 3기 신도시 예정지역 및 교통 개발 호재 지역인 인천·경기지역을 중심으로 상승폭이 확대되었다. 최근에는 이러한 주택가격 상승세가 공급물량이 부족한 대전 및 지역거점도시를 중심으로 전국으로 확산되고 있다.

우리나라 주택매매시장은 정부의 각종 부동산 규제에도 불구하고 2018년 하반기와 2019년 상반기를 제외한 대부분의 기간 동안 높은 상승세를 유지해 왔다. 주택유형별로는 아파트 가격의 상승이 전체 주택시장 매매가격 상승을 주도하고 있다.

한편, 지역 간 주택가격 격차는 점차 확대되는 것으로 나타나고 있다. 서울의 평균 아파트매매가는 최근 5년 사이 2배 이상 상승한 반면, 경남·경북지역의 아파트 가격은 정체되어 있다.

지역 간 주택가격의 격차가 확대되고 있는 가운데, 고가주택의 수도권 집중 현상도 두드러지고 있다. 최근 수도권을 중심으로 주택가격이 급등하면서

그림 1-1 | 주택매매시장의 상승률 추이

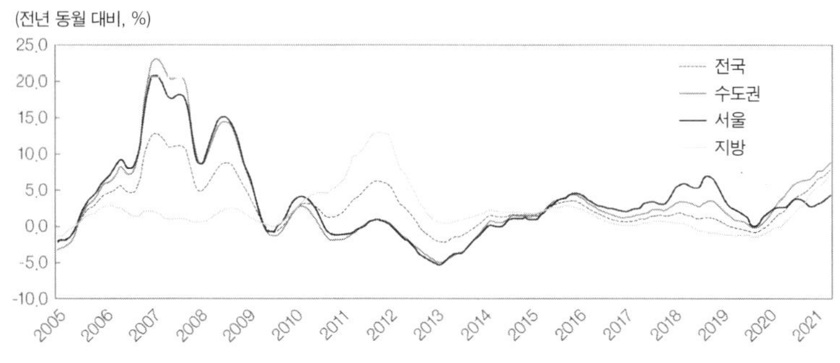

자료: 한국부동산원, 「전국주택가격동향조사」

그림 1-2 | 지역별·주택유형별 주택매매가격의 상승률 추이

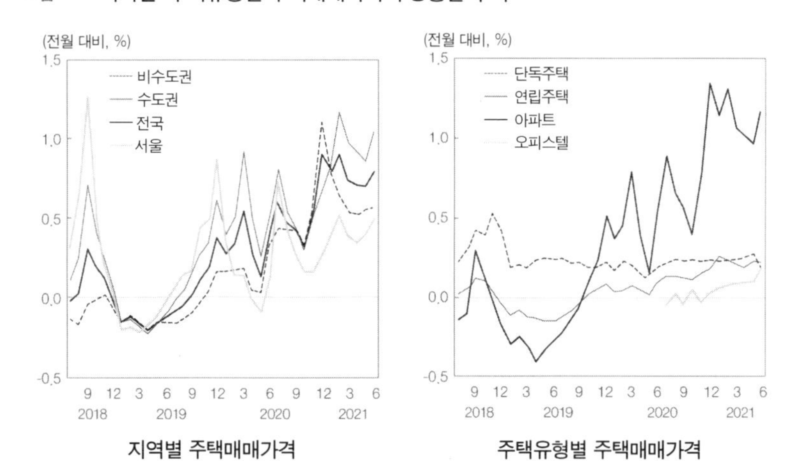

자료: 한국부동산원, 「전국주택가격동향조사」

서울 내 9억 원을 초과하는 아파트 비중은 2017년 21.9%에서 2021년 51.9%로 크게 확대되었다. 또한 서울 내 중저가 아파트 지역인 노원, 도봉, 강북, 금천, 관악, 구로지역의 가격 급등세가 이어지면서 9억 원 초과 아파트 비중이 증가하는 추세는 당분간 지속될 것으로 전망된다.

그림 1-3 | 기간별 아파트 가격 상승률 누적분(단위: %)

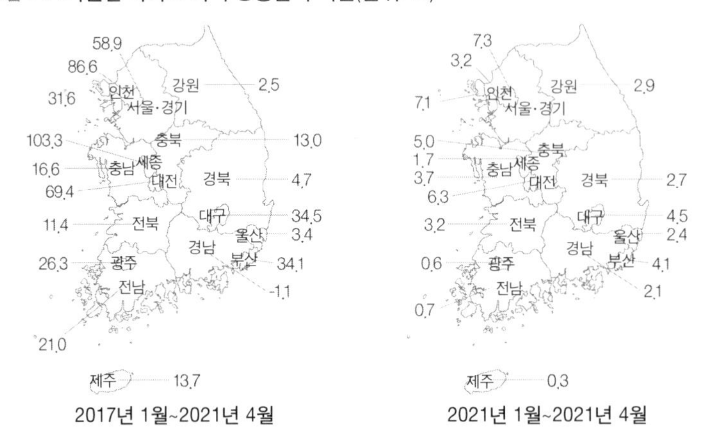

자료: 부동산114

그림 1-4 | 수도권의 9억 원 초과 고가 아파트 비중

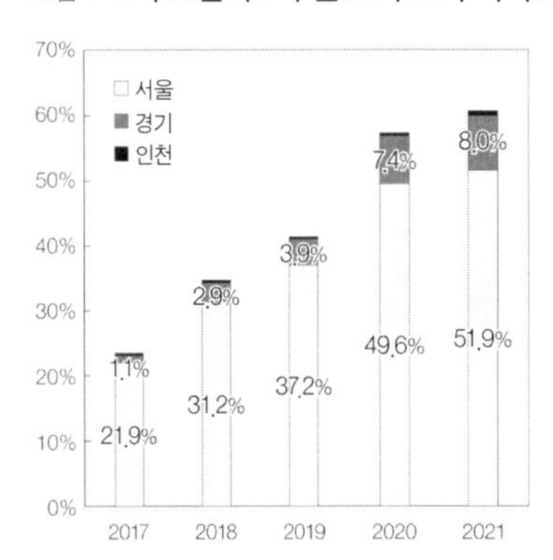

	2017년	2018년	2019년	2020년	2021년
서울	21.9%	31.2%	37.2%	49.6%	51.9%
경기	1.1%	2.9%	3.9%	7.4%	8.0%
인천	0.2%	0.2%	0.2%	0.4%	0.6%

주: 매년 12월 말 기준, 2021년은 1월 15일 기준
자료: 부동산114REPS

정부는 2018~2022년 서울 및 수도권의 연평균 신규주택 수요를 가구 수, 소득, 주택 멸실을 감안해서 각각 5.5만 호 및 22만 호로 전망했다(국토교통부 보도자료, 2018.8.27). 2018년부터 향후 5년간의 주택공급물량은 기분양물량, 정비사업의 진행 정도, 인허가 전망 등을 감안했을 때 서울 및 수도권이 각각

그림 1-5 | **지역별·시기별 아파트 입주 및 입주예정물량(단위: 만 호)**

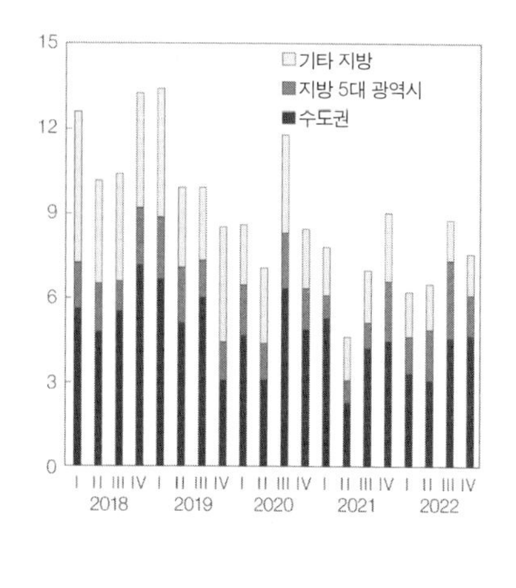

지역별 입주 및 입주예정물량

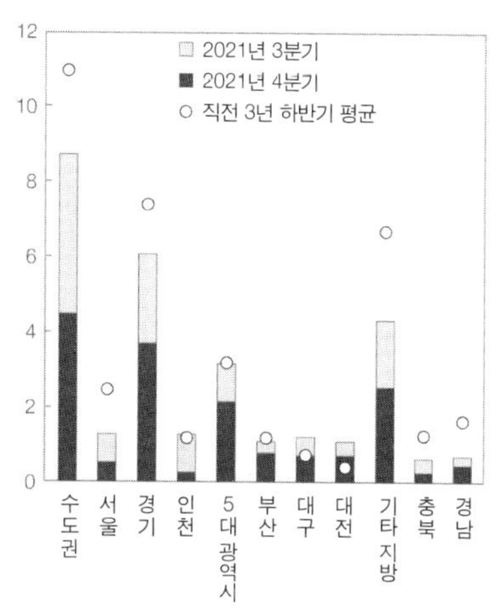

시기별 입주 및 입주예정물량

자료: 부동산114REPS

7.2만 호, 26.3만 호로 추정되었으나, 실제 공급이 원활하게 이루어질지 여부는 불확실하다. 또한 입주물량을 기준으로 주택공급물량을 산정하면 현재의 주택시장에 영향을 준다는 이유로 착공물량이나 착공계획 물량만 공급물량으로 간주할 경우 오류가 발생한다.

2021년 기준 아파트 입주물량은 예년에 비해 큰 폭으로 감소했으며, 향후에도 입주예정물량은 당분간 낮은 수준을 유지할 것으로 전망된다. 2021년 2분기 전국 아파트 입주물량은 4.6만 호를 기록해 최근 3년 동기간의 평균 물량 9.1만 호에 비해 크게 감소했다. 수도권의 경우, 서울과 경기의 입주물량이 각각 5000호, 1.4만 호를 기록해 직전 3년 동기간의 평균 물량보다 47.9% 감소했다. 수도권의 아파트 입주물량 감소세는 2021년 하반기에도 이어질 것으로 전망되며, 다른 지역도 평년 수준 6.7만 호를 크게 하회하는 4.3만 호를 기록할 것으로 예상된다.

표 1-1 | 문재인 정부의 서울 및 수도권 신규주택 수요·공급(입주기준) 전망(단위: 만 호)

		2018	2019	2020	2021	2022	연평균
수도권	수요	22.1	22.2	22.2	22.4	21.8	22.1
	공급	32.4	25.1	27.0	22.6	21.5	26.3
서울	수요	5.5	5.5	5.6	5.6	5.5	5.5
	공급	7.4	8.0	7.0	6.4	7.0	7.2

자료: 국토교통부, 2018.8.27 보도자료 인용

그림 1-6 | 지역별 월 평균 주택 준공물량 및 주택 인허가물량(단위: 월 평균, 만 호)

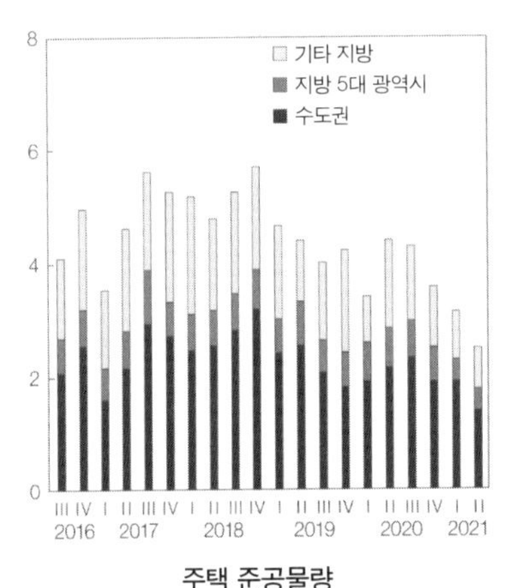

주택 준공물량

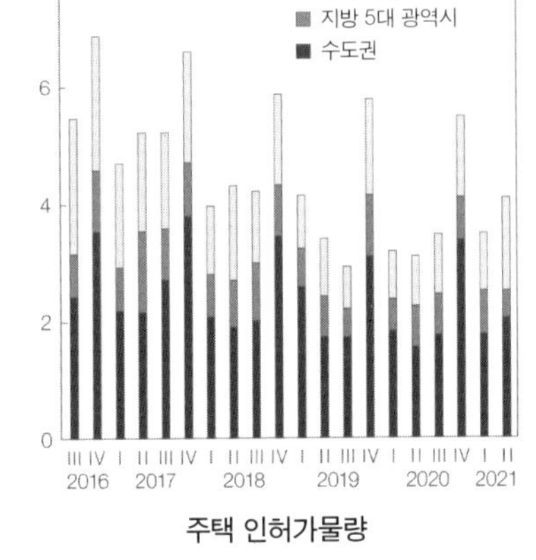

주택 인허가물량

자료: 국토교통부, 「주택건설실적통계」

주택공급 현황을 살펴보면, 2021년 4~5월 전국 주택 준공물량은 최근 3년 동기간 대비 41.7% 감소한 월 평균 2.5만 호였다. 수도권의 경우, 경기지역이 월 평균 9000호로 예년 동기간의 1.5만 호에 비해 40.9% 감소했고, 서울도 3900호로 크게 감소한 것으로 나타났다. 반면, 2021년 4~5월 전국 인허가물량은 평년 동기간 월 평균 3.5만 호에 비해 16.1% 증가한 4.1만 호를 기록했다. 수도권의 인허가물량은 2.1만 호로 서울 7300호를 중심으로 증가했다.

주택임대시장은 저금리 기조가 지속되는 가운데 신규 공급물량 부진, 실거주요건 강화, 국회의 '주택임대차보호법' 통과 등으로 시장가격 상승 압력이 강하게 작용하고 있으며, 시장가격, 규제가격, 협상가격 등 삼중가격이 본격화되고 있는 것으로 평가된다. 주택매매시장을 안정시키기 위한 정책인 세법 및 금융 규제, 청약제도 등에서 실거주요건을 강화한 것은 임대시장에서 기존 임차인의 계약갱신청구권 효력을 약화시키는 결과를 초래했다. 계약갱신청구권은 주거의 안정성을 목적으로 계약기간을 4년으로 연장하는 것으로, 전월세 상한제를 통해 과도한 임대료 인상을 제한하는 것이 목적이었으나 그 효과는 제한적인 것으로 판단된다. 2019년 주거실태조사에 따르면, 평균 전세 거주기간이 이미 3년인 것으로 나타나고 있는 상황에서, 임차인의 4년 거주 규제 정책은 오히려 임차가격을 상승시킴으로써 임차인의 비용 증가를 유발해 임차인의 편익보다 비용이 더 커질 가능성이 존재한다. 한편 다주택자의 보유세(종합부동산세 포함)세율 및 공정시장가액비율을 인상한 것은 임대사업자를 포함한 다주택자들로 하여금 전세를 월세로 전환하거나 기존의 월세가격을 높이도록 만들어 세금 부담을 임차인에게 전가할 유인으로 작용할 가능성도 있다.

주택 전월세 가격은 2020년 상반기까지 비교적 안정적인 흐름을 보여왔으나, '주택임대차보호법' 개정 시점인 2020년 하반기에 큰 폭으로 상승한 이후 상승 추세가 지속되고 있다. 전국 전세가격은 2018년 및 2019년에 각각 -0.7% 및 -2.0%의 상승률을 기록했으나, 2020년 및 2021년에는 각각 1.7% 및 4.4%로 상승 전환되었다. 한편, 2021년 7월 아파트 주간 전세가격 상승률은 수도권을 중심으로 상승폭이 확대되는 모습을 보이고 있다.

정부의 주택안정화 정책에도 불구하고 주택가격은 지속적으로 상승하고 있는 모습이다. 문재인 정부의 주요 주택 안정화 정책으로는 ① 규제지역 확대 지정 및 대출규제 강화(2017년 8·2 대책), ② 종부세율 인상 및 대출규제 강

그림 1-7 | 전국 주택 및 아파트 전세가격 상승률

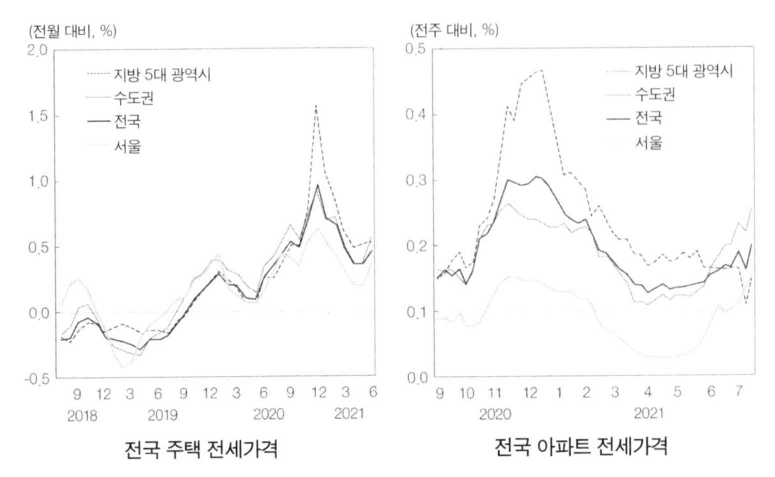

자료: 한국부동산원, 「전국주택가격동향조사」

화, 수도권 주택공급 확대(2018년 9·13 대책), ③ 대출규제 강화 및 보유세/양도세 강화(2019년 12·16 대책), ④ '주택임대차 3법' 개정(2020년 8월), ⑤ 공공 주도 재개발·재건축 확대와 전국 83만 호 공급 방안(2021년 2·4 대책)이 있었다.

3. 향후 주택시장 전망

주택의 준공 및 입주물량과 주택시장 간의 관계를 실증 분석한 결과에 따르면, 입주물량이 장기 평균보다 10% 증가할 경우 주택매매가격을 0.7% 하락시키고 전세가격을 1.2% 하락시키는 것으로 나타났다. 이러한 결과는 최근의 주택가격 및 전세가격의 상승을 일부 설명할 수 있다.

한편, 2021년 7월 부동산 전문가를 대상으로 실시한 설문조사에 따르면,

그림 1-8 | 주요 정책 시점의 주택매매가격 상승률

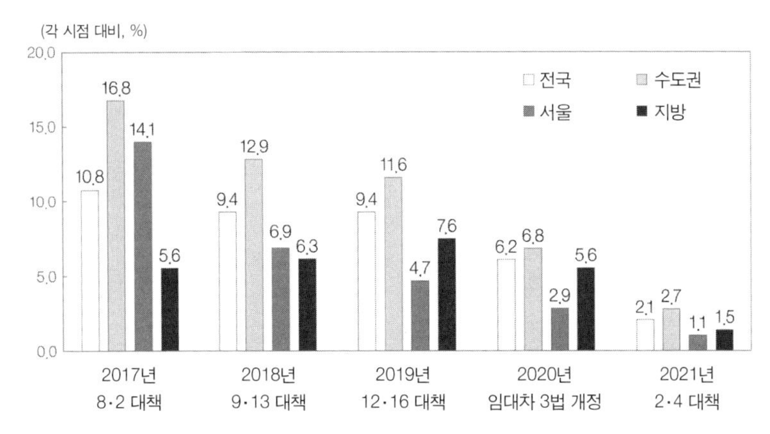

주: 상승률은 각 시점 대비 2021년 5월 기준 주택매매가격 상승률을 의미함.
자료: 한국감정원

그림 1-9 | 공급물량과 주택가격 간 관계(단위: %)

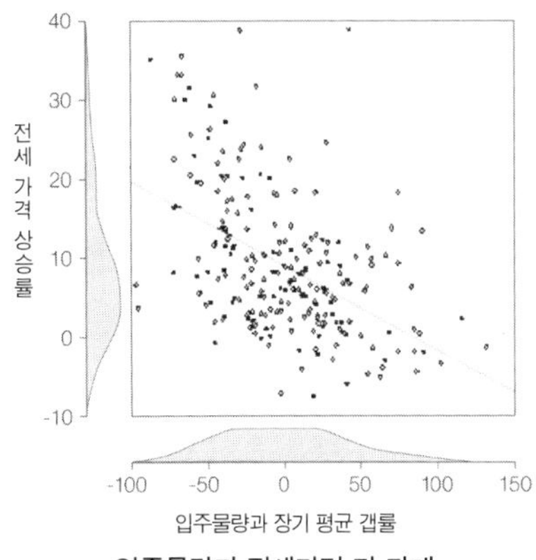

입주물량과 전세가격 간 관계

고정효과	종속변수		
	주택매매가격 상승률(%)	전세가격 상승률(%)	
지역별 아파트 입주물량 갭(%)	-0.074***	-0.121***	-0.061***
지역별 주택매매 가격 상승률(%)			0.807***
상수항	5.125***	10.471***	6.330***

공급물량이 주택시장에 미치는 영향

주: 입주물량 갭 = ({연도별 입주물량 - 지역별 입주 장기 평균(10년 이동 평균)} / 장기 평균 × 100)
자료: KDI

그림 1-10 | 주택가격에 대한 부동산 전문가의 인식

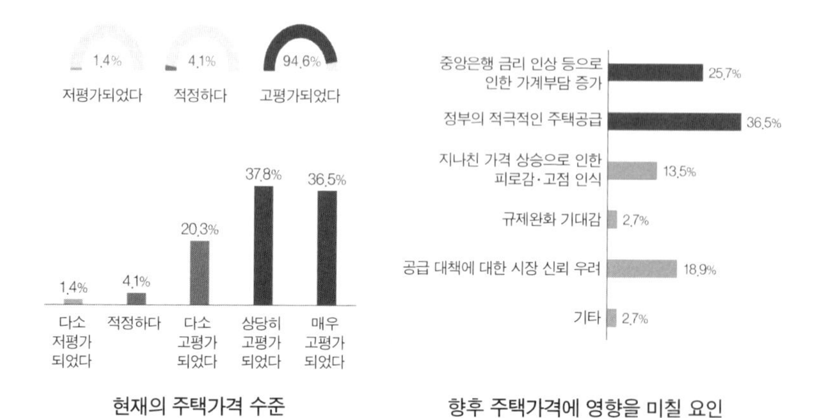

자료: KDI 자체 설문조사

전문가의 94.6%가 현재의 주택가격 수준이 고평가되었다고 인식했으며, 적정하다고 생각하는 전문가 비중은 4.1%에 그쳤다. 또한 향후 주택가격에 영향을 미칠 요인으로는 정부의 적극적인 주택공급이 36.5%로 가장 높게 나타났고, 중앙은행 금리 인상에 따른 가계부담 증가도 25.7%로 높게 나타났다.

주택가격의 조정 시기 및 가격 조정 폭을 묻는 질문에는 1~2년 이내에 주택가격이 조정될 것이라고 응답한 전문가가 40.5%로 다수를 차지했고, 가격 조정 폭은 5% 이내의 하락이 29.7%로 가장 높게 나타났으며, 10% 이상의 하락을 예상한 전문가도 18.9%를 기록했다.

향후의 주택시장은 거시경제 여건상 추가적인 불안 요인이 크지 않은 상황이지만, 지금과 같은 주택공급 부진이 이어질 경우 주택가격이 단기적으로 안정화되기는 쉽지 않을 것으로 판단된다. 다만 고평가된 현재의 주택시장이 본격적으로 안정화되는 시점은 현재의 주택공급 정책이 실제 준공물량으로 실현되는 2022년 이후일 것으로 예상된다.

그림 1-11 | 주택가격의 조정 시기와 폭에 대한 부동산 전문가의 인식

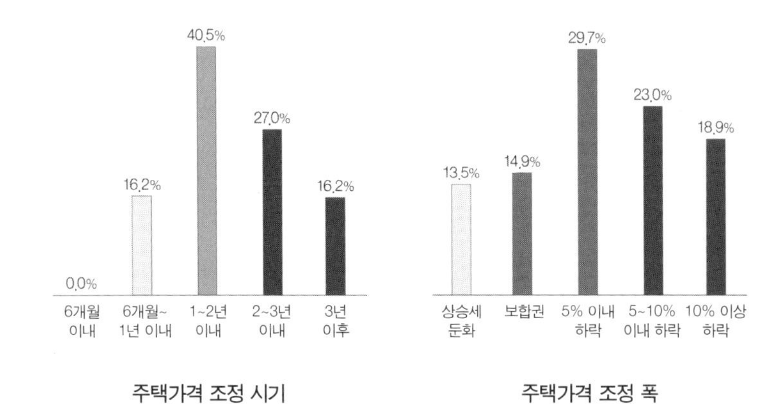

자료: KDI 자체 설문조사

제2장

문재인 정부 부동산 정책의 경제적 평가 및 설계

이상영 | 명지대 부동산학과 교수

1. 들어가는 글

부동산 정책을 평가하는 방식에는 다양한 방법이 있다. 부분별로 평가해서 종합적으로 결론을 내릴 수도 있고, 매번 발표되는 대책을 중심으로 평가를 할 수도 있다. 각 정당 정책이나 정치공약으로 제시된 정책을 평가하는 방법도 있다. 하지만 이 글에서는 문재인 정부의 부동산 정책에 대해 이러한 방식으로 평가하기보다는 우리나라의 부동산 정책이 전 세계적으로 어떤 위치에서 어떤 위상으로 전개되어 왔는지, 그래서 궁극적으로는 어떤 체제를 지향하는지 살펴보고자 한다. 이러한 방법론에 적합한 접근방식으로는 괴스타 에스핑-앤더슨(Gøsta Esping-Andersen)의 주거복지체제론이 있다. 주거복지체제론에서는 선진국의 주거복지체제를 세 가지 유형, 즉 자유주의 주거체제, 보수주의(조합주의) 주거체제, 사회민주주의 주거체제로 나누고 그 특징을 정리한다.[1)]

1) 주거복지체제론에 대해서는 에스핑-앤더슨(2007) 참조.

선진국과 달리 한국과 같이 국가 주도로 단기간에 경제성장을 이룬 국가의 경우는 이 세 가지 주거체제와는 다른 유형으로 주거체제를 분석하기도 한다. 즉, 한국을 비롯한 동아시아 국가들처럼 국가 주도로 급성장하면서 형성된 주거체제를 생산주의 주거체제로 분류하면서 서구와는 다른 주거체제로 간주하기도 한다.[2] 적어도 한국은 2000년 이전까지는 전형적인 생산주의 주거체제 국가였고, 이에 따라 동아시아 국가들에서 공통적으로 나타나는 국가 주도 주거체제의 전형적인 형태로 부동산 정책이 전개되었다. 특히 한국은 국가가 재정적 부담을 지기보다는 청약자 자금과 수분양자의 주택채권으로 조성되는 주택도시기금, 주택 수요자의 청약제도, 민간토지의 강제수용 등 민간의 자원을 국가가 최대한 동원하는 주거체제였다. 그 결과 지금도 한국의 부동산 정책은 서구의 주거복지체제만으로는 설명하기 어려운 생산주의 주거체제의 유산을 광범위하게 가지고 있다.

따라서 이 글에서는 문재인 정부의 부동산 정책을 정책 자체보다는 주거체제라는 관점에서 경제적으로 평가하고자 한다. 이를 위해서는 우리나라가 다른 주거체제를 가진 국가들과 정책적으로 어떤 차이가 있는지를 살펴봐야 한다. 이러한 분석을 토대로 향후 우리나라에 필요한 부동산 정책을 설계해야 할 것이다.

2. 주택시장 현황

우리나라의 주택매매가격 및 주택전세가격은 2015년 이후 하강 추세였으

---

2) 생산주의 주거체제에 대해서는 Holliday(2000) 참조.

그림 2-1 | 서울 아파트 가격 변동률

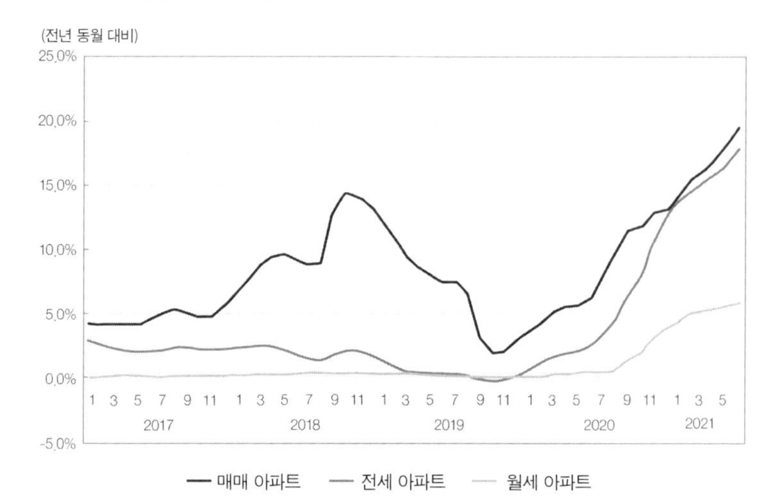

자료: KB주택가격동향조사

나, 2020년부터 동반 상승하면서 급등세를 보이고 있다. KB주택 및 전세매매 지수를 보면 2021년 이후 매매가격과 전세가격의 동반 상승을 견인한 중심 지역은 수도권, 즉 서울과 경기도였다. 서울의 아파트만 보면 매매가격은 2018년 하반기에 급등했지만 이후 정체되었다.

그런데 2019년 4분기 말부터는 매매가와 전세가가 동시에 상승하고 있다. 2020년 하반기부터는 전세가가 더 가파르게 상승했다. 전국 전세가격 변동률을 보면 수도권이 광역시나 나머지 지역보다 매우 빠르게 상승한 것을 알 수 있다. 여기에 통상적으로 크게 상승하지 않는 월세가격마저 크게 상승하고 있다. 〈그림 2-1〉을 보면 서울 월세가격의 경우는 2020년 하반기부터 상승하기 시작해서 2021년 6월 말까지 전년 동월 대비 5% 이상 급등했다.

〈그림 2-2〉에서 주택매매거래 동향을 보면 주택매매거래가 2020년 급증해 127.9만 건으로 2006년 실거래가가 도입된 이후 최대 거래량을 기록했다.

그림 2-2 | 전국 주택매매거래량 추이(단위: 만 건)

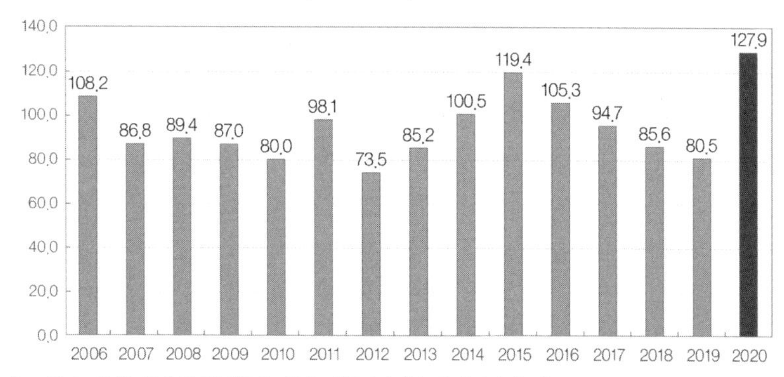

자료: 국토교통부, 주택 통계(미분양, 매매·전월세거래량 및 건설실적) 발표

이는 주택매매시장이 그만큼 호황이었음을 반영한다. 최근 거래량이 가장 많았던 2015년의 주택매매거래량은 전국 119.4만 호였지만, 이후 2019년까지 4년간 지속적으로 거래량이 감소해 2019년 거래량은 80.5만 호에 불과했다.

월별 추세를 보면 2020년에는 4월까지 감소하다가(7.4만 호) 5월부터 거래량이 증가하기 시작해서 6~7월 거래량이 급증했다(14.1만 호). 2020년에 이어 2021년 들어서도 거래량이 증가하면서 8월까지 월간 거래건수가 9만~10만 건 수준을 기록했다.

그런데 2021년 9월부터 감소세를 보이기 시작하더니 10월에는 7.5만 건까지 감소하면서 거래량 급증세가 주춤하고 있다. 2021년 10월 말까지 89.4만 건으로 전년 동기 대비 14.4% 감소했다. 특히 수도권은 23.6%, 서울은 23.4% 감소하는 등 전체적으로 주택매매거래가 점차 감소하고 있으며, 이에 따라 매매가격 상승률도 정체되기 시작했다.

이처럼 주택매매가격이 폭등하고 뒤이어 전월세가격마저 오르자 20~30대 젊은 층에서는 고소득이나 자산가 계층의 주택매입 및 부모세대로부터의 증여가 급증했다. 젊은 층의 패닉바잉이나 영끌 현상 같은 주택매수 열풍은 정부정책이 강화될수록 더욱 심해지고 있다. 문재인 정부의 부동산 세제 강화와 대출규제는 20여 차례의 정책 시행을 통해 그 강도를 높여왔다. 부동산 관련 조세의 경우는 보유-거래단계 모두 상승했고, 과세의 기준이 되는 과표의 현실화 속도도 매우 빨라졌다. 대출규제 역시 주택담보대출에 대한 규제뿐만 아니라 보증금을 이용한 갭 투자 금지, 신용대출 제한 등 전 방위적으로 규제가 강화되었다. 최근에는 DSR 규제 실시와 대출총량규제로 주택자금 조달의 어려움이 더욱 커지고 있다. 여기에 경제회복세가 뚜렷해지면서 금리 역시 지속적인 상승세를 보이고 있다.

이러한 정책규제와 주택시장 환경의 변화 속에서도 주택매수세가 줄어들지 않는 것은 주택가치의 장기적 상승에 대한 기대가 크기 때문이다. 이러한 분위기가 소득과 신용, 자산이 많은 계층에게는 오히려 주택과 부동산을 매입하기에 유리한 환경이다. 반면 대부분의 중간계층이나 하위소득계층의 경우는 집값 자체가 너무 올랐고 대출이나 과세환경도 매우 불리하기 때문에 주택매수에 나서기 어려운 상황이다. 이로 인해 전체적으로 소득과 자산의 사회적 불균형 현상은 더욱 심화되고 있다.

경제가 급성장한 우리나라는 현재 고도성장의 혜택을 입은 베이비부머가 후속세대인 에코세대에게 자산을 대거 이전하는 시기로, 이를 위한 다양한 시도가 이루어지고 있다. 다주택자에 의한 주택증여가 급증한 것은 이러한 배경을 기반으로 한다. 따라서 각종 규제를 회피하면서 다음 세대로의 자산 이전을 시도하는 흐름은 앞으로도 상당 기간 지속될 것이다.

특히 '주택임대차 3법'이 시행된 이후 전세매물 감소 및 전세가 폭등으로 주택을 매수하려는 20~30대가 급증했다. 하지만 영끌을 할 수 있는 집단이 제한적이기 때문에 에코세대 중 상위계층만 내 집 마련에 성공하는 규제의 역설이 발생하고 있다. 한국부동산원의 자료를 보면 서울 20~30대의 아파트 매수 비율은 2019년 초 30%에서 2021년 45%까지 상승했다. 2019년 상반기까지 서울시 전체 아파트 매수 중 20~30대의 비중은 30% 전후에 머물렀으나, 2019년 하반기부터 상승하기 시작해 2020년 하반기부터는 40%를 넘어섰다. 2021년 6월 기준으로 보면 30대가 모든 연령층 가운데 주택매수를 가장 많이 하는 계층이다. 20대의 경우도 지속적으로 증가해 2021년 6월 5.5%를 기록했다.

최근 주택매입의 또 다른 특징 중 하나는 전세금을 활용한 이른바 갭 투자 비율이 매우 높다는 것이다. 이는 제도권으로부터의 대출이 원활하지 않은 측면과 주택투자 수익률을 극대화하기 위해 전세를 활용하려는 성향이 중첩적으로 작동한 결과이다. 갭 투자 비율의 증가세는 최근 더 커지고 있는데, 서울지역을 기준으로 2021년 들어서는 43.5%에 달하고 있다. 이 비율은 서울시의 자금조달계획서에 기록된 보증금 승계거래 가운데 임대목적, 갭 투자로 신고한 거래건수의 비율이다. 2020년에는 이 비율이 35.6%였으므로 1년 사이에 8%포인트나 증가한 것이다. 갭 투자 비율이 경기도는 21.9%에서 26.8%로 증가했고, 인천은 17.9%에서 33.5%로 증가하면서 수도권 전체가 증가세를 보이고 있다.

또한 보증금 승계 비율은 전체 거래의 2/3 수준에 달하며, 집값 대비 임대보증금 비율이 70%를 상회하는 경우가 절반에 달한다. 그 결과 주택거래자금에서 임대보증금이 차지하는 비중은 52.2%를 차지하고 있다. 이러한 갭 투자는 거래동향과 민감하게 연관되어 있기 때문에 갭 투자의 증감은 실거래가와 동행한다(〈그림 2-3〉 참조).

최근 주택가격 상승에 크게 영향을 주는 수요 측면의 요소로는 가구 수 증가와 인구이동 추세에 주목할 필요가 있다. 2021년 발표된 통계청의 「인구주택총조사」 자료를 보면, 2020년 가구 수는 2148.5만 가구로 전년 대비 59.3

그림 2-3 | 서울 아파트 가격과 갭 투자 비율 추이

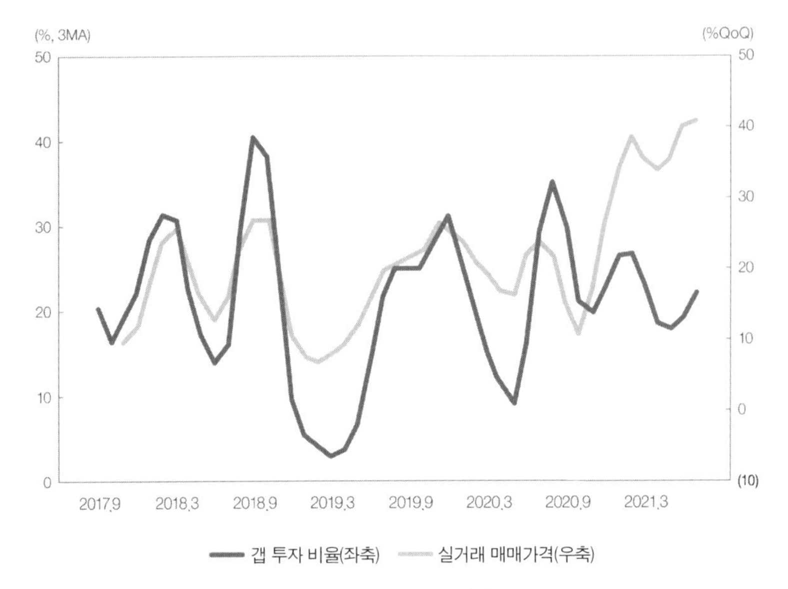

자료: 김상훈의원실; 키움증권; ≪이투데이≫(2021.10.5)에서 재인용

만 가구가 증가해 증가율이 2.8%에 달했다. 이는 이전 증가율의 2배 수준으로, 2010년 이후 증가율은 1.4~1.9% 수준(가구 수로는 28만~39.2만 가구)이었다. 특히 2016년 가구 수 증가율은 1.4% 증가로 가장 낮았으나, 이후 1인 가구의 증가와 더불어 가구 수 증가 비율이 빠르게 상승했다. 2020년 주된 가구 유형은 1인 가구(31.7%)로 전년 대비 49.6만 가구가 증가했다. 2인 가구를 포함한 1~2인 가구의 비중은 전체 가구의 59.8%에 달하며, 2020년 전체 가구 수 증가에서 1인 가구 증가가 차지하는 비중은 83.6%이다. 이처럼 최근 1인 가구가 급격히 늘어난 데에는 1가구 1주택 우대 정책에 따라 내 집 마련을 위한 세대분리가 크게 늘어난 것도 영향을 주고 있다.

수도권의 인구이동을 보면 지난 10년간 광역권역별 인구이동 방향이 크게

그림 2-4 | 전국 가구 수 증감 추이

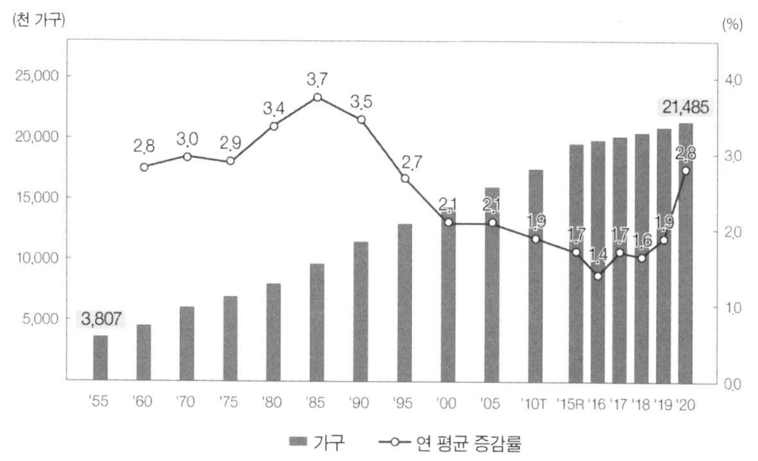

자료: 통계청(2021b)

표 2-1 | 권역별 인구이동 동향(2010~2020)(단위: 천 명)

	2010	2011	2012	2013	2014	2015	2016	2017	2018	2019	2020
수도권	31	-8	7	-4	-21	-33	-1	16	60	83	88
서울	-115	-113	-104	-101	-88	-137	-140	-98	-110	-50	-65
인천	4	29	28	22	9	10	6	-2	0	-2	-16
경기	142	76	83	74	57	95	134	116	170	135	168
광역시	-41	-31	-11	-20	-6	-3	-27	-42	-43	-54	-49
광역도	10	40	4	25	27	36	28	26	-17	-29	-39

자료: 통계청(2021a)

달라진 것을 알 수 있다. 2017년을 기점으로 수도권으로의 인구이동이 유출에서 유입으로 전환되었다. 수도권 인구유출이 유입으로 전환되면서 유출 대비 유입한 인구 수는 2017년 1.6만 명을 시작으로 2018년 6만 명, 2020년 8.8만 명에 달한다. 서울의 경우 2018년까지는 연간 10만 명 전후로 인구 유출이 지속되다가 2019년부터 5만~6만 명 수준으로 규모가 감소하고 있다. 경기도는 매년 꾸준히 인구가 유입되었으나, 2016년 13.4만 명으로 급증했고, 이후 11만~17만 명씩 유입되면서 최대 유입처가 되고 있다. 결국 수도권 인구유입은 경기도에 집중되고 서울에서는 유출이 감소하는 추세로 나타나고 있다. 이러한 변화도 주택가격이 수도권을 중심으로 상승하는 배경이 되고 있다.

3. 부동산 정책에 대한 경제적 평가

문재인 정부의 정책을 경제적으로 평가하기 위해 주거체제와 더불어 가장 핵심적인 국제 비교 기준인 가격, 주택공급, 자산분포의 세 가지 측면을 살펴보고자 한다. 즉, 부동산 정책의 목적(주거체제)과 성과(가격, 주택공급, 자산분포)를 기준으로 문재인 정부의 부동산 정책을 평가해 보자.

문재인 정부의 부동산 정책을 경제적으로 평가하는 첫째 기준은 정책이 궁극적으로 지향하는 주거체제를 분석하는 것이다. 주거체제에 대한 논의는 다양하지만, 크게 보면 보편주의와 선별주의로 구분할 수 있다. 에스핑-앤더슨의 세 가지 복지체제를 기준으로 보면 사회민주주의 주거체제는 보편주의에 기초하는 반면, 보수주의(조합주의) 주거체제와 자유주의 주거체제는 선별주의의 적용범위에 따라 나뉠 수 있다.

한국과 같은 동아시아 국가에서는 대부분의 국가가 과거 생산주의 주거체제에서 자유주의나 보수주의 주거체제로 전환되고 있다. 그 결과 우리나라는 생산주의와 자유주의, 보수주의가 혼합된 형태를 지니고 있다. 현재도 국가가 주택공급을 할 때 민간을 동원하고 있다는 점에서 여전히 생산주의 주거체제의 유물을 가지고 있고, 공공임대 재고를 늘리는 면에서는 자유주의 주거체제에서 보수주의 주거체제로 전환하는 중이라고 할 수 있다. 일본의 경우 동

표 2-2 | 주거체제별 주택 정책의 구조적 속성

	자유주의	보수주의	사회민주주의	생산주의
사회정책의 지위 : 주택 정책의 수단화 여부	특별한 지위도 없고 종속도 없음	특별한 지위도 없고 종속도 없음	경제정책에 종속되지 않는 독자적 지위	경제정책에 대한 종속적 지위, 수단화
탈상품화 : 주택보조 및 가격규제	자산조사에 근거한 소규모 보조, 시장에 의한 가격결정	특정집단별 분절된 보조, 시장교정을 위한 가격규제	대규모 보편적 보조, 국가의 강력한 가격규제	소규모 보조, 경제정책과 연계될 때 보조 확대, 일정 정도의 가격규제 존재
사회계층화 : 주택배분	최빈곤층에 한해 국가가 주택배분	국가 개입을 통해 직역 등에 따른 특정집단 우대	소요(needs)에 근거하여 배분	노동시장에서의 지위에 따라 배분
국가-시장-가족 관계 : 신규공급의 중심주체	신규주택공급에 대한 민간(주로 대기업) 주도	신규주택공급에 대한 민간(가족, 중소기업) 주도	신규주택공급에 대한 국가의 주도	신규주택공급에 대한 국가의 주도(민간자원 동원 및 조직화)

자료: 남원석(2009: 160)

아시아 모형 중에서 자유주의 주거체제로 완전히 전환된 사례라고 할 수 있다(〈표 2-2〉 참조).

주거체제 유형의 관점에서 보면, 문재인 정부의 주택 정책 지향점은 보수주의 주거체제 또는 사회민주주의 주거체제이다. 우리나라 주택 정책은 2000년대를 통해 생산주의 주거체제에서 자유주의 주거체제 단계로 전환되었다. 현재는 자유주의 주거체제에서 다시 보수주의 주거체제로 전환을 시도하는 과정이라고 할 수 있다.

국제통계로 비교해 보면 한국은 민간임대에 크게 의존하는 형태이지만, 공공비율이 자유주의 주거체제 국가 중에서 상당히 높은 편이다. 우선 임차가구 비율이 42%에 달해 독일을 제외한 다른 선진국에 비해 매우 높다. 우리나라는 자가점유 비율이 58%이지만 자가이면서 임차를 사는 가구가 3%포인트 정도이기 때문에 자가소유율은 61% 수준이다. 자가소유 비율로 보면 미국,

그림 2-5 | 장기공공임대주택 비중

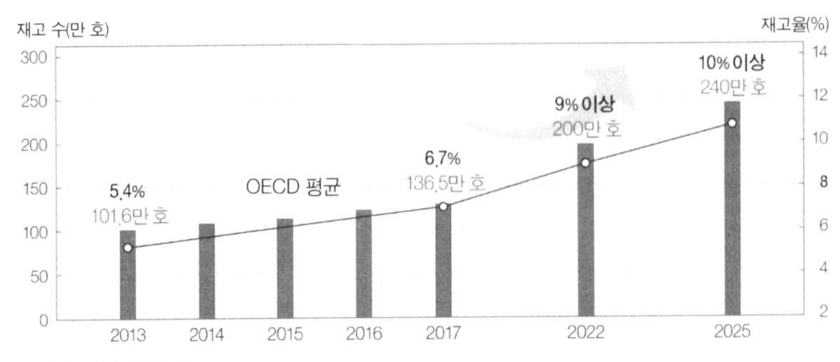

자료: 국토교통부(2017)

영국, 일본이 우리나라보다 약간 높고, 독일, 프랑스는 우리나라보다 낮다.

우리나라의 공공임대 비율은 2019년 8.2%로, 전형적인 자유주의 주거체제 국가인 미국(1.7%)이나 일본(3.6%)에 비해 높은 수준이며, 보수주의에서 자유주의 주거체제로 전환한 영국(6.5%)보다도 높아진 상황이다. 이는 문재인 정부에서만 일어난 현상이 아니다. 노무현 정부 이래 장기공공임대주택 비중은 크게 증가하고 있다. 장기공공임대주택은 2013년 주택재고의 5.4%에서 2025년 10%로 10년간 그 비중을 거의 2배로 증가시키는 것을 목표로 하고 있다.

일반적으로 자유주의 주거체제 국가의 장기공공임대주택 비중은 5% 전후이며, 보수주의 주거체제 국가는 10% 전후, 사회민주주의 주거체제 국가는 20~30% 수준이라는 점을 고려할 때, 우리나라는 2025년이면 공공임대 재고 수준에서 보수주의 주거체제 국가의 수준에 도달하는 것이다. 2020년에 '주택임대차 3법'으로 개편된 주택임대차제도의 경우도 비록 선진국의 주택임대차제도와는 여전히 차이가 크지만, 계약갱신청구권 인정, 임대료상한제 도입 등을 반영했다는 점에서 보수주의 국가나 사민주의 국가의 주거체제를 지향하는 정책이다.

그림 2-6 | **나라별 실질 주택가격 변동률**

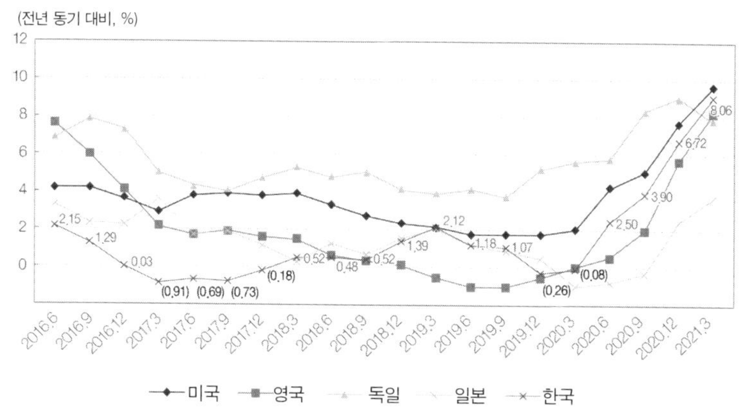

자료: www.bis/statistics/pp.htm

경제적 평가의 둘째 기준은 가격이다. 주택가격 안정화 정책을 평가하기 위해 2017~2021년 기간의 주택가격 변동을 국제적으로 비교해 보자. 이를 위해 5개국(인구 5000만 명 이상, GNI 3만 달러 이상 국가)을 대상으로 소비자물가지수로 실질화한 주택가격변동률을 비교했다. BIS국제통계로 보면 우리나라는 2017년까지 가장 낮은 가격상승률을 보였으나, 2018년부터 상승하기 시작했다. 특히 2020년 하반기부터 급등해, 2021년 3월에는 전년 동기대비 9.06% 상승했다. 5개국 중 독일은 전 기간에 걸쳐 가장 높은 가격상승률을 보였고, 2020년 하반기 이후에는 주요 국가가 전체적으로 상승하고 있다. 우리나라는 2021년 3월 말 기준으로 미국(9.64%) 다음으로 높은 가격상승률을 보여 가격 안정화 정책이 성과를 보이지 못했다.

마지막 기준은 주택공급량이다. 여기서는 2000년대 공급실적을 기준으로 주택공급 정책을 평가해 보자. 2001년 이후 신규주택공급(인허가 기준)의 전년 대비 변동률을 보면 우리나라는 네 개의 시기로 구분할 수 있다. 1기는 2001~

2007년으로, 1990년대 말 외환위기 이후 공급이 증가하는 시기였다. 1기 당시 50만 호 이상 공급한 시기를 보면 2001~2003년에는 연간 53만~66.7만 호가, 2007년에는 55.6만 호가 인허가되었다. 2기는 2008~2010년으로, 글로벌 금융위기의 후유증으로 공급이 감소한 시기였다. 3기는 2011~2017년으로, 주택공급이 크게 증가한 시기였다. 3기 중에는 2013년을 제외하고 매년 50만 호 이상 공급이 이루어졌으며, 특히 2015~2017년 3년 동안에는 214.5만 호가 인허가되었다. 마지막 4기는 2018년 이후로, 공급이 지속적인 감소세를 보여 50만 호 이하로 유지되는 기간이다.

이러한 주택공급의 흐름을 외국과 비교하면 2014년까지는 외국과 우리나라가 유사한 측면이 있다(〈표 2-3〉 참조). 그런데 우리나라는 2015년에 신규주택공급이 정점(76.5만 호)을 찍은 뒤 지속적으로 줄어들고 있다. 이에 따라 2015년 이후 5~15%씩 매년 인허가물량이 감소하고 있다. 전체적으로 보면 미국은 비교적 공급이 양호했지만, 영국, 일본의 경우는 장기간 공급이 부진한 편에 속한다. 특히 독일의 경우 2000년 이후 지속적으로 감소하는 추세를 보여 이들 국가 중 가장 공급이 부진했다.

주택공급과 관련해서 가장 공급이 부족한 지역은 수도권이며, 그중에서도 아파트 공급이 부족하기 때문에 아파트 입주량에 대해 평가를 해보자(〈표 2-4〉 참조). 전국 기준으로 보면 입주량은 2018년 46.4만 호를 정점으로 2020년 36만 호, 2021년 28.5만 호, 2022년 29.2만 호로 감소했다. 일반적으로 입주량은 인허가와 3년 정도의 시차를 지닌다. 즉, 2015년에 인허가물량이 최고치를 기록했으므로 3년 후인 2018년에는 입주량이 최고치를 기록했다.

수도권을 기준으로 보면 입주량은 2018년 23.1만 호를 정점으로 이후 지속적으로 감소해서 2021년 16.3만 호, 2023년에는 14.4만 호로 줄어들었다. 서울의 경우는 공급량이 2021년 이후 크게 감소할 것으로 예상된다. 2020년

표 2-3 | 나라별 신규주택 공급의 전년 대비 변동률 추이

	미국	영국	독일	일본	한국
2001	2.1%	-3.7%	-19.5%	-3.3%	22.2%
2002	7.1%	5.4%	-7.3%	-2.3%	25.8%
2003	8.1%	5.1%	-4.2%	2.4%	-12.2%
2004	8.8%	6.9%	7.6%	1.6%	-20.8%
2005	-35.6%	3.2%	-14.1%	4.7%	0.0%
2006	39.0%	1.3%	0.7%	2.9%	1.3%
2007	-24.4%	9.9%	-17.7%	-19.4%	18.4%
2008	-35.3%	-16.4%	-22.3%	0.3%	-33.2%
2009	-35.2%	-15.5%	-11.7%	-25.4%	2.8%
2010	2.9%	-14.4%	1.2%	5.7%	1.2%
2011	4.2%	6.5%	14.3%	2.7%	42.2%
2012	32.0%	1.8%	5.2%	6.2%	6.8%
2013	20.2%	-6.0%	2.0%	10.5%	-25.0%
2014	5.9%	8.3%	5.8%	-10.8%	17.1%
2015	11.9%	20.3%	-2.8%	4.6%	48.5%
2016	2.8%	0.0%	3.8%	5.8%	-5.1%
2017	6.2%	14.1%	0.9%	-2.9%	-10.0%
2018	3.2%	1.9%	-3.6%	0.7%	-15.2%
2019	4.4%	7.9%	0.9%	n.a.	-11.9%
2020	6.6%	-16.3%	n.a.	n.a.	-6.2%

자료: U.S. Census; ons.gov.uk; destatis.de; e-stat.go.jp; 국토교통부 인허가실적통계

표 2-4 | 아파트 입주량 실적 및 예상(단위: 호)

	2017	2018	2019	2020	2021	2022	2023
전국	399,104	463,551	417,974	360,050	284,619	291,707	288,155
서울특별시	28,608	37,634	49,126	49,411	30,864	20,463	21,502
강남3구	4,853	16,055	5,258	7,699	8,765	4,816	8,611
경기도	133,303	170,129	142,898	122,601	112,763	99,154	83,992
수도권	181,292	231,142	209,365	189,833	162,551	156,648	143,935

자료: 부동산114REPS

4.9만 호를 정점으로 2021년 3.1만 호, 2022년 2만 호, 2023년 2.2만 호로 예상되고 있다. 강남3구의 경우에는 2018년 1.6만 호를 정점으로 2019년 5258호, 2020년 7699호, 2021년 8765호로 절반 수준으로 감소했다.

마지막으로 가계의 부동산자산 비중에 대해 국제적으로 비교해 보자. 각국 가계의 부동산자산 비중을 보면 우리나라는 상대적으로 부동산자산의 비중이 높다. 우리나라는 가계자산 중 평균 75.5%가 부동산자산이고, 60세 이상에서는 그 비중이 80%를 넘어서고 있다. 일본의 경우 60세 이상인 경우 부동산자산이 58% 수준으로 우리나라보다 20%포인트 이상 낮다. 미국의 경우 65세 이상은 부동산자산이 45% 수준으로 우리나라의 절반 수준이다.

그런데 우리나라 가계에서 부동산자산 비중이 높기는 하지만, 이 중 자가 거주 주택의 비중은 40% 수준으로 미국, 일본의 가계와 큰 차이가 없다. 반면 비거주 부동산의 비중은 무려 30% 달하는데, 이는 가계가 직접 수익용 부동산이나 토지 등을 보유하고 있기 때문이다. 이처럼 노후에 부동산 수입에 의존하려는 경향이 높아서 노후자금을 이러한 부동산에 투자하는 경우가 많다. 따라서 예상치 못한 변수로 수익용 부동산의 임대료 수입이나 자산가격이 하락할 경우 상당한 어려움이 초래될 수 있다.

전반적으로 볼 때 우리나라 사람들은 20대에 전월세보증금을 마련하고, 30대에는 거주 주택 자산을 마련하며, 40대 이후에는 비거주 부동산자산을 늘리는 경향이 있다. 이 과정에서 대출, 갭 투자, 증여 등을 활용해 자가 거주 주택을 먼저 마련하고, 이후 투자자산으로 비거주 부동산을 직접 보유하는 라이프사이클을 보여주고 있다. 이는 선진국의 가계자산 증식방식과는 매우 다르다. 즉, 미국이나 일본의 경우 제도권 대출을 통해 자가주택을 마련하는 것으로 직접 부동산 보유를 사실상 종료하므로 비거주 부동산의 비중이 낮다. 대신 금융자산의 비중이 큰데, 금융자산에는 리츠(REITs) 등의 부동산유동화증권이 포함된다. 따라서 거주 주택 이외의 부동산은 직접투자가 아니라 간접투자 방식을 선호하며 대부분 금융자산에 의존해 노후자금 문제를 해결하고 있다.

4. 부동산 정책의 설계

부동산 정책은 특정 계층을 위해서나 사회적 문제를 해결하기 위해 설계되어서는 안 된다. 우리나라에서는 부동산 정책을 통해 청년, 신혼부부를 집중 지원하고 이를 통해 저고용, 저임금 문제나 저출산 문제를 해결하려는 경우가 많다. 고령화를 해결하기 위해 노인복지주택을 공급했지만, 실제로는 노인복지주택 공급은 많은 문제를 안은 채 극히 부진한 상태를 면하지 못하고 있다.

부동산 정책은 부동산 문제 해결을 목표로 해야 한다. 예컨대 저소득층을 지원해 주거비 부담을 줄여주고, 주택가격을 안정시켜 생애 주거사다리를 마련하는 등 부동산 문제 해결에 충실해야 한다. 이러한 관점에서 부동산 정책을 설계해야 한다.

부동산 정책은 생애주기 동안 주거사다리를 마련하는 것이 핵심이며, 그중에도 내 집 마련이 가장 중요한 정책이다. 자기자본만으로는 고가의 주택을 구매할 수 없기 때문에 내 집 마련에서는 주택구입자금을 원활하게 조달하는 것이 필수적인 사안이다. 현재 심화되는 부동산자산의 양극화를 막으면서 임대차시장의 안정을 기하기 위해서도 주택금융은 반드시 변화해야 한다.

내 집 마련을 위한 부동산 정책으로는 다음과 같은 방안을 들 수 있다. 첫째, 내 집 마련을 위한 주택금융을 공급하는 데 정책을 집중해야 한다. 이때 주택대출은 무주택자나 생애최초구입자의 주택구입 여력을 높이는 데 초점을 맞추어야 한다. 무주택자나 생애최초구입자는 내 집 마련을 통해 임대계층에서 중산층으로 계층 상승을 할 수 있다. 현재처럼 강력하게 대출을 규제하게 되면 실수요자들까지 레버리지를 활용하기 어려워진다. 그 결과 신용도가 높고 현금동원력이 좋은 고소득층이나 자산가층만 자기자본으로 주택을 구입하거나 증여를 통해 손쉽게 내 집 마련을 하게 된다. 그만큼 대출규제는 부유한 가계에서 세대 간 부의 이전을 촉진하는 부작용을 낳는다.

우리나라는 청약예금과 주택채권으로 조성된 주택도시기금이 180조 원 이상 마련되어 있고, MBS 발행을 통해 주택채권의 유동화제도도 정착되어 있다. 그럼에도 이러한 자금을 이용한 저리의 공적 모기지는 크게 부족한 상태이다. 공적 모기지를 대폭 늘려서 무주택자를 비롯한 실수요자가 주택을 손쉽게 구입할 수 있게 해야 한다. 은퇴시점에는 내 집에 대한 소유권을 가질 수 있도록 대출구조나 지원제도를 확립해야 한다. 은퇴시점에 완전한 주택소유권을 확보하기 어려운 계층에게는 차선으로 공공기관과 일부 지분(equity)이나 수익을 공유하는 모기지 등을 통해 내 집 마련 레버리지를 제공할 필요가 있다.

둘째, 중앙집중형 주택 정책에서 지역별 맞춤 주택 정책으로 전환해야 한다. 국지적으로 가격이 급등락하는 현상은 주택문제에 대한 지역적 대책이 필요하다는 것을 의미한다. 지역별 공급량과 수급관계, 가격동향을 모니터링해서 지역맞춤형 주택대책을 제시해야 한다. 예컨대 서울의 경우는 최근 입주물량이 적고, 기존 재개발·재건축의 멸실이 늘어나고 있다. 따라서 서울과 수도권지역의 신규 우량주택공급 확보 방안을 마련해야 한다. 반대로 지방에서는 경기후퇴기에 입주물량이 급증하는 현상이 심화되고 있다는 점에서 공급과잉이 발생할 경우 규제 완화책이 필요하다.

셋째, 서울지역의 공급을 해소하기 위한 대안으로 재개발·재건축규제 완화, 도심의 용적률 인센티브 부여, 비주택의 주택용도 전환, 국공유지를 활용한 주택공급 등이 필요하다. 대도시의 도심권역에 우량한 분양주택과 임대주택을 보급해야 하므로 다양한 주택공급 방안을 마련해야 한다. 또한 도심의 국공유지나 공공기관 이적지, 장기미집행시설 등을 활용해 주상복합형으로 부동산을 공급해야 한다. 이를 통해 1~2인 가구, 직장인, 노인 가구 등 다양한 부동산 수요를 충족시켜야 한다. 도심의 토지가가 높으므로 상대적으로 저렴한 임대료를 보장할 수 있도록 공공용지를 최대한 활용해야 하며, 공적기금을 투입하는 공적지원 임대주택, 공공안심상가 등을 도입해 공공이 기여하는 다양한 유형의 부동산을 공급해야 한다.

넷째, 교통망 확충을 통해 주거비를 감소시켜야 한다. 국토연구원의 조사에 따르면 수도권 및 서울의 주거비에 교통비까지 추가할 경우 주거부담은 크게 증가한다. 2016~2017년 서울지역은 RIR(Rent to Income Ratio, 월소득 대비 임대료 비율)이 21.7%, 인천광역시는 17.5%, 경기도는 17.9%로 수도권 평균은 19.6%였다. 그러나 여기에 교통비를 추가하면 RIR이 25.3%, 22.3%, 21.4%, 23.3%로 크게 증가한다. 소득대별로 보면 월 소득 200만~300만 원 이하인 가구에서는 교통비를 포함한 RIR이 29.6%에 달하고 있다. 이는 수도권 평균 23.3%보다 6.3%포인트나 높은 수준이다(박미선 외, 2018).

수도권 내에서 서울로 출퇴근하는 경우 발생하는 교통비용과 통근시간을 고려할 때 광역교통망을 개선하지 않고는 수도권 외곽의 신도시로 이주하는 것이 현실성 떨어지는 일이다. 이를 개선하기 위한 정책 우선순위를 결정할 때에는 교통비용을 고려한 주거비용지표 등을 활용할 필요가 있다. 신도시 개발과 동시에 교통망을 확충하거나, 적어도 기존 교통망이 좋은 지역에 주택 공급을 집중해야 한다.

중장기적으로는 서울-수도권의 도시구조가 가진 한계를 극복하기 위해 수도권 광역교통망을 확충해야 한다. 기존 수도권 주거지역과 도심을 연결하기 위한 대중교통(철도, 도로) 투자를 늘려서 장거리 출퇴근에 따른 통근시간과 비용부담을 완화하는 정책이 필요하다. 이를 통해 도심에 가해지는 주택 수요 압력을 분산시킬 수 있을 것이다. 새로운 주거지를 개발할 때에는 반드시 교통대책을 사전에 해결하도록 계획을 수립해야 한다.

다섯째, 주택 관련 세제의 개편은 보유세 강화, 거래세 인하를 동시에 추진해야 한다. 과표현실화율을 제고하는 방식과 주택 과표를 산정하는 방법도 개선해야 한다. 보유세 강화는 세율 인상만으로 달성하기 어렵기 때문에 세율보다 주택 산정가격 반영률을 개선해야 한다. 종합부동산세의 경우는 지나치게 대상이 협소하고 재산세와의 과세체계가 중첩되면서 어려움이 생겼음을 고려할 때 종부세와 재산세의 통폐합 등 근본적인 개선이 필요하다.

따라서 주택공시가격의 격차를 해소하고 과표현실화율을 지속적으로 제고해 재산세를 강화하는 것이 바람직하다. 이를 위해 현재 기존 주택의 가격을 산정하는 방식 자체를 근본적으로 개선할 방안을 검토할 필요가 있다. 현재 정부는 주택공시가격을 가격대별로 '차등 적용'해 90% 수준으로 현실화하는 목표를 잡고 있는데, 이것은 자의적이고 급속한 방식이므로 재검토해야 한다. 모든 주택유형과 가격대와는 무관하게 과표현실화를 실현해야 하며, 과표현실화의 속도를 높이는 만큼 세금이 급격하게 인상되는 것을 제어하기 위해서는 세율을 조정하는 정책을 병행해야 한다.

다섯째, 전월세난을 완화하기 위한 정책대안이 필요하다. 이를 위해서는 주택 3법과 관련해 발생하고 있는 부작용을 줄여야 한다. 우선 임대료상한제의 적용대상을 재검토해서 외국처럼 임대주택의 공급시기별, 지역별로 적용대상을 제한해야 한다. 또한 주택분쟁조정위원회의 기능을 확대함으로써 실질적으로 분쟁을 해결할 수 있도록 운영해야 한다. 특히 계약갱신청구권을 둘러싼 임차인과 임대인 간의 갈등을 최소화시키기 위한 제도를 긴급히 마련함으로써 집주인의 직접 사용에 의한 거부권 등과 관련해 발생하는 임차인과의 분쟁을 조정하는 기능을 강화해야 한다. 전월세신고제의 경우는 임대데이터베이스를 제대로 구축해서 활용해야 하며, 장기적으로 중앙정부나 공기업뿐만 아니라 지자체도 이 데이터베이스를 구축·활용해야 한다.

한편, 임대사업자를 대상으로 하는 '민간임대주택특별법'을 재정비해서 민간임대주택을 공급하고자 하는 사업자가 지속적으로 사업을 운용할 수 있도록 인센티브제도를 제시해야 한다. '민간임대주택특별법'에 의한 조세금융 혜택을 적정화하고, 사업자를 적극적으로 관리하기 위해 법을 정비해야 한다. 이와 함께 주택임대관리회사의 역할을 제고해 개인 주택임대시장의 효율성과 투명성을 제고해야 한다.

여섯째, 부동산유동화상품을 이용해서 노후운용자금을 조달할 수 있도록 해야 한다. 저금리하에서는 시중의 자금유동성이 높기 때문에 이러한 유동자금을 부동산유동화상품 시장으로 유입시킬 수 있는 대안이 필요하다. 이를 위해 임대주택이나 수익형부동산을 대상으로 하는 부동산유동화상품(리츠, 부동산펀드, 부동산채권 등)을 개발해서 공급해야 한다. 따라서 이러한 부동산유동화상품을 개발·운영할 수 있는 우량의 자산운영회사(AMC), 임대관리회사(PMC)를 지원·육성하는 방안을 마련해야 한다.

특히 리츠 등을 통해 주택자금 조달방안을 활용할 때에는 도심 내 토지 확보가 핵심 조건이 될 수 있다. 도심 내 토지를 공공이 보유한 경우는 토지지원리츠나 토지임대부가 활용될 수 있다. 이 경우에는 토지임대료 등이 발생해 임차인에게 부담을 주기 때문에 이보다 저렴한 방식이 필요하다. 토지의 현물출자방식은 토지임대부보다 사업상 단순하고 의사결정이 쉽다는 장점이 있으며, 비용 측면에서도 유리하다. 토지를 현물출자하는 기관이 공공인 경우에는 출자 회수 없이 장기간 부동산을 운영할 수 있다. 따라서 국공유지를 리츠 방식으로 임대주택 개발에 활용하는 것은 장기적인 운영을 위해 바람직하다.

부동산유동화상품을 통해 노후자금을 마련하기 위해서는 각종 소액 금융상품을 개발해서 제공할 필요가 있다. 우리나라가 고령사회로 진입함에 따라 유용한 소액 금융상품을 확대해야 하는데, 이를 위해서는 리츠의 공모상장을 촉진해야 한다. 개인이 리츠상품이나 리츠에 투자하는 펀드에 쉽게 접근할 수 있도록 ETF 상품 등 소비자 친화적인 소액 금융상품을 개발하고, ISA계좌 등에서 투자할 경우 세제혜택을 부여하는 수준을 크게 확대해야 한다.

5. 맺음말

우리나라는 전통적으로 생산주의 주거체제에서 2000년 이후 자유주의 주거체제로, 2010년대에는 다시 보수주의 주거체제로 변하고 있다. 이러한 과정을 겪으면서 우리나라에는 현재 다양한 주거체제가 혼재되고 있다. 2020년대에는 보편주의에 입각한 사회민주주의 주거체제까지 등장하기 시작하면서 전 세계에서 가장 역동적이면서도 혼란스러운 주거체제를 가지게 되었다. 그 결과 부동산 정책은 수시로 반복 재생산되면서 지향하는 바가 무엇인지, 지향해야만 하는 주거체제가 무엇인지에 대한 뚜렷한 방향성 없이 표류하고 있다.

문재인 정부의 부동산 정책은 이러한 혼란의 와중에 정책이 지향할 바를 명확히 규정하지 못한 채 정책 실시 후 나타나는 시장의 반응을 뒤쫓기에 급급했다. 이러한 정책의 난맥상으로 인한 발생한 가장 큰 문제점은 시장 실패를 막기 위해 동원된 정부정책이 더 큰 정부 실패로 이어지면서 시장 자체가 패닉 상태에 빠지게 되었다는 사실이다.

당위론적으로 정책 지향점이 선별주의보다 보편주의로 나아가야 한다는 사고가 부동산 정책의 저변에 깔려 있음에도 불구하고, 실질적으로 부동산시장에서 보편주의를 실현하기는 매우 어렵다. 현실적으로 보편주의를 실천하기 위해서는 우리 사회가 동원할 수 있는 자원의 규모나 수준을 고려해야 하지만 이에 대한 논의는 별로 없다. 2021년 3월 한국토지주택공사(LH) 직원들의 땅 투기 의혹을 둘러싸고 불거진 LH 사태처럼 생산주의 주거체제에서 나타나는 정책 유산을 어떻게 청산할 것인가에 대한 논의는 제대로 이루어지지 않고 있다.

그 결과 공공영역의 역할 중에서도 중앙정부나 공기업의 역할이 지나치게 강조되었고, 상대적으로 지방자치단체의 역할이나 민간의 자율성 등은 무시되는 부동산 정책이 지속되어 왔다. 이 과정에서 부동산 정책의 기조나 지향점은 사라지고 부동산 정책의 원칙이 무엇인지 알 수 없게 되었다.

부동산 정책의 혼선을 줄이고 바람직한 부동산 정책을 설계하기 위해서는 부동산 정책이 지향하는 바를 명확히 해야 한다. 우리나라는 과거 생산주의 주거체제에서 사회민주주의 주거체제까지 다양한 주거체제를 추구해 왔다. 이 과정에서 우리 사회가 추구해야 하는 주거체제와 그 목표를 달성하기 위한 구체적인 로드맵은 만든 적이 없다.

따라서 적어도 앞으로의 부동산 정책은 주거체제와 이를 달성하기 위한 로드맵을 실천하는 일관된 지향성을 가져야 한다. 이를 위해 우선 우리 사회가 달성하고자 하는 주거체제에 대해 전체 사회가 합의하는 과정이 필요하다. 이러한 바탕 위에서 이 체제를 구축하는 데 필요한 경제사회적 자원을 우리 사회가 얼마나 가지고 있는지, 이 자원을 어떤 방식으로 활용할 것인지 점검하면서 부동산 정책을 전개해 나아가야 할 것이다.

참고문헌

국토교통부. 2017. 주거복지로드맵.

남원석. 2009.「전후 일본 주택정책의 성격 변화: 복지체제론의 관점에서」. ≪주택연구≫ 제17권 4호, 153~181쪽.

박미선·김호정·강미나·김도형·권기현. 2018.「교통비용을 고려한 주거부담지표 개발 및 활용 방안 연구」. 국토연구원.

에스핑-앤더슨, G.(Gøsta Esping-Andersen). 2007.『복지 자본주의의 세 가지 세계』. 성균관대 출판부.

≪이투데이≫. 2021.10.5. "갭투자 규제가 필요한 이유".

통계청. 2021a.「2020국내인구이동통계」.

_____. 2021b.「2020인구주택총조사」.

Holliday, I. 2000. "Productivist Welfare Capitalism: Social Policy in East Asia." *Political Studies*, vol.48, pp.706~723.

국토교통부 인허가실적통계.

국토교통부(각월). 주택 통계(미분양, 매매·전월세거래량 및 건설실적).

부동산114REPS.

한국부동산원. https://www.reb.or.kr/reb/

KB 주택가격동향조사. http://onland.kbstar.com

국제결제은행. www.bis/statistics/pp.htm

U.S. Census(미국 주택공급 통계)

ons.gov.uk(영국 주택공급 통계)

destatis.de(독일 주택공급 통계)

e-stat.go.jp(일본 주택공급 통계)

제3장

불평등 시대 부동산 정책의 방향*

전강수 | 대구가톨릭대 경제금융부동산학과 교수

1. 머리말

부동산 투기와 이로 인한 불평등의 심화 때문에 국민의 원성이 하늘을 찌르고 있다. 더불어민주당의 지지율이 다 죽어가던 국민의힘에 뒤처진 것도, 대선 과정에서 이재명 후보가 윤석열 후보와 박빙의 양상을 보인 것도 문재인 정부가 부동산 정책을 잘못 펼친 탓이 크다.

다수의 국민은 문재인 대통령이 취임사에서 "기회는 평등하고, 과정은 공정하며, 결과는 정의로울 것"이라고 선언했던 것을 기억했다. 세입자 처지에 있던 서민들은 돈을 약간 보태면 자기 집을 마련할 수 있었는데도 문재인 정부가 집값을 안정시키리라고 철석같이 믿고는 주택매입에 나서지 않았다. 비정규직 노동자들은 문재인 대통령이 임기 내에 정규직으로 전환해 주리라 믿고 희망에 부풀었다. 취업준비생들은 대통령이 일자리위원회를 설치하고 직

* 이 글에는 필자가 ≪오마이뉴스≫ 등에 칼럼으로 기고한 내용이 포함되었다.

접 위원장을 맡아 일자리 문제를 챙기는 것을 보고는 앞으로 취업 걱정이 없을 것이라는 기대를 품었다.

문재인 정부의 경제정책은 이 모든 기대가 헛된 꿈이었음을 여지없이 보여주었다. 특히 부동산 정책의 내용은 허술하기 짝이 없었다. 문재인 정부가 출범한 2017년, 대한민국이 부동산 공화국으로 전락한 지는 벌써 오래되었고, 수도권의 주택가격은 뚜렷한 상승세를 보이고 있었다. 재조산하(再造山下, 나라를 다시 만들다)를 천명했던 문재인 대통령은 당연히 부동산 공화국 혁파를 중심 정책 목표로 삼았어야 하는데도 기껏 시장을 마사지하는 정도의 정책을 펼치는 데 그쳤고,[1] 여기에 약간의 주거복지 정책을 추가했을 뿐이다.

부동산 투기의 근본 원인인 부동산 불로소득에 대한 대책, 즉 보유세 강화 정책은 미약하기 짝이 없었다. 이를 지켜본 투기꾼들은 문재인 정부가 부동산 문제를 근본적으로 해결할 의지가 없다는 것을 재빨리 간파했다. 문재인 정부 임기 초반에 불고 있던 투기 바람이 광풍으로 발전한 것은 여기에 기인한 바 컸다. 대한민국이 부동산 투기 공화국이요 부동산 불로소득 공화국이라는 사실을 적나라하게 드러낸 것이 다름 아닌 문재인 정부였으니, 이런 비극이 어디에 있겠는가?

문재인 정부가 부동산 정책 실패로 역대 정부 최고의 집값 상승과 역대 정부 최다의 풍선효과라는 기록을 남기면서 부동산으로 인한 불평등과 양극화는 한국 사회 최대의 난제로 떠올랐다. 따라서 이 글에서는 최신 통계를 활용해 부동산 불평등의 실상을 드러내고 이를 근본적으로 해결할 수 있는 정책 방향을 모색하고자 한다.

---

1) 부동산값이 올라가지도 내려가지도 않게 관리하려 했다는 뜻이다.

2. 부동산 불평등의 실상

〈그림 3-1〉은 OECD 15개 국가를 대상으로 GDP 대비 땅값 배율을 계산해서 그린 것이다. 한국이 2019년 4.6, 2020년 5.0으로 15개국 가운데 압도적 1위를 차지했다. 대부분의 국가에서 이 배율은 3 미만이고, 1 미만인 국가도 있다. 2019년과 2020년의 수치는 2000년대 들어 최고치였던 2007년 수준(4.4)을 넘어선 값이라는 점을 눈여겨 볼 필요가 있다. 최근 몇 년 사이 이 배율이 빠른 속도로 상승한 사실도 주목해야 할 현상이다. 당연한 이야기이지만 이는 최근의 투기 광풍이 초래한 결과이다. 2019년 기준으로 한국의 GDP 대비 땅값 배율은 영국의 1.8배, 독일의 3.0배, 인구밀도가 비슷한 네덜란드의 2.6배, 핀란드의 5.6배, 멕시코의 15.3배 수준이다. 한마디로 한국의 땅값은 선진국 최고 수준이다.

해방 이후 유상몰수-유상분배 방식의 농지개혁을 단행해 평등지권(平等地權) 사회를 실현했던 대한민국은 그 후 수십 년이 지나는 사이에 부동산 불로소득의 천국으로 전락하고 말았다. 박정희 정권이 부동산 투기와 지가 앙등에 대한 대비책을 마련하지 않은 채 대대적인 도시 개발을 추진한 것이 그 출발점이었다. 처음에는 권력자와 주변 인물들이 토지 투기로 불로소득을 챙겼으나, 토지와 부동산이 일확천금을 가능케 하는 '보고(寶庫)'임이 드러나자 일반 국민 중에서도 투기에 가담하는 사람들이 점점 늘어났다. 그러는 사이에 부동산 불패신화가 형성되면서 땀과 노력이 존중받고 기업가 정신이 살아 있던 활력 넘치는 사회는 어느덧 다수 국민이 부동산 불로소득 획득에 몰두하는 지대추구 사회로 변질되고 말았다.

몇 가지 거친 가정을 전제로 계산한 것이기는 하지만, 〈표 3-1〉은 2011년 이후 토지 자본이득과 토지 임대소득(귀속 임대료 포함)을 합한 토지소득의 추

그림 3-1 | OECD 15개국의 GDP 대비 지가 배율 추이

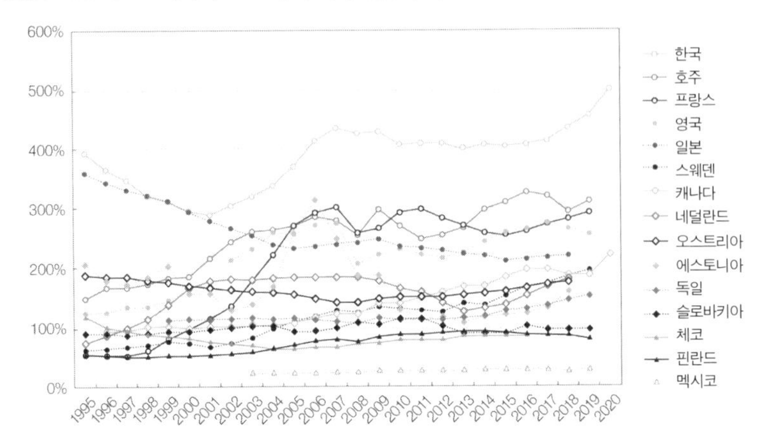

자료: 이진수(2021)

표 3-1 | 토지소득의 추이(단위: 조 원)

연도	토지가치	자본이득(A)	임대소득*	토지소득(C)	GDP(B)	A/B	C/B
2011	4,303.7	209.6	125.1**	334.7	1,388.9	15.1%	24.1%
2012	4,424.2	120.5	125.1	245.6	1,440.1	8.4%	17.1%
2013	4,511.9	87.7	129.8	217.5	1,500.8	5.8%	14.5%
2014	4,755.1	243.3	134.1	377.3	1,562.9	15.6%	24.1%
2015	5,014.8	259.7	135.7	395.4	1,658.0	15.7%	23.8%
2016	5,312.4	297.6	139.5	437.0	1,740.8	17.1%	25.1%
2017	5,716.0	403.6	145.7	549.2	1,835.7	22.0%	29.9%
2018	6,176.9	461.0	153.7	614.7	1,898.2	24.3%	32.4%
2019	6,592.3	415.3	153.7***	569.1	1,924.5	21.6%	29.6%
2020	7,364.2	771.9	153.7***	925.6	1,933.2	39.9%	47.9%

주: * 임대소득은 부동산임대소득 추계치에 0.64를 곱해서 구함.
**는 2012년 수치를 그대로 사용했으며, ***는 2018년 수치를 그대로 사용했음.
자료: 한국은행 경제통계시스템, http://ecos.bok.or.kr/; 통계청·한국은행(2021); 박상수·신미정(2020)

이를 보여준다. 2015년까지 400조 원 미만에 머물렀던 토지소득은 2016년에 400조 원을 넘어섰고, 그 후 급증해 2020년에는 무려 926조 원에 도달했다. 이는 그해 GDP의 48%에 해당하는 엄청난 금액이다. GDP 대비 토지소득의

표 3-2 | **토지 소유 지니계수의 추이**

연도	개인		법인
	토지 소유 세대	전체 세대	
2012	0.7001	0.8204	0.9253
2017	0.6913	0.8121	0.9227
2018	0.6890	0.8093	0.9212
2019	0.6925	0.8115	0.9273
2020	0.6918	0.8114	0.9299

자료: 국토교통부(2021a); 국토교통부(2021b)

비율은 2016년에 25%였으니, 4년 만에 무려 23%포인트가 증가한 셈이다. 그렇다면 이토록 엄청난 불로소득은 누구의 손에 들어갔을까? 토지 분배가 평등했다면 다수의 토지 소유자들이 골고루 이익을 누렸겠지만, 그렇지 않다면 토지 불로소득은 소수의 대토지 소유자에게 집중되었을 것이다.

〈표 3-2〉는 2012년 이후 토지 소유 지니계수의 추이를 보여준다. 주지하듯이 지니계수는 소득이나 자산의 불평등도를 측정하는 지표로, 0에서 1 사이의 값을 갖는데, 0에 가까울수록 평등하고 1에 가까울수록 불평등하다고 해석한다. 2012년은 2000년 이후 토지 소유 관련 지니계수들이 최고치에 달했던 해로 추정된다.[2] 따라서 2012년 이후 지니계수 값이 약간 하락한 것은 당연한 일이었다.

2017년 이후 개인 토지 소유의 지니계수는 크게 변화하지 않았다. 하지만 그 값이 매우 크다는 사실에 주목해야 한다. 전체 세대를 대상으로 할 때, 개인의 토지 소유 지니계수는 2019년 0.8115, 2020년 0.8114로 계산되는데, 2019년 총 자산의 지니계수가 0.5836, 금융자산의 지니계수가 0.6402였음에

2) 1993~2012년에 토지 소유 상위 집중도가 현저하게 상승했다가 그 후 일정 기간 하락(개인의 경우) 또는 정체(법인의 경우)한다는 사실이 이를 뒷받침한다(〈표 3-3〉 참조).

표 3-3 | **토지 소유 상위 집중도 추이(가액 기준, 단위: %)**

연도	개인				법인			
	상위 1%	상위 5%	상위 10%	하위 50%	상위 1%	상위 5%	상위 10%	하위 50%
1993	23.7	44.2	55.9	10.1	68.4	85.9	92.1	0.94
2012	23.2	45.3	58.6	17.1	70.2	84.6	89.9	0.93
2017	22.0	44.0	57.4	18.3	70.5	84.2	89.5	0.97
2018	21.8	43.7	57.1	18.7	70.6	84.0	89.3	1.02
2019	22.1	44.1	57.6	18.2	73.3	85.4	90.1	0.95
2020	22.3 (27.3)	44.2 (53.4)	57.6 (68.1)	18.3 (1.0)	75.1	86.2	90.6	0.95

주: 2020년의 괄호 속 수치는 무소유 세대를 포함한 전체 세대를 대상으로 계산한 값임.
자료: 현진권(1996); 국토교통부(2021a); 국토교통부(2021b)

비추어 보면(이형찬 외, 2020: 50), 개인 토지 소유의 불평등이 얼마나 심각한지 충분히 짐작할 수 있다. 게다가 법인의 경우에는 지니계수가 무려 0.9를 초과할 뿐만 아니라 2018년 이후 그 값이 점점 증가하고 있어서 더욱 심각한 상황이다. 최근의 부동산 투기를 주도하는 것은 개인이 아니라 법인이다.

가액 기준으로 토지 소유의 상위 집중도를 보여주는 〈표 3-3〉에 따르면, 1993년 이후 개인의 경우 상위 10%의 비중이 증가했으며, 법인의 경우 상위 1%와 5%의 비중이 증가했다. 개인의 경우 집중도 상승이 완만한 반면 법인의 경우 급격하다는 점이 주목된다. 특히 법인 상위 1%의 토지 소유 비중은 1993년 68.4%에서 2020년 75.1%로 급증했다. 한편 〈표 3-4〉에 따르면, 면적 기준으로는 개인과 법인 모두 상위 집중도에 큰 변화가 없다. 법인의 경우 2012~2020년에 상위 1%, 5%, 10%의 비중이 모두 약간씩 떨어졌다. 그런데 소유 면적의 추이를 보여주는 〈표 3-5〉에 따르면, 개인의 경우 상위 1%, 5%, 10% 모두 큰 변화가 없는 반면, 법인의 경우 세 계층 모두 큰 폭으로 증가했다. 법인 상위 계층의 소유 면적이 큰 폭으로 증가하는데도 집중도에 큰 변화가 없었던 배경에는 전체 법인의 소유 면적도 같은 속도로 늘었다는 사정이

표 3-4 | 토지 소유 상위 집중도 추이(면적 기준, 단위: %)

연도	개인			법인		
	상위 1%	상위 5%	상위 10%	상위 1%	상위 5%	상위 10%
2012	31.3	61.4	76.7	77.0	90.0	93.9
2017	31.7	61.9	77.0	75.6	88.3	92.6
2018	31.9	62.1	77.2	75.4	88.1	92.4
2019	31.9	62.2	77.3	75.7	88.1	92.4
2020	32.2	62.6	77.6	76.1	88.2	92.5

자료: 국토교통부(2021a); 국토교통부(2021b)

표 3-5 | 토지 소유 상위 계층의 소유 면적 추이(단위: km²)

연도	개인			법인		
	상위 1%	상위 5%	상위 10%	상위 1%	상위 5%	상위 10%
2012	14,869	29,145	36,435	4,809	5,620	5,862
2017	14,887	29,065	36,171	5,072	5,920	6,210
2018	14,895	29,035	36,081	5,152	6,018	6,318
2019	14,898	29,023	36,031	5,263	6,124	6,428
2020	14,926	29,034	35,990	5,301	6,142	6,444

자료: 국토교통부(2021a); 국토교통부(2021b)

있었을 것이다.

가액 기준 통계와 면적 기준 통계를 종합해서 해석하면, 2012년 이후 전체 법인이 토지·부동산 매입에 열을 올리는 가운데 최상위 법인은 주로 고가 부동산을 위주로 매입했다고 결론내릴 수 있다. 최상위 법인이 소유한 부동산의 가격이 상대적으로 많이 올랐다는 해석도 가능하다. 아마도 두 가지 현상이 뒤섞여 있는 것이 현실에 가까울 성싶다.

여기서 한 가지 의문이 떠오른다. 2010년대에 토지 소유를 집중하고 있는 최상위 법인의 정체는 과연 무엇일까? 언뜻 재벌과 대기업을 떠올리게 되지만, 법인 소유 토지 중 주거지역 토지 가액의 비중이 44%나 되고, 그 연평균

표 3-6 | 법인 소유 토지의 용도지역별 내역(단위: %)

	가액		면적	
	구성비	연평균 증가율	구성비	연평균 증가율
주거지역	44.3	20.8	4.8	3.2
상업지역	20.1	10.5	1.0	2.3
공업지역	17.4	6.5	9.9	0.9
녹지지역	9.7	8.4	14.9	1.1
관리지역	7.5	7.8	26.7	1.6
농림지역	0.8	8.1	31.9	1.7
자연환경보호	0.1	4.8	3.3	0.2
용도 미지정	0.1	5.1	0.3	-11.9
기타	0.1	-	7.3	-
합계	100.0	13.3	100.0	1.3

주: 구성비는 2020년을 기준으로 했으며, 연평균 증가율은 2017~2020년을 대상으로 함.
자료: 이진수(2021)

증가율이 21%로 다른 용도의 토지보다 월등히 높다는 점을 고려하면(〈표 3-6〉 참조), 다른 가능성을 생각하지 않을 수 없다. 여기서 우리는 투기꾼들이 법인을 설립해 대대적으로 부동산 투기에 나섰고, 그것이 최상위 법인의 토지 소유 집중에 일정한 영향을 미쳤을 것으로 추측할 수 있다. 토지 소유를 집중한 최상위 법인 중에는 법인을 가장한 전문 투기꾼들이 숨어 있다고 봐야 하지 않을까? 실제로 2019년 이후 1년 9개월 동안 한 개의 법인이 3억 원 이하 주택을 무려 1만 5326채 매입했다는 기사가 보도된 적이 있다(〈표 3-7〉 참조).

투기 광풍이 부는 와중에 엄청난 부동산 불로소득이 발생했고 토지 소유의 불평등성이 극심한 가운데 상위 계층으로의 집중 현상이 한층 더 심화되었다면, 그 불로소득이 누구의 수중으로 들어갔을지 짐작하기 어렵지 않다. 투기꾼들이 법률의 허점을 이용해 마음 놓고 투기를 벌이고 그 과정에서 막대한 불로소득을 취득해도 아무런 제재가 가해지지 않는 나라, 이를 '부동산 투기 공화국', '부동산 불로소득 공화국'이라고 부르지 않는다면 도대체 무엇이라

표 3-7 | 공시가격 3억 원 이하 주택 상위 매입자의 매입 주택 수(단위: 채)

순위	개인	법인
1	772	15,326
2	682	3,224
3	647	1,298
4	363	802
5	307	757

주: 2019.1.1~2021.9.30 계약일 기준.
자료: ≪머니투데이≫(2021.10.14)

불러야 하겠는가?

부동산 과다 보유자와 투기꾼들이 불로소득의 향연을 벌이는 사이에 국민경제는 멍이 들고, 자영업자와 서민들은 임대료 상승과 주거비 상승 때문에 눈물 흘린다. 가계부채는 늘어만 가고 거시경제의 불안정성은 증폭된다. 부동산으로 인한 계층 간 양극화는 세대 간 양극화와 지역 간 양극화를 수반한다. 최근 몇 년 사이 50대 이하의 토지 소유 비중은 뚜렷이 감소하고 있고, 60대 이상의 토지 소유 비중은 증가하고 있다. 한국 사회의 세대 간 갈등의 근저에는 부동산이 자리하고 있다고 해도 과언이 아니다. 또 부동산 불로소득의 지역 간 분포를 보면, 갈수록 지방의 비중이 감소한다는 사실을 확인할 수 있다. 〈그림 3-2〉는 양도소득세 부과 대상 주택에서 발생한 양도차익[3]의 지역 비중을 보여주는 그래프인데, 이에 따르면 2014년 수도권 66.2%, 부산·울산·경남 13.4%였던 것이 불과 5년 만에 각각 81.6%와 4.9%로 변했다. 부동산 투기 광풍이 몰아치는 가운데 수도권의 주택 양도차익 비중은 급증하고 부산·울산·경남의 비중은 급감한 것이다. 부산·울산·경남의 주민들은 아무런

3) 이것은 전체 불로소득을 포괄하지는 못한다. 토지와 빌딩 등 주택 외 부동산의 양도차익과 1세대 1주택자로서 양도소득세 면제 대상인 사람들이 얻은 주택 양도차익, 그리고 부동산 임대소득은 빠져 있기 때문이다.

그림 3-2 | 주택 양도차익의 지역 간 격차(단위: %)

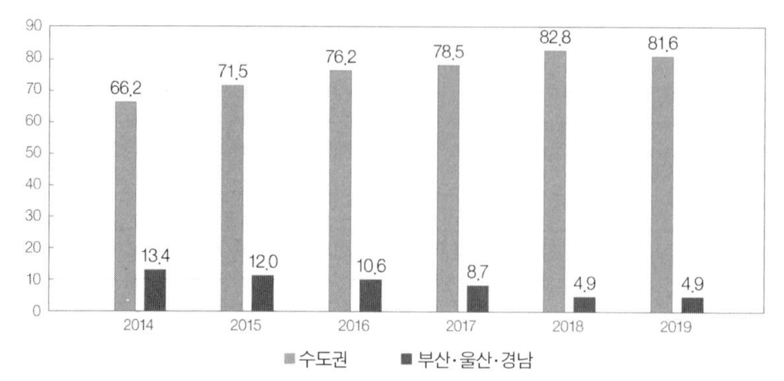

자료: 김용창(2021); 국토교통부 통계누리

잘못도 없이 상대적 가난을 경험한 셈이다.

최근 한국 정치판을 뒤흔든 LH 사태와 대장동 게이트는 부동산 불로소득 공화국의 치부를 드러낸 상징적인 사건이다. 어디 이 두 사건뿐이겠는가? 전국 곳곳에서 이와 유사한 일들이 벌어졌고 또 벌어지고 있을 것이다. 이미 대한민국에는 불로소득 경제 시스템이 강고하게 뿌리를 내렸다. 문재인 정부는 이런 현실을 등한시한 채 이른바 '핀셋 정책'으로 괴물과도 같은 부동산 투기를 잠재우려고 허둥댔으니 나이브했다고 표현할 수밖에 없다.

3. 부동산 불평등 해소 방안

1) 시장친화적 토지공개념

그렇다면 어떻게 하면 극도로 심각해지고 있는 부동산 투기를 근절하고 부동산 불평등을 해소할 수 있을까? 부동산 투기 근절과 부동산 불평등 해소는 대한민국의 명운을 좌우할 중대한 정책 과제로, 이를 성공시키려면 무엇보다도 먼저 정책 철학을 올바로 수립해야 한다. 철학 없이 정책을 펼치는 것은 마치 배가 어디로 가는지 모르는 채 열심히 노를 젓는 것과 다를 바 없다. 문재인 정부가 부동산 정책에서 실패한 것도 철학 없이 마구잡이로 정책을 펼쳤기 때문이다.

필자는 오래전부터 대한민국이 채택해야 할 부동산 정책 철학으로 '시장친화적 토지공개념'을 주창해 왔다. 토지, 자연자원, 환경은 인류에게 거저 주어진 자원으로 모든 사람의 공공재산이라는 성격을 갖는다. 따라서 그것을 차지하고 사용하는 사람은 그 가치에 비례해 사용료를 공공에 납부해야 하고 그 수입은 사회 구성원들에게 골고루 혜택이 돌아가도록 지출해야 한다는 것이다(전강수, 2019: 219~220). 혹자는 토지공개념을 주장한다고 해서 이념적 정체성을 의심하지만, 시장친화적 토지공개념은 사회주의적 토지이념과는 궤를 달리한다. 사회주의적 토지공유제는 토지의 사용권, 처분권, 수익권을 모두 공공이 갖고서 토지 관련 활동을 계획으로 통제하는 반면, 시장친화적 토지공개념은 시장원리를 존중하면서 토지 이용의 창의성과 자율성을 중시한다. 따라서 이를 두고 사회주의 운운하는 것은 가당치 않다.

시장친화적 토지공개념을 받아들이는 사람은 불로소득을 부정하고, 땀과 노력, 그리고 모험심을 중시하기 마련이다. 한마디로 이 철학은 불로소득 경제시스템을 타파해 자본주의를 자본주의답게, 시장경제를 시장경제답게 만든다. 싱가포르, 핀란드 헬싱키, 그리고 미국 뉴욕시 배터리 파크(Battery Park)의 사례는 이를 여실히 증명한다. 독일, 스페인, 이탈리아, 대만 등의 국가는 아예 헌법에 토지공개념을 규정해 두고 있다.

대한민국도 헌법에 토지공개념 조항을 두고 있는 나라이다. 다만 그 내용이 추상적이고 애매해서 관련 정책이 추진될 때마다 위헌 논란이 발생하기 때문에 헌법의 토지공개념 조항을 좀 더 구체적인 내용으로 개정할 필요가 있다. 2021년 더불어민주당 대선 후보 경선 과정에서 이낙연 후보와 추미애 후보가 토지공개념을 좀 더 분명히 규정하는 헌법 개정을 추진하겠다는 공약을 발표한 바 있다. 이는 한국 부동산 정책의 근본 방향을 좌우할 중대 공약이므로 두 후보가 경선에서 패배했다고 해서 사장시켜서는 안 된다.

2) 부동산 불로소득 차단을 위한 삼중 장치

한국 정치권을 뒤흔든 LH 사태와 대장동 게이트는 공기업 직원들과 부동산 부패 카르텔의 부정과 비리 때문에 발생했지만, 그 배후에 부동산 불로소득이 있었다는 점을 잊어서는 안 된다. 대한민국에서 부동산 투기가 빈발하고 부동산 관련 비리가 끊이지 않는 것은 근본적으로 부동산 불로소득을 차단·환수할 제도적 장치를 제대로 갖추지 않은 데 기인한다.

부동산 불로소득을 차단·환수하려면 수요와 공급 양면에서의 대책이 필요하다. 수요 면에서는 토지보유세를 강화해 부동산 불로소득의 발생을 막는 동시에, 양도소득세를 가액 중심 과세로 정상화하되[4] 최고구간을 신설하고 더 높은 최고세율을 적용해 부동산 불로소득을 지금보다 더 많이 환수해야 한다. 전자가 부동산 불로소득을 사전적으로 차단하는 조치라면, 후자는 이미 발생한 불로소득을 사후적으로 환수하는 조치이다. 토지보유세 강화 시 발생할 조세저항에 대해서는 세수 순증분을 국민 주권에 상응하는 배당으로 지급

4) 주택 수 기준의 차등 과세, 즉 다주택자에 대한 과도한 가산세율 적용을 폐지해야 한다는 뜻이다.

함으로써 얼마든지 대처할 수 있다.

물론 토지보유세와 양도소득세만으로 부동산 불로소득을 완전히 차단·환수할 수는 없다. 두 조세가 강화되더라도 국지적으로 불로소득은 발생할 수 있기 때문이다. 이에 대해서는 유명무실해진 개발이익 환수제도를 원상 복구하고, 1990년대 말에 폐지된 토지초과이득세를 수정·보완해 재도입하는 것으로 대처해야 한다. 토지초과이득세를 재도입할 경우, 과거에 이 세금이 유휴토지만을 대상으로 삼는 바람에 부작용과 형평성 시비를 초래했다는 점을 명심해야 할 것이다.

토지보유세 강화, 양도소득세 정상화 및 강화, 국지적 불로소득에 대한 대책 마련, 이 세 가지는 부동산 투기 공화국을 혁파할 '삼중 장치'이다. 여기에다 공기업 직원이나 공무원, 부동산 부패 카르텔이 불법과 비리로 부당이득을 취했다는 사실이 드러날 때 당사자를 확실히 처벌하고 부당이득을 철저히 환수하는 제도를 더하면 금상첨화일 것이다.

3) 기본소득 연계형 국토보유세

삼중 장치 가운데 핵심은 토지보유세 강화이다. 토지보유세는 부동산 불로소득을 차단·환수하는 효과가 큰 것은 물론이고 다른 장점들도 갖고 있다. 이 세금은 토지 소유자가 차지하는 지대소득을 줄일 뿐 아니라 부동산가격을 안정시켜 자본이득도 감소시킨다. 더욱이 제대로 설계할 경우 토지보유세는 양도소득세의 결함인 동결효과나 조세 전가를 유발하지도 않는다. 이 세금은 보유 중에 부과되기 때문에, 부동산 소유자는 매각을 꺼리기는커녕 오히려 불필요한 부동산을 매각하는 쪽으로 움직인다. 게다가 토지는 공급이 고정되어 있어서 토지보유세가 강화되더라도 세부담이 임차인에게 전가되지 않고 온전히 소유자에게 귀착된다(전강수, 2019: 123).

따라서 여기서는 토지보유세를 중심으로 향후 정책 방향을 모색해 보고자 한다. 역대 정부는 종합토지세 도입, 과표현실화, 종합부동산세(이하 종부세) 도입 등의 방법으로 보유세 강화 정책을 추진했지만, 보유세 실효세율(보유세액/부동산가액)이 여전히 0.1%대에 머무르고 있는 것을 보면 의미 있는 성과를 거두었다고 보기 어렵다. 노무현 정부는 임기 내내 과표현실화와 종부세 도입으로 본격적인 부동산 보유세 강화 정책을 추진했다는 점에서 독보적이었지만, 그 정책은 이명박 정권에 의해 무력화되고 말았다. '참여정부 제2기'로 기대를 모았던 문재인 정부는 부동산 투기 열풍이 전국을 휩쓸고 있는데도 내내 보유세 강화 정책에 미온적이었다. 2020년 들어 부동산 시장이 통제 불능 상태에 빠지고 문재인 정부의 부동산 정책이 참담하게 실패했음이 분명해지자 7·10 대책을 발표하며 부랴부랴 보유세 강화에 나섰지만, 이는 실기한 것일 뿐만 아니라 내용에 여러 결함을 안고 있어 좋은 평가를 받기 어렵다.

7·10 대책에는 조정대상지역의 다주택자와 법인을 중심으로 종부세를 대폭 강화한다는 내용이 담겼다. 이 대책은 주택 투기를 막아 부동산값을 안정시키겠다는 결연한 의지의 소산이었지만, 지역과 주택 수, 그리고 소유자의 성격(개인인지 법인인지 여부)에 따라 과세방식을 달리하는 차등과세를 본격화했다는 점에서 문제가 많다.[5] 다주택자에게 적용하는 종부세 최고세율은 3.2%에서 6%로 급등했고, 다주택 보유 법인에는 일률적으로 6%의 세율을 적용했다. 여기에는 '1주택자는 실수요자, 다주택자와 법인은 투기꾼'이라는 프레임이 강하게 작용했다. 이 대책에 따라 개편된 종부세가 2021년 11월 처음 고지되

5) 문재인 정부 부동산 조세정책의 성격을 한마디로 규정하면 극단적인 '1주택 보호주의=다주택 징벌주의'라고 할 수 있다. 보유세, 취득세, 양도소득세 모두 1주택자는 실수요자라는 이유로 보호하고 규제지역의 다주택자에게는 무거운 세금을 물리는 식이다.

자 세부담을 둘러싸고 각종 형평성 시비가 일었는데, 이는 제도의 내재적 결함에 기인하는 바가 크다.6)

더 근본적인 문제도 있다. 문재인 정부는 보유세 강화의 장기 목표를 제시하지 않았고, 주택 외에 토지와 빌딩 부속토지의 종부세에 대해서는 아예 관심을 기울이지 않았다. 그러면서 종부세를 단지 집값 잡는 수단으로 여겼을 뿐이다. 이름이 같아서 내용도 같을 것이라고 여기는 사람이 많지만, 노무현 정부가 도입한 원래의 종부세와 현행 종부세는 성격이 크게 다르다. 원래의 종부세에는 소유자의 나이와 보유 연수, 지역과 주택 수, 그리고 소유자의 성격(개인인지 법인인지 여부)에 따라 과세방식을 달리하는 내용은 담기지 않았다. 보유가액을 기준으로 일률 과세하는 방법을 채택하면서도 누진과세로 고액 보유자에게 무거운 세금이 돌아가게 했다. 보유세 강화 로드맵을 법률에 명기하기도 했다. 원래의 종부세는 보수언론으로부터 '세금폭탄'이라는 공격을 받기는 했지만, 2021년 11월 종부세 고지 후 일어난 것과 같은 형평성 시비를 수반하지는 않았다. 한마디로 노무현 정부가 도입한 원래의 종부세는 좋은 세금이었다.

문재인 정부는 보유세 강화에 실기했다는 책임과 함께 종부세를 왜곡시킨 책임도 져야 한다. 한껏 왜곡되어 버린 종부세를 다시 고쳐서 쓰는 것보다는 아예 더 좋은 국세 보유세를 설계해서 도입하는 편이 더 나을지 모른다. 사실, 원래의 종부세에도 결함은 있었다. 극소수 부동산 과다 보유자에게만 부과해 전반적인 보유세 강화 정책을 추진하기에 부적절했다든지, 수혜자가 드러나

---

6) 2021년 11월 종부세가 고지되면서 언론에서는 주택 보유가액이 같은데도 한 채 가진 사람과 두 채 가진 사람의 종부세액에 큰 차이가 발생한다든지, 이사 가려고 새 집을 샀는데 기존 집이 팔리지 않아서 일시적 2주택자가 된 장기보유 고령자에게 '살인적인' 종부세가 부과되었다든지, 법인으로 등록했다는 이유로 협동조합 주택이나 공동체 주택에 감당키 어려운 종부세가 고지되었다는 사례가 대대적으로 보도되었다.

지 않아서 조세저항에 맞설 사회세력이 형성되기 어려웠다든지, 별도합산 과세대상인 상가·빌딩 부속토지를 우대했다든지, 최선의 세금(토지보유세)에 최악의 세금(건물보유세)이 결합해 있었다든지 하는 것 등이다.

그래서 필자는 오래전부터 종부세의 대안으로 국토보유세를 제안해 왔다. 국토보유세는 종부세의 여러 결함을 해소하는 세금이다. 첫째, 각종 차등 과세를 폐지한다. 개인이냐 법인이냐를 가리지 않고, 주택이냐 토지냐 빌딩 부속토지냐도 가리지 않고 한 주체가 전국에 소유하는 토지의 공시가격을 인별로 합산해서 동일한 기준과 방법으로 일률 과세한다. 과표구간과 세율은 당연히 한 종류이다. 다만, 농지나 공장용지 등 생산적 용도로 사용되는 토지는 합산 시에 일정 비율을 할인하는 방법으로 특수 사정을 반영한다.

둘째, 종부세와 달리, 국토보유세는 토지에만 부과하고,[7] 극소수의 부동산과다 보유자가 아니라 전체 토지 보유자에게 부과한다.

셋째, 국토보유세 세수 순증분은 모든 국민에게 n분의 1씩 국토배당금으로 분배한다. 공유부(共有富)에서 나오는 수입을 기본소득으로 분배한다는 원칙을 적용하는 것이다. 이는 주식회사가 주주에게 배당금을 지급하는 원리와 똑같다. 토지는 공유부에서 윗자리를 차지하는 중요한 자원이므로 국토보유세 세수 순증분을 국토배당금으로 지급하는 것은 지극히 정당하다. 이렇게 '기본소득 연계형 국토보유세'를 적절히 설계해서 시행하면 90% 이상의 국민이 순 수혜자가 된다는 시뮬레이션 결과가 이미 나와 있다. 종부세는 그 세금으로 혜택을 입는 사람이 누구인지 드러나지 않았기 때문에 소수의 조세저항에 맞설 사회세력이 등장하기 어려웠다. 그러나 국토보유세는 그렇지 않다. 순 수혜자가 될 90% 이상의 국민은 순 부담자들이 벌일 조세저항에 맞서는

---

7) 이는 종부세에 포함되어 있던 '최악의 세금'이라는 속성을 제거하기 위한 것이다.

표 3-8 | 기본소득 연계형 국토보유세 도입에 대한 시뮬레이션 결과

법정 세율 (%)	세수 (조 원)	세수 순증분 (조 원)	국토배당금(만 원)		부동산 보유세 실효세율(%)	순 수혜 세대 비율(%)	최고 순 수혜액 (만 원)	최고 순 부담액 (만 원)
			1인당	세대당				
0.7	23.0	18.0	34.7	77.7	0.37	83.4	66.9	2,447.3
0.8	28.0	23.0	44.4	99.5	0.42	84.0	86.4	2,965.9
0.9	32.9	27.9	53.8	120.5	0.46	84.7	105.2	3,485.4
1.0	37.9	32.9	63.5	142.2	0.51	85.3	124.8	4,004.0
1.2	47.8	42.8	82.6	185.0	0.61	85.3	163.1	5,042.2
1.5	62.6	57.6	111.1	248.9	0.76	85.9	220.3	6,599.8

강력한 방파제 역할을 할 것이다.

넷째, 지방세인 재산세는 현행대로 유지한다. 국토보유세 부과 시에 토지분 재산세 상당액을 공제해 이중과세의 소지를 없앤다. 재산세를 건드리지 않는 것은 그것까지 개편하고자 하는 경우 정치적 부담이 너무 커지는 것을 고려했기 때문이다.

〈표 3-8〉은 국토교통부가 발표한 「2020년 개인 토지의 100분위별 소유세대 현황」 통계(가액 기준)와 「2020년 국민대차대조표」 통계 등을 활용해 국토보유세 도입 결과를 간단하게 시뮬레이션한 것이다. 〈표 3-9〉는 시뮬레이션에 사용한 기초 통계의 세부 내용을 보여준다. 전강수(2020)는 2019년 통계로 시뮬레이션한 결과를 소개한 바 있는데, 이 글에서는 2020년 통계를 사용했으며, 분위별 세대의 국토보유세를 계산할 때 토지분 재산세 환급을 차감하지 않은 문제점도 보완했다. 전국 평균 세대 인원을 분위별 세대 인원으로 일괄 간주해 세대당 배당금을 계산했던 점도 개선했다. 단, 계산의 편의를 위해 비례세를 가정했는데 국토보유세를 실제 도입할 때에는 누진세로 설계하는 것이 바람직하다.

법정세율은 0.7%, 0.8%, 0.9%, 1.0%, 1.2%, 1.5% 여섯 가지로 잡았다. 표

표 3-9 | 시뮬레이션에 사용한 기초 통계(2020년)

항목		세대수, 인원, 금액, 비율	비고
세대	총 세대(A)	23,093,108(호)	
	토지 소유 세대(B)	14,129,985(호)	
	토지 소유 세대 비율	61.2(%)	(B)/(A)
인구	총 인구	51,829,023(명)	
	세대당 평균 인원	2.24(명)	
총액	공시지가	4,949.9(조 원)	
	토지시가	7,364.2(조 원)	
	건물시가	2,732.7(조 원)	
	부동산시가(C)	10,096.9(조 원)	토지시가+건물시가
보유세	재산세 총액(D)	13.9989(조 원)	
	재산세 부가세 총액	1.8146(조 원)	
	종부세 총액(E)	4.2687(조 원)	
	종부세 부가세 총액	0.8537(조 원)	
	부동산 보유세 총액	20.0822(조 원)	
	보유세 실효세율	0.18(%)	[(D)+(E)]/(C)
재산세 토지분	토지분(F)	6.8895(조 원)	
	건축물 토지분(G)	1.0178(조 원)	
	주택 토지분(H)	3.7007(조 원)	주택분 재산세×0.64
	재산세 토지분 환급액(I)	11.6080(조 원)	(F)+(G)+(H)
국토보유세 세수	법정세율 0.7%	23.0(조 원)	공시지가총액×세율-(I)
	법정세율 0.8%	28.0(조 원)	
	법정세율 0.9%	32.9(조 원)	
	법정세율 1.0%	37.9(조 원)	
	법정세율 1.2%	47.8(조 원)	
	법정세율 1.5%	62.6(조 원)	

주: 주택분 재산세에 0.64를 곱해서 주택 토지분 재산세를 계산한 것은 「국민대차대조표」에서 주택 자산 가치 중 부속토지의 비중이 그렇게 계산되었기 때문임.
자료: https://kosis.kr; 통계청·한국은행(2021); 국토교통부(2021a); 국토교통부(2021b)

의 세수는 토지분 재산세를 환급한 후의 금액이고, 세수 순증분은 현행 종부세 세수를 5조 원으로 보아 이를 뺀 것이다. 따라서 국토보유세가 이중과세라느니, 종부세 폐지로 지방에 돌아갈 세수가 줄어들 것이라느니 하는 항간의 비판은 전혀 근거가 없다. 앞의 여섯 가지 법정세율을 적용할 때 세수 순증분은 18조~57조 6000억 원으로 계산된다. 이를 모든 국민에게 n분의 1씩 나눠주면 1인당 국토배당금은 34.7만~111.1만 원이고, 세대당 국토배당금은 77.7만~248.9만 원이다. 모두 연간 지급액이다. 각 세대가 받을 국토배당금에서 각 분위별 세대가 부담할 국토보유세를 빼면 세대당 순 수혜액(또는 순 부담액)이 나오는데, 최고 순 수혜액은 66.9만~220.3만 원, 최고 순 부담액은 2447.3만~6599.8만 원에 분포할 것으로 추정된다. 전체 세대 중 순 수혜 세대의 비율은 83.4~85.9%로 계산되었다. 법정세율이 높아짐에 따라 순 수혜 세대의 비율이 올라가는 것은 당연하지만, 그 속도가 매우 완만한 점이 주목된다. 이는 비례세율을 적용했기 때문인 것으로 판단된다. 전강수·강남훈(2017)은 국토보유세를 누진세 구조로 설계해 순 수혜 세대의 비율을 계산했는데, 95%라는 높은 수치가 나왔다.

〈표 3-8〉의 부동산 보유세 실효세율은, 이런 방식으로 기본소득 연계형 국토보유세를 도입할 경우 전체 부동산의 보유세 실효세율(보유세 총액/전체 부동산 가액)이 얼마나 될지 계산한 것이다. 여기서 0.51%와 0.61%라는 수치가 주목된다. 0.61%는 참여정부 당시 기획재정부가 제시한 부동산 보유세 강화 정책의 목표였고, 0.51%는 당시 야당이었던 한나라당이 제시한 목표 0.5%와 거의 일치한다. 필자는 한국의 부동산 보유세는 향후 5년간 0.5%를 목표로 강화해 가는 것이 바람직하다고 판단한다. 실효세율 0.5% 목표는 과거에 한나라당이 제안한 적이 있으므로 정치적 공격을 막아내기에 유리하고, 현재보다 보유세를 3배 정도 강화하는 것이므로 실현 가능성도 클 것이기 때문이다. 항간에는 보유세 강화의 목표를 실효세율 1%로 잡는 이들이 있는데, 이는 현재보다 6배 정도 강화하자는 것이므로 사실상 실현 가능성이 없다고 봐야 한다.

7·10 대책에서 제시된 다주택자 과세 강화는 종부세에 한정되지 않았다.

규제지역의 다주택자에 대해서는 취득세와 양도소득세까지 대폭 강화되었다. 이처럼 모든 부동산 조세를 강화하는 것, 그것도 다주택자 위주로 강화하는 것은 정공법이 아니다. 어떤 조세든 주택 수를 기준으로 과세 방법을 달리하는 것은 경제적 왜곡을 초래할 뿐만 아니라 공평하지도 않아서 불필요한 반감을 유발한다. 따라서 부동산 과세는 가능한 한 가액 기준으로 운용한다는 원칙을 분명히 세운 다음 다주택자에게 적용하는 취득세·양도소득세 중과세율을 폐지하는 것이 옳다.

단, 양도소득세는 부동산 불로소득을 환수하는 효과가 있으므로 최고구간(예컨대 과표 20억 원 이상)을 신설해 60%의 한계세율을 적용하는 방안을 적극적으로 고려할 필요가 있다. 아울러 양도차익 합산 기간을 현행 1년 단위에서 3년 단위 정도로 늘리는 방안도 도입해야 한다. 현행 제도는 몇 해에 걸쳐 여러 건의 부동산 양도로 거액의 양도차익을 얻더라도 해만 바뀌면 합산하지 않고 별도로 세율을 적용하므로 부동산 투기꾼에게 유리하다. 합산 기간을 늘리면 3년 동안 얻는 양도차익은 모두 합산 과세의 대상이 되므로 부동산 불로소득을 환수하는 효과가 커진다. 지난 수십 년간 양도소득세는 부동산 경기 조절의 수단으로 활용되는 바람에 누더기 조세로 전락하고 말았는데, 앞으로는 불로소득을 상시 환수하는 제도적 장치로 자리매김해야 할 것이다.

4) 주택공급 정책의 방향

(1) 공급확대론의 문제점

부동산값이 폭등할 때마다 약방의 감초처럼 거론되는 정책이 있다. 바로 공급확대 정책이다. 노태우 정부와 노무현 정부에서도 집값을 안정시킨다는 명분으로 이 정책을 시행했고, 문재인 정부도 수도권을 중심으로 대대적인 주택공급 확대 정책을 추진해 왔다.

문재인 정부는 2018년 9·13 대책에서 수도권 내 교통여건이 좋고 주택 수요가 많은 지역을 중심으로 신규 공공택지 30곳을 개발해 30만 호를 공급하겠다는 방침을 밝힌 이후, 이 방침에 따라 2018년 12월 19일과 2019년 5월 7일 두 차례에 걸쳐 3기 신도시 5곳(남양주 왕숙, 하남 교산, 인천 계양, 고양 창릉, 부천 대장)을 포함해 총 86곳에 택지를 개발해 주택을 공급하겠다는 계획을 발표했다. 2020년 8·4 대책에서는 기존 공급 목표에 13만 2000호를 더해 2028년까지 수도권지역에서 총 127만 호를 공급할 예정이라고 밝혔으며, 2021년 발표한 2·4 대책에서는 127만 호 공급계획에 61.6만 호를 추가해 수도권에 역대 최대 수준의 주택공급을 하겠다는 방침을 세웠다(전강수, 2021: 156~157).

부동산값 폭등 시에 추진되는 공급확대 정책의 배경에는 다음의 논리가 작용하고 있는 것으로 보인다. '경제학 원론 교과서에 나오는 수요-공급의 법칙에 따르면 어떤 재화의 가격이 상승하는 것은 수요량에 비해 공급량이 부족할 때 생기는 현상이므로 공급을 확대해서 이 현상을 해소하면 가격 상승을 막을 수 있다.' 수요-공급 이론에 관해 들어본 사람은 별생각 없이 이 논리를 받아들이기 쉬운데, 정책 당국자들도 예외는 아니다.

이 논리는 원인 진단에 초점을 맞추면 '공급부족론', 대책에 초점을 맞추면 '공급확대론'이 되는데, 이 글에서는 공급확대론으로 통일하기로 하자. 공급확대론은 노무현 정부 때 대거 등장한 부동산 시장만능주의자들이 개발해서 줄기차게 주장하던 이론이다. 그들이 이 이론을 주장한 데에는 노무현 정부의 부동산 불로소득 환수 정책을 흠집 내려는 의도가 깔려 있었다. 얼핏 보면 그럴듯해 보이지만 조금만 더 생각하면 공급확대론은 치명적인 결함을 안고 있음을 확인할 수 있다.

노무현 정부 당시 부동산 시장만능주의자들은, 부동산값 폭등은 공급이 부족해서 일어나는 현상이며 이를 해결하기 위해서는 공급을 어렵게 만드는 각종 규제를 풀어서 수요가 있는 곳에 공급이 확대되도록 해야 한다고 주장했다. 그들의 주장은 문재인 정부 부동산 정책의 실패가 확연히 드러나면서 화려하게 부활했다. "부동산 학계에서는 과도한 규제와 공급부족이 현재와 같은 '참사'를 야기했다는 것이 정설이다"(≪조선일보≫, 2021.4.22), "부동산은 공급부족으로 인한 가격 급등이 문제"(국민의힘 이종배 정책위 의장, YTN, 2021.4.26), "재개발·재건축의 정상화를 통한 부동산 공급확대 정책으로 부동산 시장의 안정화를 도모"(오세훈 서울시장, MBN, 2021.4.29)와 같은 기사와 발언들이 언론의 지면과 화면을 장식하고 있으니 말이다.

작금의 집값 폭등은 정말 공급부족 때문에 일어났을까? 결론부터 말하자면, 아니다! 2017년과 2018년 서울과 수도권의 주택공급량은 그 이전 10년 평균치와 5년 평균치를 모두 상회하는 수준이었다(관계부처 합동, 2017). 공급 측면에서 서울과 수도권의 집값 폭등을 유발할 만한 특이 요인은 없었다는 뜻이다. 다른 의미에서, 즉 수요를 기준으로 볼 때 공급이 부족했다는 식으로 공급부족을 지적할 수 있을지 모르겠다. 이는 공급에는 별문제가 없는데 수요가 갑자기 팽창할 때 생기는 현상이다. 이런 공급부족은 정확히 말하면 수요 초과로, 부동산 시장만능주의자들이 이야기하는 것과는 전혀 다른 내용이다. 이를 굳이 공급부족이라 부르는 데는 진정한 원인을 감추고 진실을 호도하려는 의도가 깔려 있다고 볼 수밖에 없다.

공급확대론자들은 공급에 지나치게 집착하는 것과는 대조적으로, 부동산 수요에 대해서는 이상하게 느껴질 정도로 침묵한다. 이들은 2010년대 전반 부동산 시장이 침체해서 가격 하락이 본격화하는 상황에서도 여전히 공급확대를 주장했다. 그들의 주장대로 부동산값의 폭등이 오로지 공급부족에 기인한 것이라면 부동산값 하락은 공급과잉 때문이라고 주장했어야 수미일관했을 것이다. 그런데 그 상황에서도 그들은 공급확대를 주창했다. 그때 그들이 내세운 논리는 몇 년 후에 주택 부족으로 인한 부동산값 폭등이 우려된다는 것이었다.

노무현 정부 때에도, 문재인 정부 들어서도 집값 폭등은 유동성 과잉과 불로소득 환수 장치 미비로 투기적 가수요가 팽창하는 바람에 일어난 일이다. 2014년 이후 서울과 수도권의 주택가격이 빠르게 상승하는 시기에 다주택자의 주택매입도 급격히 증가했다는 것은 통계가 증명한다. 예컨대 2주택 이상을 보유한 다주택자의 주택매입 비중을 보면, 2012~2015년 연평균 4.6%에서 2016~2017년에는 13.9%로 급상승했다(관계부처 합동, 2017). 부동산 '투자' 비법을 알려주는 고액 강좌가 성황을 이루고, 평범한 시민들이 대거 '갭 투자'와 '아파트 구매 투어'에 나서며, 대학생들이 부동산 '투자'동아리를 만들어 부동산 매입을 시도하는 현상을 투기라는 말 외에 무엇으로 표현할 수 있겠는가? 이태리·박진백·오민준(2021)은 2017년 5월부터 2021년 5월까지의 주택가격 변동에 영향을 미친 요인들에 대한 기여도를 분석했는데, 금리의 기여도가 46.7%로 가장 높았던 반면 주택공급의 기여도는 2.1%에 불과했다. 공급부족을 원인으로 보는 공급확대론이 말도 안 된다는 것을 통계 분석으로 명쾌하게 입증한 셈이다.

진단을 엉터리로 했으니 제대로 된 처방이 나올 리 없다. 투기적 가수요는 거품과 같아서 그 규모를 파악할 수 없고 언제 어떻게 팽창할지 사라질지 예측할 수 없다. 그러니 거기에 맞춰서 공급을 확대한다는 것 자체가 애당초 어불성설이다.

게다가 부동산값이 폭등하는 상황에서 공급확대를 추진하면 시장을 안정시키기는커녕 오히려 집값 폭등을 가속할 수 있다. 투기 국면에서는 공급확대 정책의 발표 자체가 시장 참가자들에게 새로운 개발호재를 던져주는 것이기 때문에, 해당 지역을 중심으로 토지 투기와 주택 투기가 일어나기 쉽다. 수요-공급 이론을 적용해서 설명하자면, 정부는 공급곡선을 바깥쪽으로 이동시켜 가격을 안정시키려 하지만 수요곡선 또한 원래 자리에 머물지 않고 바깥쪽으로 크게 이동해 버리는 것이다.

더욱이 주택의 공급곡선이 바깥쪽으로 이동하는 데에는 많은 시간이 걸린다는 점도 문제이다. 정부가 공급확대 방침을 발표하더라도 실제 공급이 이루어지는 데는 4~5년이 걸리는 것이 일반적이다. 그러므로 현재 시점에서 공급곡선은 바깥쪽으로 거의 이동할 수가 없다. 앞에서 공급확대 정책을 발표하면 투기가 발생해 수요곡선이 바깥쪽으로 크게 이동한다고 했다. 이처럼 수요곡선은 바깥쪽으로 크게 이동하고 공급곡선은 원래 자리에 그대로 있다면, 주택가격은 하락하기는커녕 오히려 큰 폭으로 상승한다. 〈그림 3-3〉은 이 모든 과정을 잘 설명한다. 정부는 주택공급곡선을 S_1에서 S_1'로 이동시켜 균형점을 E_2로 옮김으로써 가격을 안정시키려 하지만, 단기적으로 주택공급곡선은 거의 이동하지 않고(기껏해야 S1에서 S2로 이동한다) 새로운 투기수요의 발생으로 주택 수요곡선이 D_1에서 D_2로 이동한다. 그 경우 균형점은 E_2가 아니라 E_3로 이동해 가격이 더 심하게 상승할 수 있다.

참여정부 때 2004년 내내 잠잠했던 부동산 투기에 다시 불을 붙인 것은 재건축규제 완화 방침 발표와 판교 신도시 개발이었다. 2005년의 8·31 대책 이후 안정세를 보였던 강남 집값이 2006년 초에 다시 상승하기 시작한 것도 당시 서울시 의회가 재건축규제를 완화하려는 움직임을 보이면서부터였다. 2006년 후반 돌발적인 집값 폭등에 기름을 부은 것 역시 검단 신도시 건설 발표였다.

공급확대 정책의 효과가 나타날 무렵에 부동산 경기가 역전되어 있다면, 수년 전에 실시한 정책은 가격 하락을 가속하는 결과를 초래할 것이다. 부동산 경기 침체기에는 가격 폭락을 방지하는 것이 급선무인데 과거에 시행한 정

그림 3-3 | **투기 장세에서 공급확대 정책을 펼칠 경우 예상되는 시장 상황**

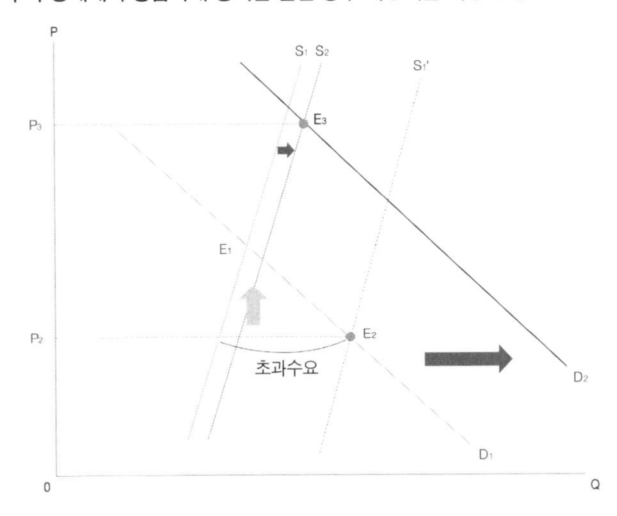

책이 가격 폭락 방지에 역행하는 효과를 낳을 테니 난감한 상황이 아닐 수 없다. 요컨대 투기 장세에서 시행하는 공급확대 정책은 시장을 안정화하는 정책이 아니라 불안정성을 증폭시키는 정책이다. 아무리 급하더라도 이런 정책으로 집값을 잡으려 해서는 안 된다. 이는 마치 병을 오진한 의사가 잘못된 처방으로 환자를 치료하려 드는 것과 마찬가지이다.

공급확대론에 인지 포획된 정치인들은 여야에 골고루 포진하고 있다. 그들에게는 노벨 경제학상 수상자인 조지프 스티글리츠(Joseph Stiglitz) 교수의 경고를 들려주고 싶다.

> 과도한 대출금을 짊어진 가구들과 필요 이상의 부동산 공급은 … 앞으로 여러 해 동안 지속되면서 실업과 막대한 자원 낭비를 조장할 가능성이 크다. 기술 산업 거품은 꺼진 뒤에라도 그나마 유용한 것을 남겼다. 그러나 주택시장 거품이 가라

앉은 뒤에 남은 것은 … 적절하지 않은 장소에 조악하게 건설된 주택들이었다.(스티글리츠, 2013: 198)

(2) 주택공급 정책의 대전환

지난 수십 년간 한국 정부는 부동산값을 안정시킨다는 명분으로 토지는 물론이고 주택까지 직접 공급해 왔다. 특히 1981년 이후에는 '택지개발촉진법'에 의거, 민간의 사유지를 강제수용해 공공택지를 조성한 다음 건설업체에 분양하거나 그 위에 직접 주택을 건설해서 민간에 공급하는 방식을 취해왔다. 더욱이 문재인 정부는 공공택지 조성을 넘어 군 부지나 공공기관 이전·유휴 부지 등 기존 국공유지에 분양주택을 지어서 공급하는 정책까지 추진하고 있다.

국가의 사유지 강제수용은 매우 높은 공공성을 전제로 해야만 정당성을 인정받을 수 있는 행위이다. 그런데 국가가 그 토지로 땅장사, 집장사를 해왔으니 앞뒤가 맞지 않는다. 공공택지 조성과 공공주택공급을 통해 국민의 주거문제를 해결해야 할 공기업(LH)이 이윤 극대화를 추구하는 독점 사기업처럼 변질해 버렸다.

물론 국토교통부와 LH의 구성원들은 토지와 주택을 매각한 대금으로 공공임대주택을 짓는다는 교차 보조의 논리를 내세운다. 하지만 현재 명실상부한 공공임대주택, 즉 장기 공공임대주택의 비율이 전체 주택 재고의 4.4%(2019년 기준)에 머물고 있다는 사실에 비추어 보면 이는 변명에 지나지 않는다. 짐작건대 LH가 땅장사, 집장사로 벌어들인 수익 중 적지 않은 부분이 조직 자체와 구성원을 위해 사용되었을 것이다. 게다가 LH 사태에서 드러났듯이, 공공택지 조성을 통한 신도시 개발은 내부정보를 활용한 직원들의 투기 행각을 유발하기도 했다.

얼마 남지 않은 기존 국공유지를 분양주택 부지로 활용하는 것도 문제이다. 2019년 현재 한국의 국공유지 비율은 30%로 싱가포르(81%), 대만(69%), 미국(50%) 등에 비해 현저하게 낮고, 대부분 공원이나 도로 등 경제적으로 이용할 수 있는 여지가 작은 토지들이다. 이는 역대 정부가 국공유지를 확보하기는커녕 기회만 되면 땅을 민간에 팔아넘긴 탓이다. 지금은 전문가들 사이에서 토지비축 제도를 적극적으로 활용해 국공유지를 확충해야 한다는 인식이 확산하고 있다. 그런데 문재인 정부조차 얼마 남지 않은 국공유지에 분양주택을 건설하는 정책을 추진하고 있으니 문제가 심각하다.

국공유지를 매각하면 일시적으로 거금이 들어오지만, 영구적으로 발생하는 수입, 그것도 계속 증가하는 수입은 포기할 수밖에 없다. 이는 황금알을 낳는 거위를 잡아 고기를 파는 것과 매한가지이다. 국공유지는 국가가 계속 보유하면서 민간에 임대해 임대료를 징수하는 것이 바람직하다. 이 제도는 토지공공임대제라 불리는데, 싱가포르와 홍콩은 이 제도를 전면적으로 운영해 왔고, 네덜란드, 핀란드, 스웨덴, 이스라엘 등은 지방정부 차원에서 이를 시행해 왔다. 영국의 전원도시(Garden City), 호주의 캔버라, 미국 뉴욕시의 배터리 파크 시티는 이 방식을 적용해 도시 개발에 성공했다. 토지공공임대제는 개발이익 환수, 도시계획 기능 제고, 부동산 투기 억제, 사회간접자본 건설 비용 절감 등 다양한 긍정적 효과를 유발했다고 알려져 있다.

토지공공임대제는 토지 사용자에게 사용하는 만큼 임대료를 징수하기 때문에 토지 불로소득을 효과적으로 차단한다. 토지사용의 자유가 보장되고 사용권의 거래도 허용되기 때문에 자유경쟁의 효력 또한 발휘된다. 더욱이 토지 임대료 수입을 국토배당금의 재원으로 투입할 수 있으므로 시장친화적 토지공개념 철학에 정확하게 부합한다(전강수, 2020: 152).

이제 대한민국도 본격적으로 토지공공임대제 도입을 고민할 때가 되었다.

LH도 땅장사, 집장사에 몰두하는 데서 벗어나야 한다. 기존의 국공유지나 새로 조성하는 공공택지를 가능한 한 국공유 상태로 유지하는 것은 물론, 토지비축 제도를 활성화해 국공유지 비율을 다른 선진국 수준으로 끌어올려야 한다.

그와 함께 주택공급 정책에도 대전환이 필요하다. 국가는 분양주택공급을 중단하고, 이를 민간 건설업체에 맡겨야 한다. 강제수용으로 조성하는 공공택지에서는 토지임대부 주택과 장기 공공임대주택 위주로 주택을 공급한다는 원칙을 세워야 한다. 얼마 남지 않은 기존의 국공유지와 용적률 상향으로 확보되는 공중 공간에서도 두 유형을 위주로 주택을 공급하는 것이 옳다. 단, 토지임대부 주택을 시세보다 저렴하게 공급하는 경우에는 환매 조건을 붙여야 한다. 5년·10년 임대 후 분양으로 전환하는 허울뿐인 공공임대주택은 더 이상 공급해서는 안 된다.

주택공급 정책에 지역 균형발전의 시각이 필요하다는 점도 강조해 두고 싶다. 문재인 정부는 임기 내내 지역 균형발전 정책을 방기했다. 2차 공공기관 이전 정책은 시작도 하지 못했다. 사실 문재인 정부가 이 정책을 착실히 추진했더라면 수도권 부동산 문제가 이렇게까지 악화되지 않았을지도 모른다. 앞서 말했듯이, 투기수요가 기승을 부리는 시장에 집을 더 지어서 공급하는 것은 한창 타오르는 불더미에 땔감을 더 갖다 얹는 것과 다를 바 없다. 해법을 수도권에 주택공급을 늘리는 데서 찾는 것이 아니라 우선 투기수요를 잠재우고 실수요를 지방으로 분산하는 데서 찾았어야 한다.

지역 균형발전 정책은 부동산 수요를 분산하는 효과가 클 뿐 아니라 급속히 쇠퇴하는 지방을 되살리는 효과도 있으므로 주저할 이유가 없었다. 더불어민주당 대선 후보 경선 과정에서 김두관 후보는 급진적인 지역 균형발전 정책으로 수도권에 몰리는 주택 수요를 분산하자고 주장했다. 이는 수도권 주택문제와 지방 소멸 문제를 한꺼번에 해결할 탁월한 대안이므로 사장시켜서는 안 된다.

국가가 국공유지를 확보·유지하고 공공임대 방식으로 이를 활용하는 것은 기존의 국토교통부-LH 시스템과 맞지 않을 가능성이 크다. 따라서 국공유지 임대와 장기 공공임대주택 및 토지임대부 주택의 공급과 관리를 전담할 토지주택청을 신설할 필요가 있다(전강수, 2021: 175).

4. 맺음말

지금까지 제안한 기본소득 연계형 국토보유세 등의 정책으로 부동산 불로소득을 차단·환수할 경우 한국 사회에는 어떤 일이 일어날까?

첫째, 위의 정책들은 불로소득 경제시스템에 직격탄이 될 것이다. 주기적으로 한국 사회를 괴롭히던 부동산 투기는 잠잠해질 것이고, 부동산으로 인한 불평등과 양극화도 크게 완화될 것이다. 또 한국 사회에 만연한 지대추구 경향이 줄어드는 대신 경제 활력은 증진될 것이다. 그에 따라 한국경제는 땀과 노력, 그리고 기업가 정신이 존중받는 진정한 자본주의 시장경제의 면모를 갖추어갈 것이다.

둘째, 필요 없는 토지를 사놓고 불로소득을 추구하면서 안주하던 기업들도 활발하게 생산적 투자에 나설 것이고, 자연스럽게 일자리도 늘어날 것이다.

셋째, 모든 국민이 국토배당금을 받으면 자신이 민주공화국의 실질적인 주인임을 체감하게 될 것이다. 한국 헌법이 주권재민 조항과 함께 토지공개념 조항도 가지고 있음을 기억하자. 국토보유세와 국토배당금, 그 외에 부동산 불로소득을 차단할 정책들은 모든 국민을 국토의 실질적인 주인으로 대접함으로써 헌법 정신을 구현할 것이다.

넷째, 마침내 집은 사는(buy) 것이 아니라 사는(live) 곳이 될 것이다. 시세 차액을 기대해 '영끌투자'를 벌이는 사람들은 사라질 것이고, 토지임대부 주택과 공공임대주택을 평생 거주의 대상으로 여기는 사람들이 늘어날 것이다.

사실 부동산 문제의 해결은 어렵지 않다. 국민 다수가 깨어 있는 시민이라면 금방 해결이 난다. 한국의 대표적인 조지스트(Georgist)[8] 김윤상 교수는 일찌감치 이 점을 간파했다. 그의 글을 인용하며 이 글을 맺는다.

> 우리가 찾는 파랑새는 멀리 있지 않다. 맑은 양심과 소박한 상식을 갖춘 사람에게는 바로 눈앞에 있다. 국토는 누가 생산한 것이 아니라 하늘이 국민 모두에게 베풀어준 삶의 터전이다. 국민은 대한민국이라는 공동체로부터 토지를 빌려 쓸 뿐이므로 국가에 임차료를 납부해야 한다는 것이다. 지대세 또는 국토보유세가 바로 파랑새이다. 그렇게 하면 토지 불로소득이 생기지 않으므로 투기도 없고, 따라서 부동산 투기를 막기 위해 고안된 잡다한 장치가 다 필요 없다.(김윤상, 2011: 70)

8) 19세기 말 미국의 경제학자 헨리 조지를 추종하는 사람들을 일컫는 말이다.

참고문헌

관계부처 합동. 2017.「실수요 보호와 단기 투기수요 억제를 통한 주택시장 안정화 방안」. 2017. 8.2.

국토교통부. 2021a.「개인 토지의 100분위별 소유세대 현황」.

_____. 2021b.「법인 토지의 100분위별 소유 현황」.

김용창. 2021.「부동산 불로소득 자본주의 체제와 탈취에 바탕을 둔 축적의 특성」. ≪마르크스주의연구≫ 63.

김윤상. 2011.『땅과 정의』. 한티재.

박상수·신미정. 2020.『부동산 초과이득 추정과 부동산세제 정책 방향』. 한국지방세연구원.

스티글리츠, 조지프(Joseph Stiglitz). 2013.『불평등의 대가』. 이순희 옮김. 열린책들.

이진수. 2021.「OECD 주요국의 부동산 가격 및 보유세 추이」. 토지+자유연구소. ≪토지+자유리포트≫ 19.

이태리·박진백·오민준. 2021.「주택가격 변동요인과 기여도 분석」. 국토연구원. ≪국토이슈리포트≫ 50.

이형찬·송하승·오민준·김지혜·최수. 2020.『사회통합을 위한 부동산자산의 불평등 완화방안 연구』. 국토연구원.

전강수. 2012.『토지의 경제학』. 돌베개.

_____. 2019.『부동산공화국 경제사』. 여문책.

_____. 2020.「시장친화적 토지공개념 구현을 위한 정책 전략」. ≪시민과 세계≫ 37.

_____. 2021.「부동산공화국 해체를 위한 정책 전략」. 이병천·김태동·조돈문·전강수 엮음.『다시 촛불이 묻는다』. 동녘.

전강수·강남훈. 2017.「기본소득과 국토보유세」. ≪역사비평≫ 120.

통계청·한국은행. 2021.「2020년 국민대차대조표」.

현진권. 1996.「토지소유의 편중 실태와 종합토지세의 세부담 분석」.『조세정책과 소득재분배』. 한국조세연구원.

| 제2부 |

부동산 조세 정책 과제

제4장

부동산 보유세제 개편의 쟁점과 기본 방향*

이선화 | 국회미래연구원 연구위원

1. 들어가며

재산세와 종합부동산세로 구성되는 우리나라 보유세[1]의 세수 규모는 2019년 기준 약 17.8조 원으로 총 조세수입의 4.6%에 불과하다. 세수 기여도가 그리 크지 않음에도 보유세 개편을 위한 논의는 주택시장의 침체 또는 과열에 따라 냉탕과 열탕을 반복해 왔다. 복기해 보면, 불과 6여 년 전만 하더라도 주택시장의 침체가 계속되면서 시장 전문가들은 "부동산으로 돈 버는 시대는 끝났다"라는 선언과 함께 부동산 투자에 대한 회의론을 제기했다. 주택가격의 정체와 거래냉각 현상이 계속되자 민간주택시장 활성화를 위한 규제 완화 조치가 시행되었을 뿐 아니라 2013년에는 취득세율 한시감면, 다주택자 양도소득

---

* 이 글은 국회미래연구원이 발간한 『경제적 불평등의 특성과 조세정책의 과제: 부동산 보유세를 중심으로』(이선화 외, 2020)의 일부를 발췌 및 수정한 것이다.

1) 부동산 보유단계에 부과되는 경상적 조세는 통상적으로 '재산세(property tax)'로 명명된다. 이 글에서는 보유단계의 경상조세인 재산세를 세목명인 재산세와 구분하기 위해 개념적으로 보다 엄밀한 용어인 '보유세'라고 명명한다.

세 중과세 폐지, 양도소득세 한시면제 등 주택매매 활성화를 위한 세제상 특례 조치도 이어졌다. 2015년부터 주택거래가 점차 활발해지고 수도권을 중심으로 한 시장 상승세가 이어지자 정부는 반대 방향의 정책 패키지를 쏟아내기 시작했다. 2016년 11·3 대책을 시작으로 2017년 8·2 대책에서는 다주택자에 대한 양도세 중과, LTV·DTI 강화 및 DSR 도입 등 수요억제 정책과 공급확대 정책이 동시에 마련되었다. 이와 함께 종합부동산세와 같은 보유단계 세목에 대한 세부담 강화 방안이 예고·시행되었다.

최근 10년간의 일련의 조치를 평가해 보면, 부동산 세제 개편은 각 세목이 조세로서 어떠한 기능을 해야 하는가에 대한 원칙 없이 시장 상황에 따라 그때그때 불을 끄기 위한 경기조절 수단의 의미를 벗어나지 못했다. 부동산 정책의 핵심 방편으로 간주되었던 보유세 역시 기본 기능이나 과세 원칙에 대한 논의는 충분하지 않아 보인다. 이에 이 글에서는 보유세의 목적과 과세 원칙을 중심으로 세제 개편과 관련한 주요 쟁점을 살펴보고 개편의 기본 방향에 대해 논의해 보고자 한다.

2. 우리나라 보유세 과세체계와 정책 목적

현행 보유세제의 기본 틀은 참여정부 세제개혁을 통해 만들어졌다. 2005년 발표한 8·31 대책[2)]은 정부 출범 이후의 각종 정책을 집대성한 종합대책으로, 이때부터 재산세와 종합부동산세로의 과세구조 이원화, 실거래가 신고 의

---

2) 정식 명칭은 「서민주거 안정과 부동산 투기 억제를 위한 부동산 제도 개혁방안」이며, 이 대책은 부동산 세제 합리화 방안뿐만 아니라 공시제도 등 세무 인프라 구축, 주택 및 토지공급 제도까지 망라한다.

표 4-1 | 2005년 8·31 대책의 보유세 개편 내용

분야	내용
거래 투명화	- 실거래가격 신고 의무화 및 등기부 기재
주택시장 안정	- 종합부동산세 세대별 합산, 기준금액 6억 원 이상 조정 - 주택분 재산세 과표적용률 2008년부터 5%씩 상향 조정 - 양도소득세 실거래가 과세 및 1가구 2주택 중과(50%) - 취·등록세 1% 인하
토지시장 안정	- 비사업용 토지에 대한 종합부동산세 부과 공시지가 6억 원 → 3억 원 - 양도세를 실거래가 과세로 전환(2007)

자료: 대통령자문 정책기획위원회(2008)의 〈표 3-5〉 일부

무제 및 등기부 기재제도, 주택을 단위로 하는 과세대상 도입 등 현 보유세 과세체계의 핵심 요소가 마련되었다. 이후 위헌 판결로 인해 무력화되기는 했으나 세대별 합산방식의 종합부동산세 과세표준도 8·31 대책이 담고 있는 개편안의 일부이다. 세제사적으로 실거래가 신고제도 같은 당시의 조치는 매우 파격적이고도 진일보한 것이었다. 특히 조부유세(gross wealth tax)[3] 성격을 갖는 종합부동산세의 경우 한국이 벤치마크로 삼는 다른 선진국과 비교해 매우 독특한 것으로 평가된다.

문재인 정부 들어 주택시장이 과열되기 시작하면서 보유세 개편을 위한 다양한 논의가 전개되었으나 논의의 대부분은 다주택자에 대한 종부세 중과 방안에만 집중되었을 뿐 과세 틀 자체에 대한 근본적인 문제제기는 찾아보기 어렵다. 보유세의 중장기 발전 방향을 논하기 위해서는 우선 우리나라 보유세 체계의 독특한 구조를 이해할 필요가 있다. 이에 이 절에서는 본격적인 논의에 앞서 2005년 보유세 개편의 주요 내용과 취지에 대해 간략하게 소개하고

3) 통상의 부유세는 순부유세(net wealth tax), 즉 보유자산 총액에서 부채를 제외한 순자산을 과세표준으로 삼는다. 이에 비해 조부유세는 부채를 포함한 보유자산 총액을 기준으로 과표를 산정한다.

자 한다.

첫째, 보유세 개편은 종합부동산세 도입을 통해 과세체계를 이원화한 것이다. 1990년부터 2004년까지 우리나라 보유세는 토지에 부과되는 종합토지세와 건물에 부과되는 재산세로 구성되어 있었다. 종합토지세는 종합부동산세와 마찬가지로 물건별 과세가 아닌 개인과 법인이 보유한 토지유형별 평가액을 합산해 과세표준을 산정하는 인별 과세방식을 취했다. 2005년부터는 과세대상의 단위를 토지(종합, 별도, 분리), 건물, 주택으로 구분하고 각 과세대상에 대해 재산세와 종부세(건물은 제외)를 동시에 부과하는 과세체계가 만들어졌다. 이원적 과세구조하에서 국세인 종합부동산세는 투기 억제와 능력원칙의 공평과세를 실현하는 수단이었으며, 지방세인 재산세는 지방분권 시대에 걸맞게 자치세목의 기능을 담당하게 되었다. 특히 종합부동산세는 보유세의 누진성 강화를 통해 조세 부담의 형평성을 높이고 부동산가격 안정화를 달성할 수 있다는 참여정부의 정책철학을 압축적으로 보여준다.[4]

둘째, 토지와 건축물로 분리해 과세하던 주거용 토지와 주거용 건축물을 주택이라는 단일한 대상으로 통합평가하고 통합과세하는 과세체계 역시 2005년 세제 개편의 결과물이다. 주택을 구성하는 토지와 건축물을 합산해 통합과세하는 방안은 보유세의 핵심 정책대상이 토지에서 주택으로 이동했음을 의미한다. 이처럼 정책의 초점이 이동한 것은 2000년대 중반 서울 강남을 중심으로 주택가격이 폭등한 것이 직접적 배경이었던 것으로 알려져 있다. 이 밖에 주택단위 통합과표는 평가가격의 공정성을 확보함으로써 보유세에 대한 조세 순응도를 높인다는 목적도 가지고 있었으며 그 결과 주택에 대한 과표현실화율이

---

4) 종합부동산세의 입법취지는 "고액의 부동산 보유자에 대해 종합부동산세를 부과해 부동산보유에 대한 조세 부담의 형평성을 제고하고, 부동산의 가격안정을 도모함으로써 지방재정의 균형발전과 국민경제의 건전한 발전에 이바지"('종합부동산세법' 제1조)하기 위한 것이다.

표 4-2 | 부동산 보유세의 과세대상 구분체계 변화

보유세 체계(1990~2004)

부과세목	과세 대상	부동산 유형
종합 토지세	종합 합산	일반 토지(나대지)
		A. 주거용 부속토지
	별도 합산	사업용 토지
	분리 과세	고율 분리: 골프장 등
		저율 분리: 농지, 공장용지
재산세	B. 주거용 건축물	
	공장용 건축물	
	골프장, 별장 등	
	기타 건축물	

보유세 체계(2005~현재)

과세 대상	부과세목 (과세기준액)
종합합산	재산세 종부세(공시가격 5억 원)
×	
별도합산	재산세 종부세(공시가격 80억 원)
분리과세	재산세
×	재산세
공장용 건축물	
골프장, 별장 등	
기타 건축물	
주택(A+B)	재산세 종부세(공시가격 6억 원, 1세대 1주택자 9억 원)

자료: 이선화(2018)

빠르게 상승하는 순기능이 발생했다(김현아, 2012: 119).

셋째, 부동산 실거래가격 신고를 의무화함으로써 부동산 세목의 과표를 시장거래가격을 기준으로 책정하는 실무적 토대를 마련했다. 이후 양도소득세와 취득세의 과세표준은 실거래가를 기준으로 산정되었으며, 실거래가 통계가 누적됨에 따라 보유세 산정의 기준이 되는 공시가격을 시장가격에 가깝게 '현실화'할 수 있는 조세 인프라를 구축할 수 있게 되었다. 실거래가 신고 의무제를 도입한 것은 실제로 부동산 공시가격의 시가 반영률을 높이는 데 기여한 것으로 확인된다. 토지의 경우 과표현실화율이 2003년 36%에 불과했으나 2013년에는 61.2%로 크게 상승했으며, 공동주택 71.5%, 단독주택 59.2% 등 주택의 과표현실화율도 동반 상승했다(박준 외, 2014; 이진순·김경표, 2012: 172).

표 4-3 | 참여정부 보유세 개편 방안과 정책 목표

정책수단		개편 내용	목표
세목 이원화	종합부동산세	국세, 인세(人稅), 능력원칙, 누진설계	공평과세, 부동산가격 안정화, 재분배 기능 실현
	재산세	지방세, 관내 합산 과표	지방분권을 위한 재원 마련
실거래가 신고		과표현실화율 제고	형평성 강화
주택 단위 과세		토지와 건물에 대한 통합평가 및 통합과세	- 주택시장 안정화를 위한 정책과세로 활용 - 과표현실화율 제고를 통한 공평과세 실현
비주거용 부동산에 대한 과세대상별 세부담 차등화		토지세율 강화, 건축물세율 완화	보유세의 효율성 제고
보유단계별 세부담률 변화		보유세 강화, 거래세 완화	부동산 세제의 효율성 제고

끝으로 참여정부의 부동산 세제 개혁은 세율 조정을 통한 조세의 효율성과 공평성 강화를 지향했다. 그 내용은 행위단계별로는 보유세 중심의 세부담 강화, 과세대상별로는 토지에 대한 세율 강화(및 건축물에 대한 세율 완화)로 요약된다. 이전부터 조세·재정 전문가들은 높은 거래세율과 낮은 보유세율, 건축물(즉, 자본)에 대한 높은 세부담과 토지에 대한 낮은 세부담을 우리나라 부동산 세제의 문제점으로 지적해 왔다(이진순·김경표, 2012: 160~169). 2005년 세제 개편은 보유세 중심의 과세 방안 및 토지에 대한 실효세율 인상을 통해 기존 부동산 세제가 가진 경제적 비효율성과 세부담 불형평성의 문제를 해소하려는 정책적 고민을 담고 있었다.

이상의 세제 개편은 보유세를 통해 형평성 강화, 효율성 강화, 재분배 및 가격안정화 등의 기능을 실현한다는 참여정부의 정책철학과 강력한 정책의 지하에 관철되었다. 새로운 보유세 과세체계의 구성요소가 각각 어떠한 목표를 지향했는지는 〈표 4-3〉에 요약된 바와 같다.

3. 보유세제 개편 방향 설정을 위한 주요 쟁점

문재인 정부 들어 추진된 보유세 개편 방향은 자산 상위 소유자에 대한 보유세 부담 인상이 주택시장을 안정화하고 조세 부담의 형평성을 높일 수 있다는 인식에 기초한다는 점에서 부동산 문제에 대한 참여정부 정책철학의 연장선에 있다. 앞서 논의한 바와 같이 실거래가 기반 과표 산정, 과세대상별 세율 조정 등 참여정부의 세제개혁이 과거 제도의 불합리한 요소를 없애고 조세 인프라를 크게 개선한 것은 사실이다. 그러나 과세대상이나 세목, 자산 포트폴리오에 따라 복잡하게 설계된 과세체계가 가격안정화, 형평성, 효율성, 재분배 개선 등 정책목표를 실현하기 위한 합목적성을 갖추고 있는지, 각 제도가 조세의 기본원칙에 충실한지는 명확하지 않다. 이 절에서는 세부담 수준이나 설계원칙 등 보유세를 둘러싼 주요 쟁점을 검토하고 보유세제의 바람직한 개편 방향을 제언했다.

1) 보유세 세부담 수준에 대한 쟁점

(1) 소득과세와의 역사적 추이 비교

보유세 개편에서 확인해야 할 첫 번째 쟁점은 조세 형평성(tax equity) 측면에서 '평균' 세부담이 적절한지 여부에 대한 것이다. 조세 형평성은 부담능력이 동일한 경우에는 동일한 세액을, 부담능력이 다른 경우에는 다른 세액을 부과하는 조세의 기본원칙이다. 보유세 강화론은 부동산이 우리나라 가계가 부를 축적하는 가장 중요한 수단임에도 불구하고 부동산 과세가 '경제적 능력'에 상응하지 않기 때문에 부담능력에 따라 부과하는 공평과세의 원칙에 위배된다는 입장을 견지한다. 이러한 주장이 타당한지 확인하기 위해서는 담세력으로서 소득의 크기에 상응하는 자산의 크기가 정의되어야 한다. 하지만 실현되지 않은 잠재적 소득원이자 저량변수인 부동산자산과 유량으로 측정되는 실현 소득의 '경제적 능력'을 직접 비교하는 것은 개념적으로 한계가 있다. 또한 조세는 정부의 역할과 세부담 능력에 대한 사회적 합의의 산물이기 때문에 얼마를 부담하는 것이 적절한지에 대한 절대적 기준을 제시하는 것도 쉽지는 않다. 따라서 이 글은 대안적으로 보유세 실효세율의 시계열 추이와 국가 간 비교를 통해 우리나라 보유세 세부담의 상대적 수준을 평가하는 접근법을 취하고자 한다.

먼저 소득과세와 부동산자산과세 각각에 대해 특정 시점에서의 절대 수준(level)이 아닌 실효세율 추이를 살펴보았다. 이는 정부가 정부의 기능 확대와 재정지출 증가에 따른 추가적 재원을 조달하기 위해 어떠한 세원의 세수 기여도를 높여왔는지를 확인하기 위한 것이다. 우리나라의 조세 부담률은 1995년 16.4%에서 2018년 20.0%로 지속적으로 증가해 왔는데, 〈그림 4-1〉을 보면 조세 유형별로 조세 부담률 상승에 대응한 세부담 증가분이 불균형하게 배분되어 왔음을 확인할 수 있다. 소득과세의 경우 1995년에서 2019년까지의 기간 동안 국민소득(GNI) 대비 소득과세의 비율이 5.28%에서 6.68%로 약 1.4% 포인트 상승했다. 반면, 민간보유 부동산 시가총액 대비 보유세수 비중으로 계산한 보유세 평균 실효세율은 같은 기간 0.165%에서 0.186%로 소득과세의 증가 속도를 크게 밑돌았다. 요컨대 1990년대 이후 복지 분야에서의 정부 역할 확대로 조세 부담률이 지속적으로 상승하는 가운데 재원 조달의 상대적 부담은 소득과세에 집중되었다고 볼 수 있다.

(2) 보유세 평균 세부담에 대한 국제 비교

다음으로는 국가 간 비교를 통해 우리나라 보유세 세부담 수준을 평가해

그림 4-1 | 세원별 평균 실효세율 추이(1995~2019)

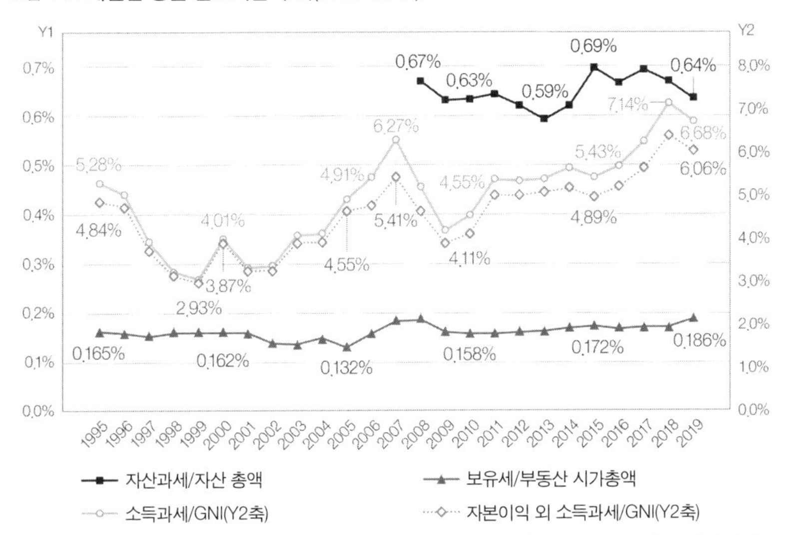

주: 1) 자산과세/자산 총액: 대차대조표상 민간의 자산 총액 대비 자산과세(4000). 괄호 안의 숫자는 OECD 세목 분류 코드를 의미함(이하 동일).
2) 보유세/부동산 시가총액: 국민 대차대조표상 민간이 보유한 부동산 시가총액 대비 보유세(4100).
3) 소득과세/GNI: GNI 대비 소득과세(1000).
자료: 한국은행, 「국민대차대조표」; OECD, "Revenue Statistics."

보고자 한다. 평가지표는 앞에서와 마찬가지로 소득 대신 자산의 시가총액에 대비한 실효세율을 사용했다. GDP 대비 세율은 통계 이용의 편의성 때문에 세부담 국제 비교에 가장 널리 사용되지만 소득지표를 자산과세인 보유세 세부담 평가에 사용하는 것은 오독의 소지가 있다. 우리나라와 같이 GDP 대비 부동산자산의 규모가 큰 경우에는 GDP 대비 지표가 자산과세의 실제 세부담률을 과소평가하는 결과를 야기하기 때문이다.

2018년 우리나라 보유세 규모는 GDP 대비로는 0.82%이며, 총 조세(사회보장기여금 제외) 대비로는 4.63%이다. 총 조세 및 GDP 대비 보유세 비중은 OECD 전체 국가에서 산출 가능하므로 한국의 보유세 수준과 직접적으로 비교할 수 있다. 한국을 제외한 OECD 35개국(콜롬비아 제외)의 GDP 대비 보유세 비중은

표 4-4 | OECD 국가의 부동산자산 규모와 보유세 추이

구분	국가	1995	2000	2005	2010	2015	2018
보유세/민간보유 부동산 총 자산	OECD 평균	0.66%	0.56%	0.48%	0.50%	0.46%	0.44%
	한국	0.16%	0.16%	0.13%	0.16%	0.17%	0.17%
보유세/총 조세	OECD 평균	2.48%	2.99%	3.84%	4.65%	5.66%	6.14%
	한국	0.81%	1.01%	1.49%	2.75%	3.71%	4.63%
보유세/GDP	OECD 평균	1.27%	1.25%	1.36%	1.46%	1.57%	1.54%
	한국	0.63%	0.52%	0.53%	0.70%	0.75%	0.82%
전체 부동산 총 자산/GDP	OECD 평균	2.614배	2.776배	3.091배	3.268배	3.317배	3.413배
	한국	5.045배	4.149배	5.083배	5.634배	5.633배	6.029배
민간보유 부동산 총 자산/GDP	OECD 평균	2.51배	2.72배	3.23배	3.40배	3.58배	3.67배
	한국	3.81배	3.21배	3.98배	4.43배	4.37배	4.72배
민간보유 토지/민간보유 부동산 총 자산	OECD 평균	36.8%	41.7%	47.2%	46.4%	47.0%	48.0%
	한국	74.1%	66.9%	69.9%	70.0%	69.3%	69.0%
한국 제외 대상국가 수		11(15)개	12(15)개	13(15)개	15개	15개	15개

주: 1) 한국을 제외한 OECD 평균은 1990년대 이후 가입한 국가를 제외한 15개국(호주, 오스트리아, 벨기에, 캐나다, 덴마크, 핀란드, 프랑스, 독일, 이탈리아, 일본, 네덜란드, 스페인, 스웨덴, 미국, 영국)을 대상으로 함. 단, 부동산자산 관련 통계는 1995년에는 오스트리아, 독일, 이탈리아, 스페인이, 2000년에는 오스트리아, 이탈리아, 스페인이, 2005년과 2010년에는 오스트리아, 스페인이 표본에서 제외됨.
2) 전체 OECD 국가 중 토지, 주거용 건축물, 비주거용 건축물(토목건설 포함) 합산이 가능한 16개국을 대상으로 분석했으며, 미국의 토지 시가총액은 가계 및 비영리단체 소유분만 합산함.
3) 총 조세에서 사회보장기여금은 제외함.
자료: OECD, "Revenue Statistics"; OECD, 국가별 자산대차대조표("National Balance Sheet").

1.08%, 총 조세 대비 보유세 비중은 4.49%으로 조사되었다. 이 두 지표로 비교하면 우리나라의 보유세 수준은 영국, 미국 등 앵글로색슨계 국가에 비해서는 매우 낮은 수준이지만 OECD 회원국 평균에 비해서는 크게 낮지 않은 것처럼 보인다. 반면 GDP가 아닌 민간이 보유한 부동산 시가총액으로 평가하면 2018년 우리나라의 보유세 실효세율은 0.17%로, 자산 통계가 제공되는 OECD 15개국의 평균 세율 0.44%의 절반에도 미치지 못한다(〈그림 4-2〉 참조).

한편, 우리나라의 경우 취득세 세율이 높기 때문에 취득세를 포함한 부동산 세부담 수준은 다른 나라에 비해 높다는 주장이 제기되기도 한다. 그러나

그림 4-2 | 2018년 OECD 14개국의 보유세 실효세율

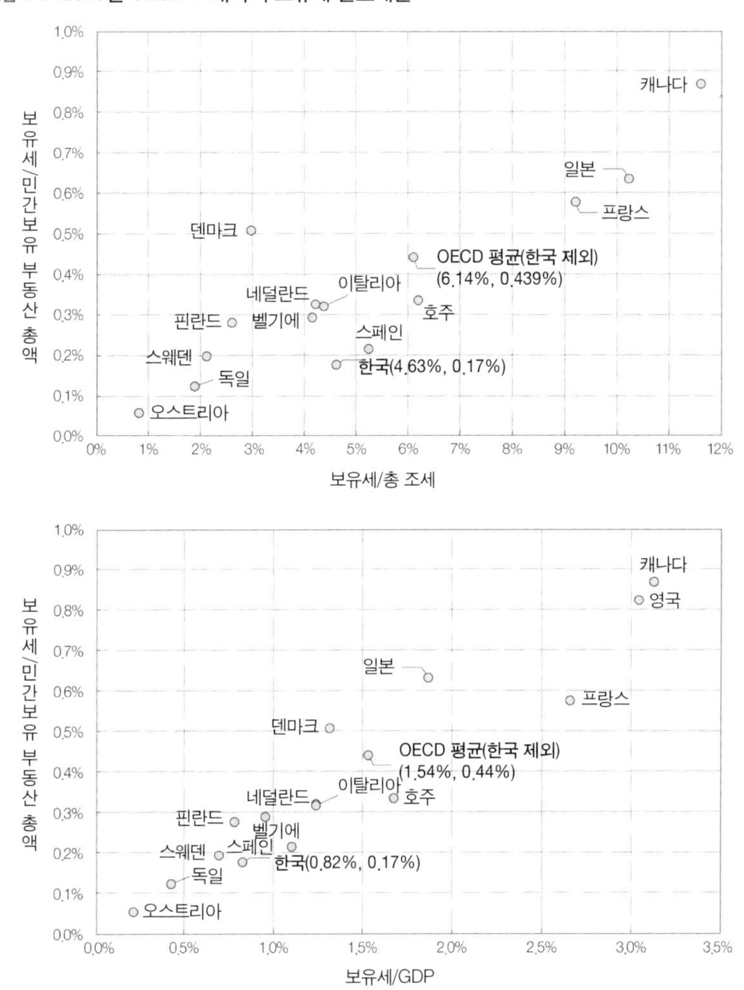

주: OECD 평균 지표는 부동산자산 대비 보유세 실효세율 계산이 가능한 15개국(한국 제외)을 대상으로 계산한 값임. 총 조세 및 GDP 대비 보유세 비중은 OECD 전체 국가(콜롬비아 제외)에서 산출 가능함. 한국을 제외한 OECD 35개국의 총 조세 대비 보유세 비중은 4.50%, GDP 대비 보유세 부담률은 1.077%임.
자료: OECD, "Revenue Statistics"; OECD, 국가별 자산대차대조표("National Balance Sheet").

보유세와 취득세를 합산한 부동산자산과세 전체의 세부담을 비교해 보더라도, 통계가 제공되는 OECD 10개국의 민간 부동산 시가총액 대비 보유세와 취득세의 평균 세율은 0.561%인 반면 한국은 0.367%로, 우리나라는 OECD의 2/3 수준에 불과했다(2015년 기준). 요컨대, 소득지표가 아닌 부동산 시장가격을 기준으로 평가하면 우리나라는 OECD 국가 가운데 보유세 세부담이 가장 낮은 국가군에 속하며, 취득세를 포함하더라도 여전히 부동산자산과세가 저부담인 국가에 해당한다.

소득 대비 지표와 시가 기준 지표가 크게 차이 나는 이유는, 우리나라의 경우 민간보유 부동산 시가총액이 2018년 기준 GDP 대비 4.72배로, 비교대상인 OECD 15개국(평균 3.67배) 가운데 호주 다음으로 높기 때문이다. 특히 우리나라의 높은 부동산자산 규모는 고정자본 투자로 형성된 건축물 가격에 기인하는 것이 아니라 높은 토지가격에 기인한다. 부동산 시가총액 중 토지의 구성비를 비교해 보면, OECD 15개국 평균치가 약 48%인 데 비해 우리나라는 동 구성비가 69%에 달해 영국(69.1%)과 함께 부동산 가운데 토지의 구성비가 가장 높은 국가인 것으로 확인되었다.

보유세는 거래에 대한 왜곡 효과가 낮다는 점에서 양도소득세나 취득세 등 부동산을 세원으로 하는 여타 세목들보다 효율적인 조세에 해당하지만, '평균' 실효세율의 관점에서 보면 그간 충분히 활용되지 못했던 것으로 보인다. 향후 복지지출 증가에 대비한 재정 확충의 필요성, 세원별 조세 부담의 형평성 제고 등을 종합적으로 감안할 때 보유세 평균 세부담을 점진적으로 인상하는 것은 여전히 유효한 정책 의제라 할 수 있다.

다만, 국가 간 실효세율을 비교한 결과는 보유세 발전 방향과 관련한 다양한 고려사항의 하나이지 절대적 개편 기준을 제공하는 것은 아니라는 데 유의할 필요가 있다. 조세는 국가마다 운용 및 부과 방식이 상이하며 제도가 형성된 사회적·역사적 배경이 다르다. 따라서 선진국이라 하더라도 다른 나라의 세율이나 제도를 그대로 벤치마킹하기는 어렵다. 대표적으로 미국의 경우 보유세는 지방정부의 분권적 예산제도와 연계되어 있으며 높은 세율은 지방자치의 결과물이기 때문에 한국의 보유세 제도와는 본질적인 차이가 있다. 따라서 보유세 개편에서 어떤 원리를 강조해 어떻게 설계할 것인지를 결정할 때에는 국가별 조세제도가 발전해 온 역사적 맥락을 고려해야 한다.

2) 보유세 과세체계의 효율성 관련 쟁점

높은 부동산가격, 재정 확충 시 세원별 조세 부담의 형평화, 여전히 낮은 평균 실효세율 등을 종합적으로 감안하면 보유세 평균 세부담의 점진적 인상은 여전히 유효한 정책과제이다. 중요한 것은 무엇에 중점을 두고 어떻게 설계하느냐의 문제이다.

(1) 주택 단위 통합과세의 이론적 문제점

통상적으로 부동산 보유세는 조세회피가 어렵고 시장에서의 거래행위를 왜곡하지 않기 때문에 소득세나 거래세에 비해 경제적 효율성이 높은 조세로 평가된다. OECD, IMF 등의 국제기구가 재정적자 완화를 위한 증세수단이자 소득세에 대한 보완세제로서 보유세 강화를 정책적으로 제언한 것은 이런 이유에서이다(Norregaard, 2013; Cabral and Hoxby, 2012; Brys et al., 2016).

그런데 엄밀하게 말하자면 거래세와 대비되는 보유세의 효율성은 부동산 '유통시장'에 해당하는 특성이라 할 수 있다. 주택 '신규 공급시장'에서의 자원배분 문제와 관련해서 보면 보유세의 효율성은 토지 부과분에 해당하는 장점으로, 자본투자인 건축물에는 적용되지 않는다. 물리적 또는 정책적으로 제한된 자원인 토지는 공급의 비탄력성으로 인해 보유세 부과로 인한 사중손실(死重損失, deadweight loss)이 발생하지 않는다.[5] 더욱이 토지에 대한 과세는 토지 사용비용을 높이기 때문에 단위면적당 고정자본 투자를 증가시켜 토지이용의 효율성을 높이는 효과도 기대할 수 있다. 반면 건축물에 대한 보유세(taxes on improvements) 부담은 자본투자의 비용을 높이고 투자를 위축시키는 결과를 초래한다. 따라서 보유세 효율성에 대한 일반적 인식과 달리 건축물에 대한 보유세 강화는 생산요소의 배분 차원에서 토지의 효율적 이용을 저해하는 최악의 조세로 간주된다(Vickrey, 2001).

결국 보유세 강화가 부동산 신규 공급(여기에는 리모델링 등 자본이 투입되는 투자활동도 포함된다)을 위축시키지 않기 위해서는 토지과세를 강화하고 건축물 과세를 완화하는 방향으로 세율체계를 구성하는 것이 중요하다. 이러한 정책기조는 참여정부 보유세 개편에서 비주거용 부동산에 대한 세율체계를 개편한 방향과도 일맥상통한다. 당시 비주거용 부동산에 대해서는 건축물분은 세율을 비례세율로 개편해서 세부담을 낮추는 한편 토지분은 세율을 높이는 조치가 단행되었다.

이와 달리 주거용 부동산에 대해서는 주택(주거용 토지와 주거용 건물)을 과세대상으로 분리해 별도 세율을 적용하는 과세체계를 도입했다. 이로써 주거용에 대해서는 토지와 건축물을 통합평가·통합과세하게 됨에 따라 토지와 건축물에 대한 차등 과세가 원천적으로 불가능해졌다.[6] 결국 현행과 같은 주택

---

5) 개간이나 택지개발 등을 통한 토지의 신규 공급을 감안하면 장기적 관점에서는 토지 역시 공급량이 완전히 고정된 것은 아니다.

6) 종합토지세가 토지세의 일종으로 효율성이라는 강점이 있음에도 주택을 별도 과세대상으로 분리해 낸 배경에는 보유세를 '강남 아파트 시장' 안정화 수단으로 활용한다는 정책당국의 의지가 작용했다. 2000년대 전반기에 주택시장 과열이 국민의 주거안정성을 위태롭게 함에 따라 가격 안정화는 부동산 정책의 가장 시급한 현안으로 대두했다. 이에 따라 여러

통합과세하에서는 주거용일 경우 토지에 대한 고율과세, 자본(건축물)에 대한 저율과세라는 효율성 원칙을 적용하기 어렵게 되었다. 보유세 강화정책의 일환으로 주택세율을 인상하면 주택을 구성하는 토지뿐만 아니라 건축물에 대해서도 고율과세가 적용되는 구조가 만들어진 것이다. 이론적으로 보자면, 세수 확보, 시장안정화, 재분배 등을 목적으로 한 보유세율 인상은 주거용 건축물 자본투자에 대한 패널티로 작동해 리모델링을 포함한 주택공급을 위축시키는 부작용을 야기할 수 있다.

(2) 2020년 7·2 대책의 보유세 개편안 평가

주택 통합과세로 인한 비효율성 이슈는 보유세 실효세율이 높지 않다면 크게 문제가 되지 않는다. 실제 우리나라 보유세 평균 실효세율은 0.17% 내외로 일반건축물세율(공시가격의 0.175%)과 비교해서 우려할 정도로 높은 것은 아니다. 그러나 주택분 보유세에 대한 실효세율이 큰 폭으로 상승한다면, 주거용 건축물에 대한 과도한 세부담으로 인해 주택시장에서의 자본투자가 위축될 가능성이 커진다.

〈그림 4-3〉의 패널 B는 2020년 7월 2일 발표된 보유세 개편안의 과세체계를 적용해 인당 부동산 보유액(시장가격 기준)에 해당하는 보유세(재산세와 종합부동산세 합산액) 실효세율을 과세대상별로 계산한 그래프이다(패널 A는 종부세 개편 이전인 2018년까지의 과세대상별 실효세율이다).[7] 그래프에서 보듯이 7·2 대

논쟁에도 불구하고 토지과세의 효율성보다는 주택 단위 정책과세로서의 기능에 무게를 둔 세제 개편이 이루어졌다.

7) 공정시장가액비율은 2022년에 100%로 인상될 뿐만 아니라 세부담 상한제로 인해 과도기적으로는 〈그림 4-3〉 패널 B보다는 낮은 수준에서 보유세 실효세율이 결정된다. 패널 B는 7·2 대책의 결과 공정시장가액비율이 100% 적용되고 세부담 상한제의 세부담 억제효과가 발생하지 않는 시점의 세율을 보여준다. 단, 이 그래프는 2021년 확정된 '종합부동산법' 개

책은 과세대상별·보유금액대별 세율 격차를 현저히 확대시켰다.[8] 예를 들어 인당 보유액이 약 11억 원을 넘어서면 다주택자 여부와 무관하게 주택에 대한 세부담이 별도합산 토지에 대한 세부담을 초과하게 된다. 더욱이 조정지역 2주택 보유자의 경우, 보유주택의 총가치가 약 14억 원을 초과하면 보유세 실효세율이 같은 금액의 종합합산 토지보다 높아지며, 주택가격 합산액 30억 원에 대한 실효세율은 약 0.93%로 같은 금액대 종합합산 토지 세율의 2배에 달하게 된다.

앞서 〈표 4-4〉를 통해 우리나라의 경우 부동산 시가총액에서 건축물이 차지하는 비중이 다른 비교 국가에 비해 매우 낮다는 사실을 확인한 바 있다. 토지세율 강화와 건축물세율 완화는 토지의 세후 수익률을 낮추고 자본투자(건축물)의 세후 수익률을 높임으로써 토지 이용의 효율성을 높이는 데 기여한다. 그런데 현행 보유세제하에서는 주택의 토지분과 건축물분에 동일한 세율이 적용되므로 주거용 건축물의 경우 과세구간에 따라 별도합산 토지나 종합합산 토지에 비해 월등히 높은 보유세가 부과되는 결과가 초래된다. 즉, 토지와 건물에 대한 과세가 분리되지 않은 상태에서 다주택자 또는 고가주택에 대한 누진도를 강화하는 것은 주택시장 고정자본투자 행위에 대해 패널티를 가하는 정책으로 해석된다. 이처럼 건축물에도 적용되는 징벌적 과세는 주거용 건축물 투자의 세후 수익률을 낮춤으로써 주택공급의 위축이라는 역설적 결과를 초래할 수 있다.

정안에 따른 1세대 1주택자 과세기준 상향(9억 원→11억 원)의 효과는 반영하지 않은 것이다. 과세기준을 11억 원으로 상향 조정 시에는 1주택자의 세율 그래프가 우측으로 2.5억~3억 원가량 수평 이동하는 효과가 발생한다.

8) '과세대상별' 세부담 차등화는 조세의 수평적 형평성 문제와 관련한 쟁점을, '보유금액대별' 세부담 차등화는 수직적 형평성, 즉 조세누진도의 적절성 문제와 관련한 쟁점을 제기한다. 이 절에서는 효율성과 관련한 이슈로 논의를 한정했다.

그림 4-3 | 주택 및 토지의 시가 대비 보유세율

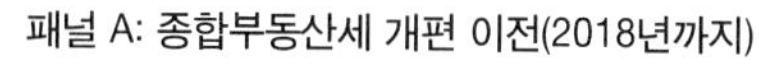

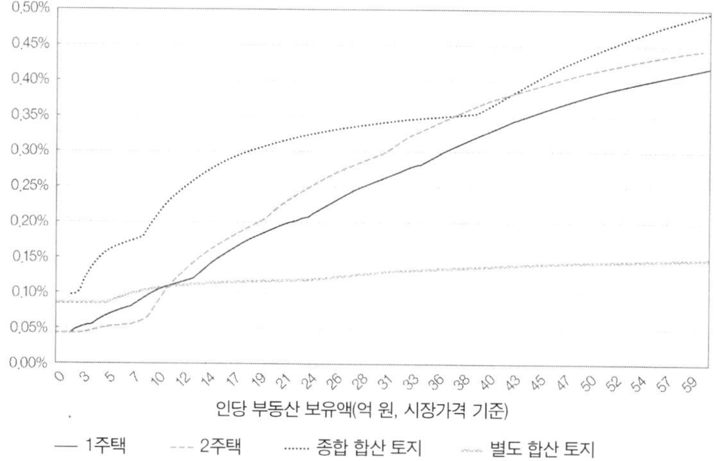

패널 B: 종합부동산세 개편 이후(2020년 7·2 대책 기준, 공정시장가액비율 100% 적용 시)

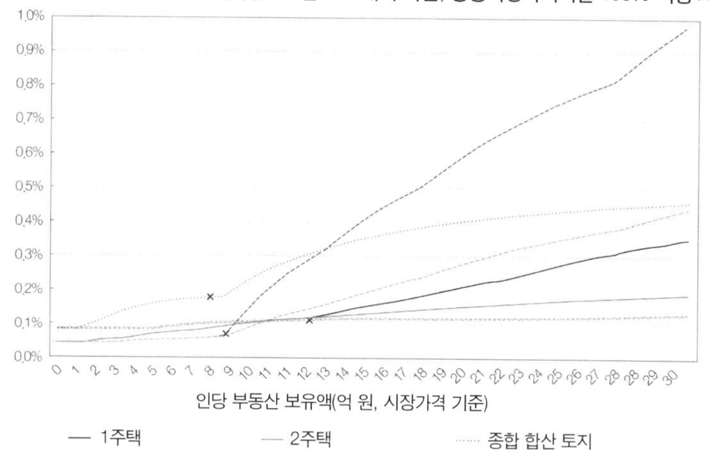

주: 1) 주택의 공시가격은 시장가격의 70%, 토지의 공시지가는 시장가격의 60%인 것으로 가정함.
2) 2주택자가 보유한 개별주택의 가격은 동일하다고 가정함.
3) 재산세 계산을 위해 개인이 보유한 토지의 과세권자(지자체)는 동일하다고 가정함.
4) 패널 B의 세율은 종부세 개편안의 과도기적 세부담 완화 조치(2018~2021년 기간 동안 공정시장가액비율의 점진적 상승; 세부담 상한제)의 효과를 고려하지 않은 것임. 즉, 공정시장가액비율 100%와 세부담 상한제의 효력이 발생하지 않는 상태를 전제함.
5) 2021년 종부세 개편안에 따른 과세 기준선 상향(현행 9억 원에서 11억 원)을 반영하기 위해서는 1주택자 그래프를 우측으로 약 2.5억~3억 원 수평 이동해야 함.

물론 주택에 대한 통합평가·통합과세는 "부동산에 대한 평가체계의 미비 및 이로 인한 낮은 과표현실화율, 토지 과표현실화율의 지역 간 격차에 따른 세부담 불형평성 등"(이선화, 2017: 21) 미비한 과세 인프라가 제도 개편의 배경이었다는 점을 간과할 수는 없다. 주택의 경우 실제 가치가 매매가격의 형태로 시장에서 관찰되는 반면 토지분과 건축물분의 가치는 주택가격에 포함되어 있으므로 시장가격이 관찰되지는 않는다. 따라서 주택단위 통합평가 및 통합과세는 시장가격을 기반으로 한 공시가격 산정에 유리하다는 장점이 있다. 즉, 토지와 건축물에 동률의 세금을 부과하는 비효율성에도 불구하고 과표현실화율과 조세의 수평적 형평성을 제고하는 데 기여한다는 점에서 의의가 있다. 주택단위 과세가 가진 두 가지 측면 중 무엇을 강조할 것인지는 부동산 평가체계의 수준이나 세부담 수준 등 구체적인 상황에 따라 달라진다. 다만, 보유세 세부담 인상이라는 정책 기조를 향후에도 유지한다면, 통합과세의 비효율성과 주택공급 위축이라는 부작용은 그만큼 증폭될 것으로 우려된다.

이러한 문제를 해소하기 위해서는 두 가지 정책 대안을 고려해 볼 수 있다. 첫째, 평가가격 산정은 통합평가를 유지하되 과세단계에서 토지분과 건축물분을 분리해 과세하는 방안이다. 분리과세를 위해서는 주거용 토지와 건축물 각각에 대한 평가가격을 산정해야 한다. 예를 들어, 주택 통합평가액은 시장에서의 거래가격을 기준으로 산정하되, 건축물분 가치는 비용주의(원가주의) 방식으로, 토지분 가치는 주택 평가액에서 건축물분을 차감하는 방식으로 산정할 수 있다. 주택에 대한 '통합평가-분리과세'는 과표현실화율 제고와 토지세율 강화(건축물세율 완화)를 동시에 만족하면서 세제의 합목적성을 높이는 데 효과적으로 기능할 수 있을 것이다. 둘째, 주거용 건축물에 대한 분리·저율과세 방안을 실행하기 어려운 경우 건축물 고정자본투자 세액을 공제하거나 감면하는 방안이다. 이것은 건축물에 대한 과중한 세부담의 부작용을 완화하는 정책 대안이 될 수 있다.

3) 보유세의 부유세 개편 관련 쟁점

다주택자에 대한 중과세와 함께 현재 보유세 개편 논의를 이끌어가는 주요 축은 부동산 보유세에 부유세의 성격을 강화하자는 제안이라 할 수 있다. 2019년 기준 종합부동산세 세수는 약 2.7조 원에 불과하지만 부동산에 기인한 경제적 불평등이 심화됨에 따라 보유세의 부유세적 성격을 강화하기 위한 논의는 다양한 형태로 전개될 것으로 보인다. 현행 과세체계하에서 이러한 논의는 종합부동산세의 세부담을 높이는 것으로 귀결되지만, 토지보유세와 같이 과세틀 자체를 바꾸는 보다 근본적인 조세개혁안도 정치권 안팎에서 제안되고 있다. 아래에서는 보유세를 부유세 방향으로 개편하는 제안과 관련한 몇 가지 쟁점을 검토했다.

조세는 과세의 기본원리에 따라 능력원칙 조세와 편익원칙 조세로 구분되는데, 각각은 세율체계에서 누진성 또는 비례성으로 대표되기도 한다. 부동산 보유세의 경우 대부분의 국가에서 지역공공재 및 교육서비스 조달재원이자 비례세인 편익원칙 과세로 활용되고 있다.[9] 우리나라의 보유세는 세목별로 이중적 누진구조를 갖는데, 애초부터 조부유세로 도입된 종합부동산세뿐만 아니라 지방세인 재산세에도 약한 수준의 누진세율 체계에 따른 능력과세 원칙이 적용된다.

이처럼 독특한 과세체계를 감안할 때 보유세 발전 방향과 관련한 첫째 쟁점은 보유세에 부유세 기능, 즉 능력과세 원칙을 적용하는 것이 타당한가 하

---

9) 반면 덴마크에서는 토지는 비례세로 부과되지만 자가거주세는 누진 부과된다.

는 것이다. 재산세 기능에 대한 교과서적 정의, 즉 '지방공공재의 효율적 공급을 위한 자치재원'이라는 정의에 준거하면 누진세 체계는 적어도 지방세 원리에는 부합하지 않는다. 그런데 연방주의 전통에 뿌리를 둔 재산세 원칙과 달리, 우리나라에서의 보유세는 역사적으로 지방정부의 자치재원이라는 기능보다는 토지 소유의 제한을 위한 징벌적 과세라는 기능이 강조되었다. 종합부동산세의 전신인 종합토지세만 보더라도 1988년 도입된 토지과다보유세를 확대 재편한 인적 조세에 해당한다. 낮은 과표현실화율 및 낮은 실효세율로 인해 부유세로서 의미 있는 효력을 가진 것은 아니었지만 적어도 과세체계상으로 한국의 보유세는 오랫동안 능력원칙 과세의 틀을 갖추고 있었다. 특히 전 세계적으로 심화되고 있는 자산 보유 불평등 문제를 조세정책을 통해 풀고자 할 때에는 누진적 재산과세가 이미 정착되어 있다는 점이 다른 국가에 비해 미래의 조세정책을 설계함에 있어 유리한 출발점이라고도 볼 수 있다. 조세가 사회적 합의의 산물이라는 점을 상기하면 보유세의 부유세 기능을 강화하는 것은 그 자체로 옳고 그른 정답이 있는 문제라기보다는 불평등 문제의 원인과 해법에 대한 공동체의 선택에 따라 결정될 사안이 아닐까 한다.[10)]

둘째 쟁점은 평가가격(공시가격)의 공정성을 확보하는 문제이다. 첫째 쟁점이 보유세 성격에 대한 사회적 가치 판단과 관련되어 있다면, 평가가격은 조세의 기본원칙인 형평성 이슈와 관련되어 있다. 실거래가를 기반으로 한 평가체계의 도입으로 크게 개선되기는 했으나, 시가 반영률은 부동산 유형별(나대지, 상가용 건물, 단독주택, 공동주택 등)·지역별로 여전히 큰 격차를 보이고 있다. 평가가격 산정단계에서 발생하는 불형평성은 비례세율 체계나 실질 세부

---

10) 물론 지금까지 보유세는 지방자치단체의 재원으로 활용되어 왔으므로 세수의 지역별 배분 원칙에 대한 논의 또한 수반되어야 한다.

담 수준이 낮은 경우 조세 형평성과 관련해 크게 문제되지 않을 수 있다. 그러나 평가가격의 불공정성이 해소되지 않은 상황에서 고율의 누진세를 부과하는 것은 세부담의 불형평성을 증폭시키는 결과를 초래한다. 보유세는 실현된 소득이 아닌 부동산자산에 대한 인위적 평가가격을 기반으로 과세된다. 따라서 과세대상에 대한 공정한 평가체계가 선결되지 않는다면 보유세의 누진성 강화는 세부담의 공정성 이슈를 확대 재생산할 수밖에 없다. 실현 소득이 아닌 자산 보유에 대한 세부담을 증가시키는 것 자체도 쉬운 과제는 아니지만 이에 더해 공정성이 문제가 된다면 보유세 개편에 따른 조세저항은 훨씬 더 커질 것이다.

셋째 쟁점은 분권형 재산세 제도가 아닌 방식으로 부동산에 대한 고율과세가 가능할 것인지의 문제이다. OECD 사례를 살펴보면 보유세 세율은 대체로 지방분권의 전통이 강한 국가에서 높게 부과된다. 분권형 예산제도하에서 지방정부는 사회적 합의과정을 거쳐 지역에 대한 예산을 직접 편성하는데, 재산세는 지출에 필요한 경비를 조달하기 위해 부과되는 세목이다. 미국에서 부동산 시장가치 대비 1%에 달하는 재산세가 부과될 수 있는 이유는 바로 재산세가 지방공공재 조달 경비로 사용되기 때문이다. 부동산 보유세에 대한 고율 과세 자체가 분권형 제도에 의해 가능했다는 사실은, 보유세제를 부유세로 개편하는 방안이 소득세나 소비세를 증세하는 것과는 (조세순응도 관점에서) 질적으로 다른 차원의 문제임을 함축하고 있다.

넷째 쟁점은 보유세를 부유세로서 보다 합목적적으로 설계하기 위해서는 부동산의 유형별 세원 분포를 정확하게 이해할 필요가 있다는 것이다. 〈표 4-5〉는 부동산 보유금액 분위별로 자산 포트폴리오가 어떻게 달라지는지를 가계금융복지조사와 재산세 행정자료를 이용해 비교한 것이다. 가계설문자료에 비해 행정자료에서는 고자산 그룹의 자산 점유 비중이 더 높은 것으로

표 4-5 | 분위별 부동산자산 구성: 가계금융복지조사와 재산세 행정자료(단위: %)

부동산 소유자 분위	가계금융복지조사(2014년)			행정자료(2017년)			분위별 부동산자산 비중	
	주택	비주거용 부동산*	기타 토지	주택	비주거용 부동산	기타 토지	가계설문	행정자료
8분위	84.2	3.5	12.3	78.8	8.0	13.2	11.6	10.6
9분위	77.8	5.8	16.4	71.3	12.6	16.1	16.3	15.5
10분위	57.6	20.6	21.8	38.2	40.7	21.3	38.7	46.8
상위 5~10%				59.5	20.4	20.0	12.0	12.2
상위 1~5%				42.4	35.2	22.4	16.2	18.3
상위 0.1~1%				20.9	57.1	22.0	7.9	11.5
상위 0.1%				9.6	72.1	18.3	2.9	4.9
전체	73.5	10.2	16.3	58.9	23.3	17.8	100	100

주: *는 설문조사표의 '건물'에 해당하며, 상가 등 비주거용 토지와 건축물의 합산액임.

나타났다. 그뿐만 아니라 고자산가일수록 부동산 포트폴리오에서 주택 자산의 비중이 낮고 상가의 비중이 현저히 높아진다는 점도 발견된다. 그런데 〈그림 4-3〉의 패널 B에서 보듯이 7·2 대책의 보유세 개편은 다주택자에 대한 중과세를 통해 주택과 다른 유형의 부동산(상가, 토지)과의 세율 격차를 급격하게 확대시켰다. 이로 인해 2020년 개편된 종부세는 주택 보유자만 분리해서 보면 자산 보유액에 따른 부유세로 기능하지만, 부동산 전체로 보면 더 높은 분위에 속하는 상가 및 토지 소유자보다 주택 보유자에게 더 높은 세율을 부과하는 역진성이 초래될 수 있다. 따라서 보유세의 적절한 설계를 통해 부유세의 기능을 달성하고자 한다면 부동산의 분위별 및 유형별 분포에 대한 면밀한 분석이 선행될 필요가 있다.

다섯째 쟁점은 부유세적 성격을 강화하면서도 효율성, 투명성과 같이 '좋은 조세'의 기준에 부합하도록 보유세를 개혁하기 위해서는 현행 과세체계를 단순화해야 한다는 것이다. 우리나라 보유세제는 수직적·수평적 형평성을 충족하도록 제도를 설계하기에는 과세체계가 지나치게 복잡하다. 보유 부동산

표 4-6 | **부동산 보유세의 과세방식별 비교: 조부유세와 분권형 재산세**

정책수단	조부유세	미국식 재산세
과세논거	- 자산 기반 불평등 심화 - 보유세의 역사성: 미국식 자치재원보다는 토지 소유의 제한을 위한 징벌적 과세로서 발전	- 지방공공재의 효율적 공급을 위한 자치재원 - 지방분권화를 위한 물적 기반
과세체계	- 국세, 인별 합산과표, 누진세율	- 지방세, 물건별 과세, 비례세율
장점	- 자산 불평등 문제 완화 수단 - 유럽 부유세 제도의 한계인 조세 회피로 인한 세원의 해외 이전/유출 문제에서 자유로움 - 저성장에 따른 소득과세, 소비과세의 세원 축소를 보완	- 부동산 가격 평가 시스템의 근본적 한계인 과세대상별 시가 반영률 불형평에 따른 조세 형평성 위배의 정도가 낮음 - 분권형 예산제도와 조세의 자본화 현상 → 부유세에 비해 조세 수용성이 높음
단점	- 미실현소득을 경제적 능력 지표로 설정하는 데 따른 한계: 부채에 대한 과세, 개인과 법인에 동일한 과세체계를 적용하기 어려움 - 경제적 능력을 대표하는 기타 자산(금융자산, 특허권 등)과의 형평성 - 누진세율 체계로 인해 부동산 평가가격의 불형평 문제 증폭 → 조세 순응도 낮음	- 자산 불평등 심화에 대한 적극적인 정책 대안을 제공하지 못함 - 지역별 세원의 심각한 불균형으로 인해 지자체별 세수 격차를 확대하거나, 또는 경제력이 높은 기초단체(강남 3구 등)는 세율 인하의 유인과 여지가 있으므로 역진적 세율이 부과될 가능성이 있음 - 지방재정조정제도 개혁 없이는 지방세 가격기능이 작동하지 않음
선결조건	- 거래 빈도에 따른 형평성 문제 등 부동산 유형별 가격 평가체계의 공정성 확보 - 부동산 유형별·소유주체별·주택보유채수별 세부담 격차 완화	- 보유세 세율이 높은 미국의 경우 보유세는 지방정부의 분권적 예산제도와 연계되어 있으며 높은 세율은 지방자치의 결과물임 - 교부세가 보유세 규모에 연동되지 않도록 지방재정조정제도 개편 - 재정수입이 풍부한 불교부단체에 대한 재산세 인하를 제약할 수 있는 제도적 보완 필요

의 유형이나 지역별 분포에 따라 세부담이 차등화되는 과세체계하에서는 세제 개편의 적정성에 대한 건설적인 논의를 진행하는 것이 거의 불가능하다. 과세체계 단순화를 위한 첫째 제언은 재산세와 종합부동산세의 이중 세목을 통합해 단일 세목으로 구성하는 것이다. 이를 통해 세율체계와 세부담을 보다 직관적으로 이해할 수 있다. 둘째로는 토지유형에 대한 조세행정적 구분

을 없애고 보유금액을 기준으로 세율 체계를 단순화하는 방안이다. 이러한 개편은 종합합산, 별도합산, 분리과세 등과 같이 현행 보유세 과세체계에서 토지유형 구분의 자의성에 따른 세부담 불형평성을 해소하고 토지 이용의 효율성을 높이는 데 기여할 수 있다. 사회 정책이나 경제 정책의 차원에서 세부담 완화의 필요성이 인정되는 경우에는 토지에 대한 행정입법적 구분체계를 적용하는 대신 지방세특례제도, 즉 조세지출을 통해 세부담을 경감하는 것이 조세의 투명성과 공정성을 높이는 데 효과적일 것이다.

4. 보유세제의 중장기 발전 방향에 대한 제언

이상 개편 쟁점별로 보유세의 중장기 발전 방향을 재정리하면 다음과 같다.

첫째, '평균' 세부담의 적절성에 대한 문제이다. 우리나라는 GDP 대비 부동산가격이 매우 높은 반면, 보유세율은 주요 선진국에 비해 여전히 낮은 수준이다. 향후 복지지출 증가에 대비한 재정 확충의 필요성, 세원별 조세 부담의 형평성 제고 등을 종합적으로 감안할 때 보유세 평균 세부담을 점진적으로 인상하는 것은 여전히 유효한 정책 의제라 할 수 있다.

둘째, 보유세를 미국식 재산세로 개편할 것인지 아니면 종부세를 넘어서는 부유세로 전면 개편할 것인지의 문제이다. 자치재원이라는 재산세 기능에 대한 교과서적 규정에 근거해서 보면, 누진적 보유세는 적어도 지방세 원리로는 부적합해 보인다. 그런데 분권형 전통에 뿌리를 둔 재산세 원칙과 달리, 역사적으로 우리나라의 보유세는 토지 소유를 제한하기 위한 징벌적 과세라는 기능이 강조되었다. 또한 미국식 재산세처럼 효율적인 지방세로 기능하기 위해서는 분권형 예산제도라는 전제조건이 성립되어야 하는데 이 역시 한국의 지방재정 현실과는 동떨어져 있다. 갈수록 심화되고 있는 자산 불평등 문제를 조세정책을 통해 풀고자 하는 경우 누진적 재산과세가 이미 정착되어 있다는 점이 다른 국가에 비해 미래의 조세정책를 설계하는 데서 강점으로 작용할 수도 있을 것이다. 결국 다른 국가의 조세제도를 근거로 보유세를 편익원칙 조세라는 제한된 틀로 규정할 필요는 없어 보인다.

셋째, 보유세 설계에서 가장 중요한 쟁점은 평가가격(공시가격)의 공정성을 확보하는 문제이다. 둘째 쟁점이 보유세에 대한 사회적 가치 판단과 관련되어 있다면 평가가격은 조세의 기본원칙인 형평성 이슈와 관련되어 있다. 시가 반영률은 실거래가 기반의 평가체계를 도입함으로써 크게 개선되기는 했으나 부동산 유형별(토지, 상가, 주택 등)·지역별로 여전히 큰 격차를 보이고 있다. 과세대상에 대한 공정한 평가체계가 선결되지 않는다면 보유세의 누진성 강화는 세부담의 공정성 이슈를 확대 재생산할 수밖에 없다. 실현 소득이 아닌 자산 보유분에 대해 증세를 하는 것은 그 자체도 쉬운 과제는 아니지만, 이에 더해 공정성이 문제가 된다면 보유세 개편에 따른 조세저항이 훨씬 더 커질 수밖에 없으며 사회적 합의에 도달하기도 어렵다.

넷째, 보유세 효율화 방안과 관련된 문제이다. 보유세 강화 시 주택에 대한 투자 위축 및 주택공급 축소와 같은 부작용을 막기 위해서는 토지에 대해서는 고율로 과세하더라도 건축물에 대해서는 세부담을 완화해 줄 필요가 있다. 이를 위해서는 주택분 보유세를 토지세로 개편하는 방안과 현행과 같이 주택으로 통합과세한 후 고정자본투자액을 감면하는 방안이 가능하다.

끝으로 보유세의 중장기 개편 방안이 소기의 성과를 거두기 위해서는 경기상황에 따라 보유세를 시장안정화 수단으로 급조하는 정책당국의 관행이 바뀌어야 한다. 보유세는 장기적으로는 부동산 투자의 세후 수익률을 낮춤으로써 시장안정화에 기여할 수 있지만 단기적 경기조절용으로는 그리 좋은 정책

수단이라고 보기 어렵다. 주택시장이 일단 과열단계에 접어들면 세후 수익을 일부 조정하는 것으로는 가격 상승 기대심리에 따른 투자수요를 조절하는 것이 쉽지 않기 때문이다. 오히려 짧은 시간에 졸속으로 만들어진 조세개편 방안은 조세정책의 효과성이 낮다는 역(逆)시그널을 시장에 보냄으로써 투자수요를 자극할 위험마저 존재한다.

무엇보다도 재분배 기능을 위한 누진성을 강화하고 효율성과 형평성을 제고한다는 목적에 부합하도록 보유세를 개편하기 위해서는 오랜 숙의를 통한 사회적 합의가 요구된다. 이런 관점에서 보면 2018년 이후의 이른바 '핀셋과세'는 주택시장의 과열을 잡기 위한 불가피한 선택이었는지는 모르겠지만 '좋은 조세'의 요건에는 부합하지 않는다. 보유세를 비롯한 부동산 세제 개편은 오랜 숙의와 사회적 합의를 요하는 논의 주제이다. 앞으로는 보다 발본적이고 중장기적 관점에서 보유세 개편 논의가 촉발되기를 기대해 본다.

참고문헌

김현아. 2012.「재산과세의 변천 및 주요 이슈」.『한국세제사』. 한국조세연구원.

대통령자문 정책기획위원회. 2008.『부동산시장 안정 및 주거복지: 투명하고 공정한 시장질서와 안정적인 공급기반 확립』.

박준 외. 2014.『부동산보유세 변화의 경제적 파급효과 분석연구』. 국토연구원.

이선화. 2017.『조세기능에 기초한 부동산 보유과세 개편 연구』. 한국지방세연구원.

_____. 2018.「조세기능에 기초한 부동산 관련세제 개편 방향」. 한국재정학회 정책토론회 발표문. 2018.7.5.

이선화·황상현·김행선·김미림. 2020.『경제적 불평등의 특성과 조세정책의 과제: 부동산 보유세를 중심으로』. 국회미래연구원.

이진순·김경표. 2012.「종합부동산세제의 도입 및 변천」.『한국세제사』. 한국조세연구원.

Bird, Richard M. and Enid Slack. 2002. "Land and Property Taxation: A Review." Workshop on Land Issues in Latin American and the Caribbean. *World Bank Working Paper.*

Brys, Bert, Sarah Perret, Alastair Thomas and Pierce O'Reilly. 2016. "Tax Design for Inclusive Economic Growth." OECD Taxation WP, OECD.

Cabral, Marika and Caroline Hoxby. 2012. "The Hated Property Tax: Salience, Tax Rates, and Tax Revolts." NBER WP No. 18514.

Norregaard, N. 2013. "Taxing Immovable Property: Revenue Potential and Implementation Challenges." IMF WP/13/129, IMF.

Vickrey, W. 2001. "Site Value Taxes and the Optimal Pricing of Public Services." in J. A. Giacalone et al.(eds.). *The Path to Justice: Following in the Footsteps of Henry George.* Malden: Blackwell Publishing.

제5장

부동산 보유세 세부담에 대한 국제 비교와 시사점*

정영식 | 대외경제정책연구원 선임연구위원

1. 국제사회의 부동산 보유세 논의 동향

2008년 글로벌 금융위기(Global Financial Crisis: GFC) 이후 OECD, 세계은행(World Bank), IMF 등은 부동산 보유세를 비롯한 재산과세의 강화를 권고하고 있다. 이러한 국제사회의 정책 권고는 글로벌 금융위기 이전의 연구보고서(working paper)에서 부동산 보유세가 효율적인 세제임을 강조하는 데 그쳤던 데 비해 달라진 모습이다. OECD 등 국제사회가 부동산 보유세 등 재산과세 강화를 정책적으로 권고하고 있는 이유는 세계적으로 심화되고 있는 불평등이 지속가능성장을 어렵게 한다고 판단하고 있기 때문이다. 글로벌 금융위기 이후 불평등이 심화되는 가운데 특히 부동산과 밀접하게 관련된 자산 불평등이 소득 불평등보다 악화되고 있다. OECD 회원국 평균에서 처분가능소득을 기준으로 보면 상위 10% 계층이 전체 처분가능소득의 23.7%를 차지한 반면, 순

* 이 글은 정영식 외, 「국제사회의 부동산 보유세 논의 방향과 거시경제적 영향분석」, 『연구보고서』(대외경제정책연구원, 2021)의 일부 내용을 인용·활용했다.

자산을 기준으로 보면 상위 10% 계층이 전체 순자산의 51.5%를 차지하고 있다(Causa, Woloszko and Leite, 2019: 14). 한국의 경우도 예외가 아니다. 2017년도 가계금융복지조사에 따르면 경상소득 상위 10% 계층에 31.1%의 소득이 집중되어 있는 반면, 자산 상위 10% 계층에서는 절반에 가까운 43.3%의 자산을 보유하고 있다(박상수 외, 2019: 35~42). 이러한 불평등 심화는 그 자체로 끝나지 않고 기회의 불평등으로 이어지며, 나아가 계층 간의 이동을 억제한다. 계층 간의 이동 억제는 불평등을 다시 심화시켜 불평등의 악순환을 만들어내 지속가능성장을 어렵게 하는 것으로 알려져 있다.

OECD, 세계은행, IMF 등 국제기구는 지속가능성장 또는 포용성장[1)]을 위해 여성의 경제활동 참여, 양질의 일자리, 교육, 조세 및 복지제도 분야에서의 정책 패키지가 필요하다고 제안한다. 그중에서도 적절하게 설계된 조세 및 복지제도를 통한 재분배는 평등과 성장에 기여할 수 있는 주요 수단이라고 지적한다(박상수 외, 2019: 10). 특히 국제사회는 부동산 보유세가 그 자체로 불평등을 완화하는 효과가 있고, 세금 중 상대적으로 경제성장에 미치는 부정적인 영향이 적은 것으로 평가하고 있다. 국제기구 중 OECD는 포용성장을 위한 정책 패키지를 추진하기 위해서는 정부의 세수 확대가 불가피하다고 분석하면서, 세수 확대 시 자원 배분 왜곡 등 경제에 미치는 영향이 상대적으로 적은 재산과세, 특히 부동산 보유세의 강화를 권고한다. 또한 부동산 보유세는 그 자체로 자산 및 소득 불평등을 완화하는 효과가 존재한다고 평가한다(OECD, 2011; OECD, 2018). 한편 OECD와 세계은행은 포용성장을 뒷받침하기 위해 경제성장에 미치는 영향이 적은 재산과세, 부가가치세, 환경세를 늘릴 것을 강조했고

---

1) 포용성장(inclusive growth)은 인구의 모든 구성원을 위한 기회를 창출하는 경제성장인 동시에 증가된 번영의 혜택을 전 사회에 걸쳐 금전적·비금전적 방식으로 공정하게 분배하는 경제성장을 뜻한다(OECD, 2013).

(OECD-World Bank, 2017), OECD는 불평등이 높은 국가에서는 누진성을 강화하고 주거용 부동산에 대한 과세를 증가시켜야 성장률이 높아지고 점진적인 발전이 가능하다고 주장했다(OECD, 2017; OECD, 2021; 박상수 외, 2019: 3~4).

코로나19 대유행 이후에는 부동산 보유세 등 재산과세 강화에 더해 국제기구와 함께 미국, 영국, 독일 등 주요국을 중심으로 한 부유세 도입까지 논의되고 있다. IMF는 코로나19 충격 이후 막대하게 지출한 재정을 정상화하고, 불평등 완화, 공공서비스 확대, 사회안전망 강화, UN의 SDGs 달성을 위한 필요 재원 축적을 위해 한시적으로 부유세 부과가 필요하다고 언급했다(The Guardian, 2021.4.7). 또한 미국은 엘리자베스 워런 민주당 상원의원 등을 중심으로 소득불평등 완화를 위해 부유세 부과를 주장하고 있다. 2021년 2월 워런 의원은 순자산이 5000만~10억 달러(550억~1100억 원)인 가계에는 연간 2%의 세금을, 그 이상인 가계에는 3%의 세금을 부과하자는 법안을 발의했다. 영국의 부유세위원회는 2020년 말 50만 파운드(약 7억 8000만 원) 이상의 순자산을 보유한 부자들에게 5년 동안 매년 1%의 세금을 부과하자고 제안했다. 독일의 사회민주당, 녹색당, 좌파당은 순자산이 200만 유로(약 28억 원)가 넘는 경우 부유세를 부과하고 억만장자의 경우 최고 1.5%의 세율을 적용할 것을 주장했다(≪머니투데이≫, 2021.4.21).

한국도 예외가 아니다. 문재인 정부 들어 부동산 세제 논의가 활발해졌는데, 특히 부동산 세제를 강화하는 방향으로 진행되었다. 국제사회 및 해외 주요국과 비교할 때 한국에서는 부동산 세제를 강화하는 목적이 불평등 완화와 포용성장보다는 부동산 시장 안정(부동산 투기 근절), 주거 안정, 금융 불균형 완화에 있는 편이다. 한국의 부동산 세제 강화는 재산세 인상, 다주택자 대상 종합부동산세 중과세율 인상, 양도소득세 및 취득세 강화, 임대주택에 대한 세제 지원 축소 등 다방면으로 진행되고 있다. 이 중에서도 특히 부동산 보유세, 즉 재산세, 종합부동산세에 대한 논의가 보다 활발한 편이다. 부동산 보유세는 공시가격, 공정시장가액비율, 세율로 결정되는데, 한국 정부는 공시가격 및 공정시장가액비율의 상향 조정, 세율 인상 등을 통해 보유세 강화를 추진하고 있다. 하지만 가파른 부동산 세부담 증가 등에 대한 비판 여론이 고조되자 2021년 국회에서 1가구 1주택자에 대한 재산세, 종합부동산세, 양도소득세 부담을 완화하는 법안이 통과되었다.

국내외에서 부동산 보유세 등 재산과세 강화 논의가 활발해짐에 따라 이 글에서는 실제 데이터를 중심으로 OECD 국가의 부동산 세부담 추이를 살펴보고자 한다. 그리고 OECD 국가의 부동산 보유세 세부담을 비교함으로써 한국의 수준을 파악해 보고자 한다. 부동산 보유세의 경우 GDP 대비 보유세 비율, 총 조세 대비 보유세 비중, 보유세 실효세율(부동산 시가총액 대비 보유세 비율) 등 다양한 지표를 기준으로 국제 비교를 수행한다. 또한 부동산 보유세를 부동산 거래세, 상속 및 증여세 등 여타 재산과세와도 비교한다. 다음으로 국제사회의 부동산 보유세 논의 동향과 부동산 보유세 세부담을 국제 비교함으로써 우리나라에 주는 정책 시사점을 제시하고자 한다.

2. 국제 비교: 부동산 보유세 부담

1) OECD의 조세분류체계

OECD는 조세분류체계상 조세 유형을 소득과세(1000), 사회보장기여금(2000), 급여세(3000), 재산과세(4000), 소비과세(5000), 기타 조세(6000) 등 여섯 개의 세원으로 구분하고 있으며, 이 중 재산과세는 대분류로 4000단위에 해당된다(〈표

5-1〉 참조). OECD는 재산과세를 재산의 사용, 소유 또는 양도에 대한 경상재산세(recurrent tax)와 비경상재산세(non-recurrent tax)로 정의하고 있다. 재산과세에는 부동산 또는 순자산에 대한 세금, 상속 또는 증여를 통해 재산 소유권이 변경되는 것에 대한 세금, 금융 및 자본거래(부동산 취득 등)에 대한 세금이 포함된다.

재산과세를 보유단계별로 구분하면 크게 거래단계와 보유단계로 구분할 수 있으며, OECD 조세체계에서 보유단계 재산과세는 경상재산세이다. 경상재산세는 보유세(4100), 개인이나 법인이 소유한 자산에서 부채를 차감한 순부 또는 순자산에 대해 정기적으로 (주로) 중앙정부가 부과하는 순부유세(4200), 기타 경상재산세(4600)로 구성된다. 한편 거래단계 재산과세는 비경상재산세이다. 비경상재산세는 상속 및 증여 등 재산의 무상 이전에 부과하는 상속 및 증여세(4300), 재산의 취득 및 등록 등 거래 단계에 발생하는 금융 및 자본거래세(4400), 기타 비경상과세(4500)로 구성된다. 다만 양도소득세의 경우 재산의 거래단계에서 발생하는 재산과세의 특성을 만족하고 있으나 양도소득이 소비자 재력을 형성한다는 점에서 소득과세의 성격도 가지고 있으므로 재산과세가 아닌 포괄적 소득세로 간주되어 소득과세로 분류되고 있다(박상수·이선화, 2014: 18~19).

우리나라의 경우 부동산에 대한 과세는 취득, 보유, 처분 단계에 따라 부과되는데, 세목을 기준으로 분류해 보면 취득 시에는 취득세, 등록면허세, 증권거래세, 인지세가 부과되며, 보유 시에는 재산세, 종합부동산세, 주민세가 부과된다. 또한 처분 단계에서는 양도가격과 취득가격의 차익에 대해 양도소득세를 부과하고 있다.

이 글에서는 부동산 세부담을 국제 비교하기 위해 가용한 OECD의 「세입통계(Revenue Statistics)」 DB를 사용한다. 부동산 보유세는 OECD 조세체계상 4100 보유세(Recurrent taxes on immovable property) 항목을, 부동산 거래세는

표 5-1 | OECD 조세구조

세원	세분류
1000 소득과세 (Taxes on Income, Profits and Capital Gains)	• 1100 개인소득세(Of individuals) - 1110 개인소득(On income and profits) - 1120 자본이득(On capital gains) • 1200 법인세(Corporate) - 1210 법인소득(On profits) - 1220 자본이득(On capital gains) • 1300 분류불능항목(Unallocable between 1100 and 1200)
2000 사회보장기여금 (Social security contributions)	• 2100 근로자(Employees) • 2200 고용주(Employers) • 2300 자영업자(Self-employed or non-employed) • 2400 분류불능항목(Unallocable as between 2100, 2200 and 2300)
3000 급여세 (Taxes on payroll and workforce)	
4000 재산과세 (Taxes on Property)	• 4100 보유세(Recurrent taxes on immovable property) - 4110 가구(Households) - 4120 기타(Others) • 4200 부유세(Recurrent taxes on net wealth) - 4210 개인(Individual) - 4220 법인(Corporate) • 4300 상속 및 증여세(Estate, inheritance and gift taxes) - 4310 상속세(Estate and inheritance taxes) - 4320 증여세(Gift taxes) • 4400 금융 및 자본거래세(Taxes on financial and capital transactions) • 4500 기타 비경상재산세(Non-recurrent taxes) - 4510 순자산(On net wealth) - 4520 기타 비정기적과세(Other non-recurrent taxes) • 4600 기타 경상재산세(Other recurrent taxes on property)
5000 소비과세 (Taxes on Goods and Services)	• 5100 생산, 판매, 거래 등에 관한 세금(Taxes on production, sale, transfer, etc) • 5200 재화사용 또는 사용허가 등에 관한 과세(Taxes on use of goods and perform activities) • 5300 분류불능항목(Unallocable between 5100 and 5200)
6000 기타 조세 (other taxes)	

자료: OECD(2020b: 317~318)

표 5-2 | 거래단계별 부동산 조세 분류 체계

거래단계	조세 종류	OECD 조세 분류	우리나라 세목
취득	거래세	4400 거래세 (Taxes on financial and capital transactions)	취득세, 등록면허세, 증권거래세, 인지세
보유	보유세	4100 보유세 (Recurrent taxes on immovable property)	재산세, 종합부동산세, 주민세 등
처분	거래세	1120, 1220 개인 및 법인의 자본이득에 대한 과세 (Taxes on capital gains)	양도소득세

자료: 박진백·이영(2018: 8, 1~19)

4400 거래세(Taxes on financial and capital transactions) 항목을 사용한다. OECD 「세입통계」 DB에서는 거래세에 금융자산에 대한 거래세도 포함하고 있어 부동산 거래세만 포함한 것은 아니다. 그럼에도 불구하고 부동산 거래세만 포함하는 국제 비교 데이터를 확보하는 것이 용이하지 않아 부동산 거래세의 대용지표로 OECD DB의 4400 거래세를 사용한다.

2) OECD 국가의 재산과세 부담

여기서는 OECD 국가의 전체 재산과세 부담에 대한 시계열 추이와 OECD 국가의 재산과세 부담에 대한 국제 비교를 살펴본다. OECD 국가의 재산과세는 국가별 경제규모 및 세부담 능력을 보여주는 GDP 대비 지표와 전체 조세 부담 체계를 보여주는 총 조세 대비 지표 등 두 가지 기준으로 살펴본다.

(1) 재산과세 부담에 대한 시계열 추이

OECD 국가의 GDP 대비 재산과세(4000) 비율의 평균 추이를 살펴보면 2000년 1.7%에서 2019년 1.9%로 점진적으로 증가해 왔다. 다만 2016년에는 동 비율이 2.3%로 일시적으로 증가했는데, 이는 아이슬란드가 2016년에 GDP 대비

15.7%에 해당하는 일시적 안정 기여금(one-off stability contributions)을 조세수입에 포함(4500 비경상재산세)시킨 데 영향을 받은 것으로, 이후에는 다시 1.9%로 이전 수준을 유지하고 있다. 재산과세 항목 중 가장 큰 비중을 차지하는 부동산 보유세(4100)는 2000년대 평균 0.9% 수준을 보이다가 2010년 이후 1.1% 수준으로 상승했는데, 이는 주로 캐나다, 미국, 영국, 프랑스 등을 중심으로 GDP 대비 보유세가 증가한 데 기인한다. 이에 반해 두 번째로 큰 비중을 차지하고 있는 금융 및 자본거래세는 2000년대 평균 0.5%에서 2010년 이후 0.4% 수준으로 보유세에 비해 상대적으로 하락하는 모습을 보이고 있다.

한국의 경우도 GDP 대비 재산과세(4000) 비율이 등락을 보이는 가운데 2000년 2.6%에서 2019년 3.1%로 상승했다. 부동산 보유세(4100)는 동 기간 0.5%에서 0.9%로 상승했고, 상속 및 증여세도 0.2%에서 0.4%로 상승했다. 2006~2007년 보유세가 상대적으로 크게 상승한 것은 종합부동산세 도입, 부동산가격 상승 등에 기인한 것으로 보인다. 반면 금융 및 자본거래세는 2000년 이후 1.8% 전후에서 등락하는 모습을 보였다. 그리고 OECD 국가의 평균 총 조세 대비 보유세 비중 추이는 대체로 GDP 대비 추이와 비슷한 양상을 보이고 있다. 총 조세 대비 재산과세 비중은 2000년 이후부터 5% 중반 수준을 유지하고 있다. 재산과세 항목 중 보유세는 글로벌 금융위기 이전(2000~2007년) 평균 2.8% 수준에서 위기 이후(2009~2019년)에는 3.3%로 높아진 데 반해 금융 및 자본거래세는 동기간 1.8%에서 1.3%로 오히려 하락했다.

한국의 경우 총 조세 대비 재산과세(4000) 비율은 GDP 대비 재산과세 비율과 달리 2000년 이후 12% 전후에서 횡보하는 양상을 보이고 있다. 2000년 이후 총 조세 대비 부동산 보유세와 상속 및 증여세 비중은 소폭 상승하는 반면, 금융 및 자본거래세는 이후 점진적으로 하락하는 모습을 보이고 있다.

그림 5-1 | 재산과세 항목별 GDP 대비 비중 추이(OECD 평균)(단위: GDP 대비 %)

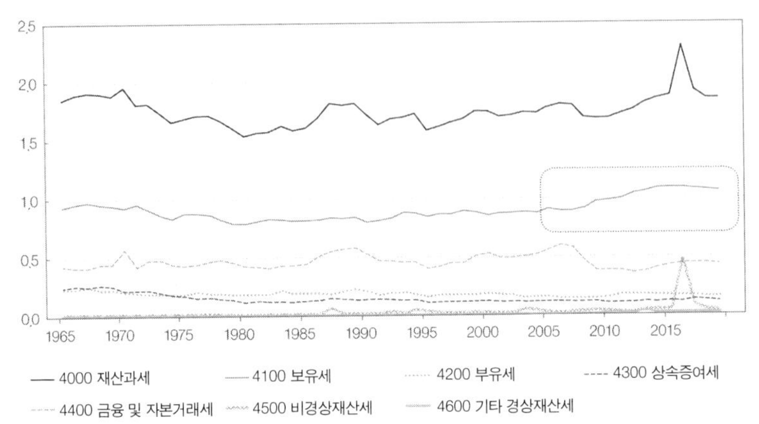

주: OECD 37개국 기준(호주, 그리스, 멕시코, 네덜란드는 2019년 자료가 부재해 2018년 자료 활용)
자료: OECD stat(검색일: 2021년 10월 18일)

그림 5-2 | 재산과세 항목별 GDP 대비 비중 추이(한국)(단위: GDP 대비 %)

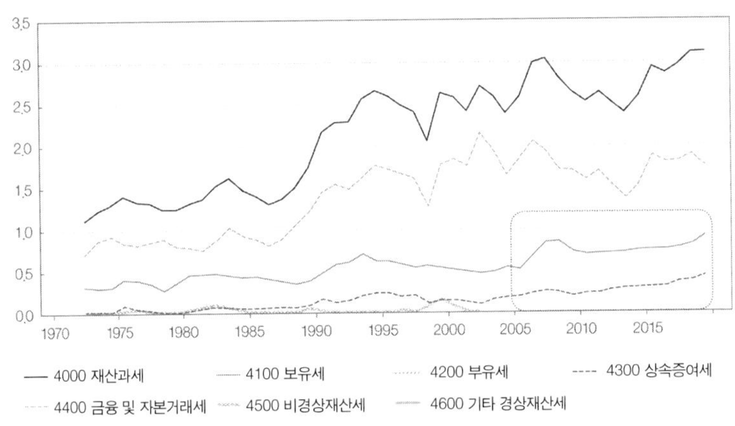

자료: OECD stat(검색일: 2021년 10월 18일)

그림 5-3 | 재산과세 항목별 총 조세 대비 비중 추이(OECD 평균)(단위: 총 조세 대비 %)

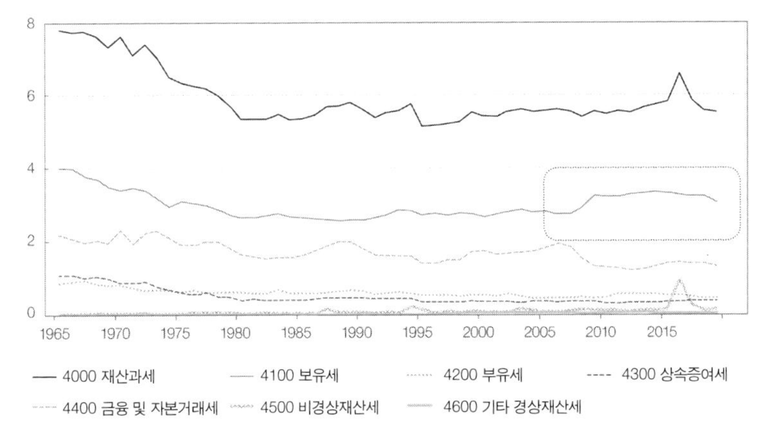

주: OECD 37개국 기준(호주, 그리스, 멕시코, 네덜란드는 2019년 자료가 부재해 2018년 자료 활용)
자료: OECD stat(검색일: 2021년 10월 18일)

그림 5-4 | 재산과세 항목별 총 조세 대비 비중 추이(한국)(단위: 총 조세 대비 %)

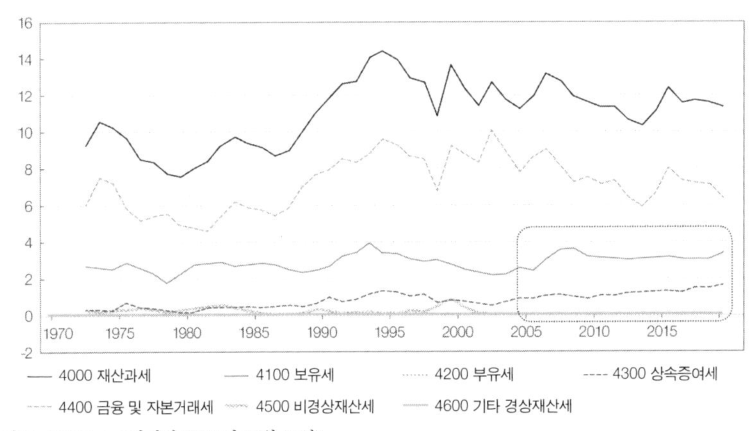

자료: OECD stat(검색일: 2021년 10월 18일)

(2) OECD 국가의 재산과세 부담에 대한 국제 비교

먼저 OECD 국가의 GDP 대비 재산과세 비율은 국가별로 편차가 존재한다. 2019년 기준으로 재산과세 비율이 높은 국가는 영국(4.09%), 프랑스(4.03%), 캐나다(3.87%)이다. 한국의 GDP 대비 재산과세 비율은 3.12%로 OECD 국가 중 일곱 번째로 높은 수준에 속한다. 다음으로 OECD 국가의 총 조세 대비 재산과세 비중도 GDP 대비 재산과세 비중과 마찬가지로 국가별로 차이가 있는 것으로 나타났다. 2019년 총 조세 대비 재산과세 비중을 기준으로 보면 영국(12.39%), 미국(12.09%), 캐나다(11.57%)가 상대적으로 높은 수준을 기록했다. 한국의 경우 11.40%로 OECD 국가 중 네 번째로 높은 수준에 속한다.

한편 총 조세 대비 재산과세를 4100부터 4600까지 중분류 항목으로 살펴보면, 총 조세 대비 재산과세가 높은 미국, 캐나다, 영국의 경우 4100 보유세의 비중(2019년 기준)도 각각 91.7%, 80.9%, 76.5%로 높은 비중을 차지하는 데 반해, 한국의 경우 보유세의 비중은 29.7%로 낮은 반면 4400 금융 및 자본거래에 대한 과세의 비중은 56.3%로 상대적으로 높게 나타났다.

이와 같이 한국이 영국, 미국, 캐나다 등 OECD 주요국과 상이한 재산과세 구조를 보이는 것은 국가별 과세체제가 형성된 역사적 배경이 서로 상이한 데 기인한다. 재산세는 지방정부의 주된 세원으로, 편익원칙에 입각해 과세할 수 있는 가장 기초적인 지방세이다. 미국이나 영국과 같이 지방분권과 지방자치가 발달한 국가는 재산세가 지방정부의 주요 세원이기 때문에 총 조세에서 재산과세가 차지하는 비중이 높으며, 특히 보유세의 비중이 높게 나타난다. OECD 통계에 따르면 2019년도 기준 미국 지방정부의 세원 비중은 재산과세 73.2%(전체 세원 중 보유세 71.6%), 소비과세 21.3%, 소득과세 5.5% 순으로, 주로 재산과세(특히 보유세)에 의존하고 있다.

반면 한국의 경우 다른 OECD 국가에 비해 보유세는 낮은 데 반해 상대적

그림 5-5 | 2019년 OECD 국가의 GDP 대비 재산과세 비중(단위: GDP 대비 %)

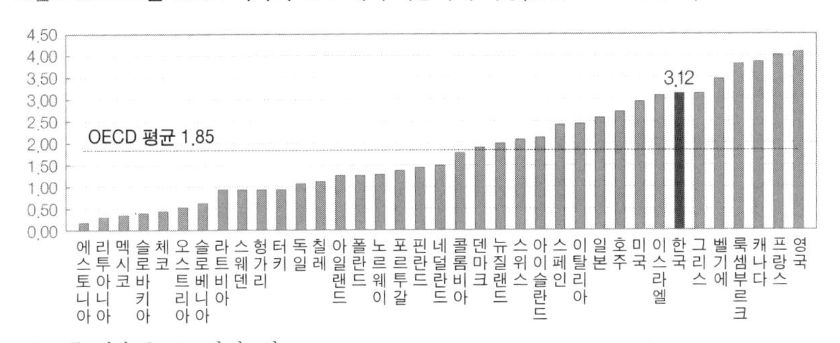

주: 호주, 멕시코는 2018년 자료임
자료: OECD stat(검색일: 2021년 10월 18일)

으로 거래세가 높은 비중을 차지하고 있다. 이는 우리나라 부동산 세제가 과거 개발단계 때부터 정부 재정수입 확충이 용이한 거래세를 위주로 운영되던 것이 현재까지 이어지고 있는 데서 기인한 측면이 있다(국회예산정책처, 2018b: 58). 즉, 부동산 취득 시에는 매수자가 현금유동성을 확보한 상태이므로 취득세의 경우 상대적으로 과세하기 용이하다는 특징을 지니고 있다. 또한 우리나라의 부동산 거래가 주요국에 비해 빈번한 것도 우리나라의 거래세 비율이 상대적으로 높은 이유 중 하나이다(임성일, 2018: 59).

다만 금융 및 자본거래세는 부동산뿐만 아니라 주식 등 기타 금융자산을 포함하고 있으므로 금융 및 자본거래세를 부동산 거래세로만 보기는 어렵다.[2] 하지만 금융 및 자본거래세에서 부동산 거래 관련 세금이 큰 비중(58.4%)을 차지하고 있어 금융 및 자본거래세는 부동산거래세의 대용지표로 볼 수 있다. 2018년 기준 우리나라의 금융 및 자본거래세는 취득세 69%, 증권거래세 23%,

2) 우리나라의 GDP 대비 거래세 비중(1.8%)에서 증권거래세(농특세 포함)가 0.3%, 차량 등 취득세가 0.3%를 차지하고 있다(기획재정부, 2021a).

그림 5-6 | 2019년 OECD 국가의 총 조세 대비 재산과세 비중(단위: 총 조세 대비 %)

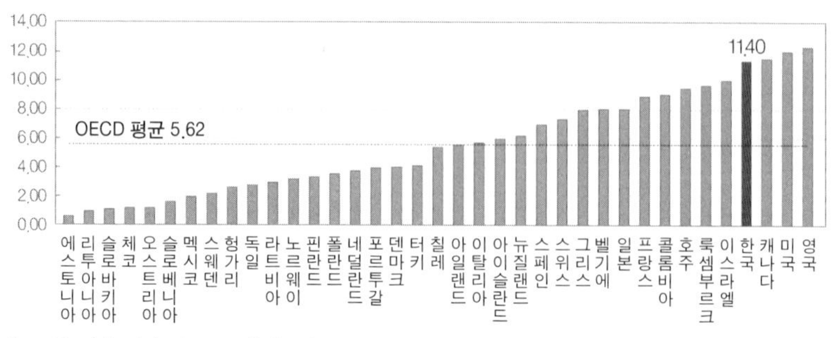

주: 호주, 일본, 멕시코는 2018년 자료임
자료: OECD stat(검색일: 2021년 10월 18일)

그림 5-7 | 2019년 OECD 국가의 총 조세 대비 재산과세 비중(중분류 항목)(단위: %)

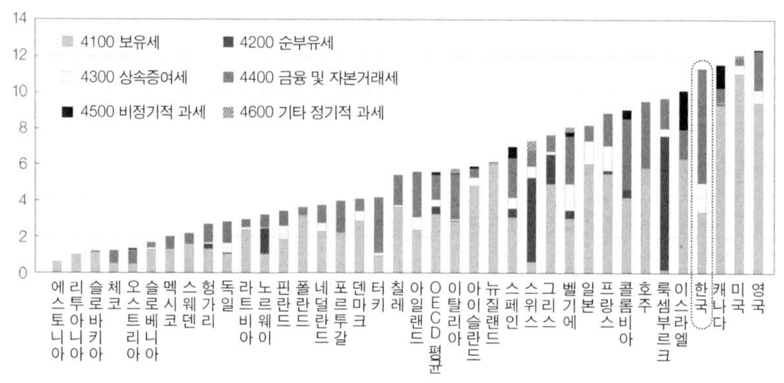

주: 호주, 그리스, 멕시코는 2018년 자료임
자료: OECD stat(검색일: 2021년 10월 18일)

등록면허세 5%, 인지세 2%로 구성되어 있으며, 세부항목별로 부동산 관련 세수가 차지하는 비중을 보면 취득세에서 80%, 등록면허세에서 63%, 인지세에서 0.5%이다. 따라서 각 항목별 비중으로 산출하면 금융 및 자본거래세에서 부동산 관련 세수가 차지하는 비중은 58.4%(취득세 55.2%, 등록면허세 3.15%, 0.01%)이다(윤영훈, 2021: 7).

3) OECD 국가의 부동산 보유세 부담에 대한 국제 비교

주요국의 부동산 보유세에 대해서는 GDP 대비 부동산 보유세, 총 조세 대비 부동산 보유세, 민간 부동산자산 총액 대비 부동산 보유세(부동산 실효세율) 등 세 가지 기준으로 비교해 보고자 한다.

(1) GDP 대비 부동산 보유세

GDP 대비 부동산 보유세 비중은 경제규모 대비 보유세 부담을 보여주는 지표로, 일반적으로 국제 비교에 널리 사용되는 지표 중 하나이다. 〈그림 5-8〉은 2019년 기준 OECD 국가(37개국)의 GDP 대비 보유세 부담 수준을 보여주고 있다. 상대적으로 GDP 대비 보유세 비중이 높은 국가는 캐나다(3.13%), 영국(3.13%), 미국(2.71%)이다. 한국의 경우 0.93%로 OECD 37개국 중 16번째로 높은 수준이며, OECD 국가 평균(1.06%)에는 미치지 못하고 있다.

(2) 총 조세 대비 부동산 보유세

총 조세 대비 부동산 보유세 비중은 전체 조세 구조 측면에서 부동산 보유세가 차지하는 비중을 보여주는 지표이다. 〈그림 5-9〉는 2019년 기준 OECD 주요국의 총 조세 대비 부동산 보유세 비중을 보여주고 있다. 상대적으로 미국(11.09%), 영국(9.47%), 캐나다(9.36%) 순으로 높게 나타났다. 한국의 경우 3.39%로 OECD 평균(3.24%)을 소폭 상회한 것으로 나타났다.

(3) 부동산 보유세 실효세율(민간 부동산자산 총액 대비 부동산 보유세)

부동산 보유세 특성상 GDP 대비 세수총액보다는 보유세 부과대상인 부동산가격 대비 세부담이 부동산 보유에 따른 실질적인 세부담(실효세율)이다. 따

그림 5-8 | 2019년 OECD 37개 국가의 GDP 대비 보유세 비중(단위: %)

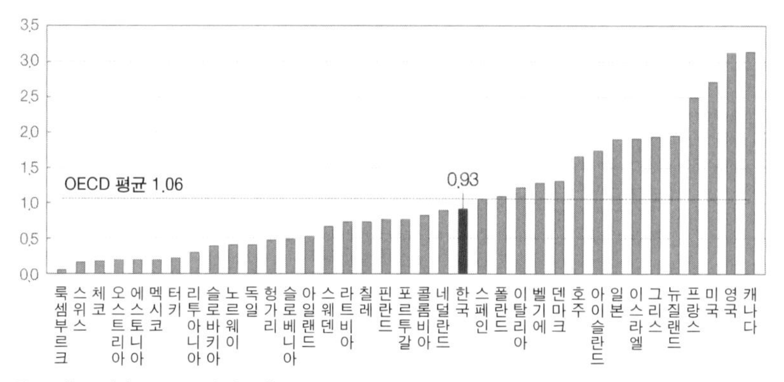

주: 그리스, 멕시코는 2018년 자료임
자료: OECD stat(검색일: 2021년 10월 18일)

그림 5-9 | 2019년 OECD 37개 국가의 총 조세 대비 보유세 비중(단위: %)

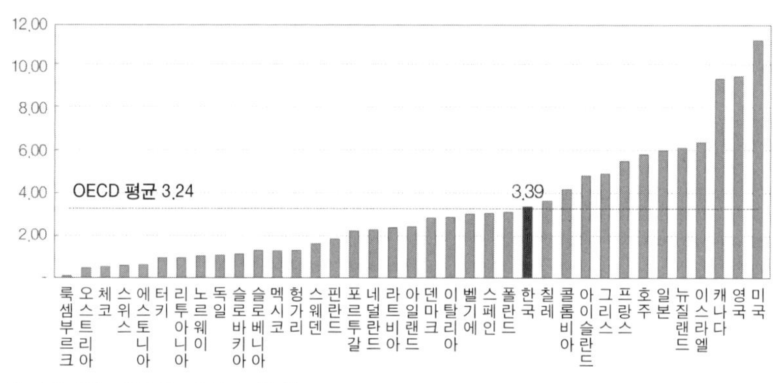

주: 호주, 일본, 멕시코는 2018년 자료임
자료: OECD stat(검색일: 2021년 10월 18일)

라서 부동산 실효세율이 보다 유의미한 지표라고 할 수 있다(기획재정부, 2021a). 부동산 실효세율은 아래와 같이 계산할 수 있다.

$$\frac{\text{부동산 보유세}}{\text{GDP}} = \frac{\text{민간 부동산자산 총액}}{\text{GDP}} \times \frac{\text{부동산 보유세}}{\text{민간 부동산자산 총액}}$$

$$= \text{GDP 대비 부동산자산 배율} \times \text{부동산 실효 세율}$$

그림 5-10 | 2019년 OECD 국가의 부동산 시가총액 비율(민간보유)(단위: GDP 대비 %)

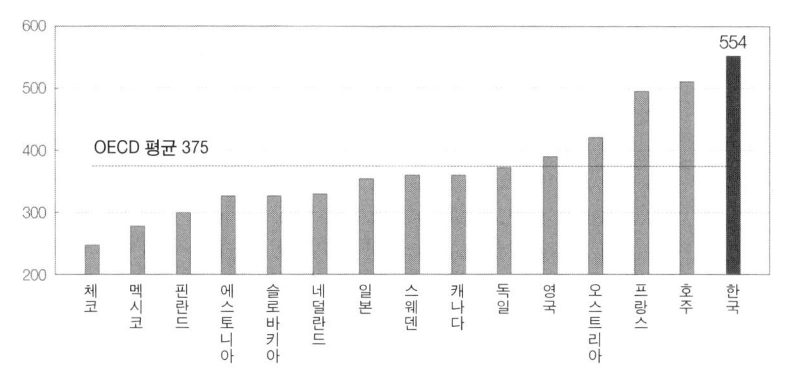

주: 네덜란드, 에스토니아, 일본, 오스트리아는 2018년 자료임
자료: OECD stat(검색일: 2021년 10월 18일)

보유세의 실효세율을 산출하기 위해 OECD 국민계정 통계 중 대차대조표의 비금융자산(Balance sheets for non-financial assets)을 활용해 민간보유 부동산 자산을 추정했다.[3] 2019년 기준 OECD 주요국의 민간보유 부동산 시가총액 규모를 살펴보면 한국이 GDP 대비 554%로 비교대상 국가 중 가장 높게 나타났다. 자료가 가용한 OECD 15개국(한국 포함)의 평균은 375%로 한국에 비해 크게 낮은 것으로 나타났다.

〈그림 5-11〉은 OECD 국가 중 데이터가 가용한 15개국의 실효세율을 보여주고 있다. 2019년 기준 OECD 15개국의 평균 보유세 실효세율은 0.30%이며, 캐나다(0.87%), 영국(0.80%), 프랑스(0.54%) 순으로 높은 수준을 기록하고 있다. 반면 한국의 부동산 보유세 실효세율은 0.17%로 OECD 15개국의 평균(0.30%) 대비 절반 수준에 그친 것으로 나타났다.

---

3) 민간보유 부동산자산은 비금융자산 항목 가운데 정부를 제외한 민간이 소유하는 주거지(dwellings), 주거지 외 건물(buildings other than dwellings), 토지(land)를 합산해서 추정한다.

그림 5-11 | 2019년 OECD 국가의 실효세율(단위: 부동산 시가총액 대비 %)

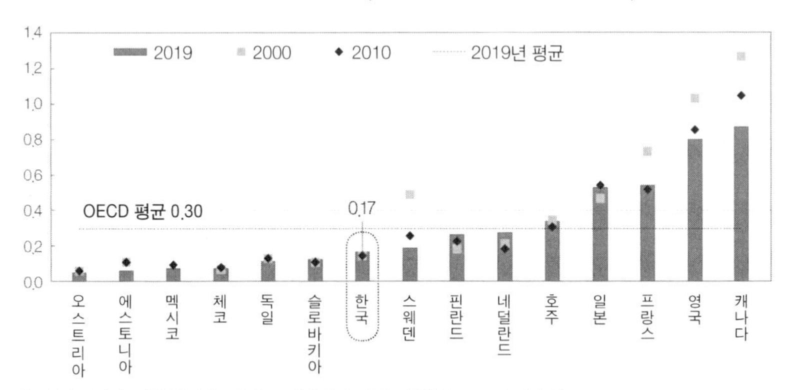

주: 오스트리아, 에스토니아, 멕시코, 네덜란드, 호주, 일본은 2018년 자료임
자료: OECD stat(검색일: 2021년 10월 18일)

(4) 한국의 부동산 보유세 실효세율이 상대적으로 낮은 이유

한국의 부동산 보유세 실효세율이 OECD 주요국에 비해 상대적으로 낮은 이유는, 첫째, 한국의 부동산가격이 매우 높은 데 반해 과세표준 현실화율 및 평균 세율은 낮기 때문인 것으로 보인다. 우리나라의 부동산 보유세는 과세표준(공시지가×공정시장가액비율)×세율로 결정되는데, 공시가격은 시장가격 대비 50~70%대이고, 공정시장가액비율의 경우 재산세는 공시가격 대비 주택 60%, 토지 및 건축물 70%, 종부세 95%를 기록하고 있다(국토교통부·행정안전부, 2020). 최근 부동산 공시가격 현실화율이 점차 높아지고 있으나 여전히 주택의 과세표준은 시장가격의 40%대에 그치는 등 부동산의 과세표준이 시장가격에 크게 미치지 못하고 있다.

둘째, 우리나라는 부동산 보유세 세부담 상한제도를 운영하고 있기 때문이다. 2005년 우리나라는 급격한 집값 상승에 따른 세부담이 일시에 급증하는 것을 완화하기 위해 보유세(재산세 및 종합부동산세)의 세부담 상한제를 도입했다. 이로 인해 부동산 공시가격이 급등하더라도 세부담이 공시가격 급등에 비례해서 급격하게 증가하지 않도록 조치했다(국회예산정책처, 2018a: 33). 세부담 상한제는 주택에 대한 재산세의 경우 과세표준에서 시가에 의한 과세표준을 적용하는 것[4]으로, 그 증가세액이 직전연도 당해 재산세액 상당액의 130%를 초과하는 경우 그 상한율을 초과하지 못하도록 제한하는 제도이다. 종합부동산세의 경우 개인에 대한 세부담 상한율은 최대 300%이다.

셋째, 우리나라의 세율은 초과 누진과세이지만 대부분의 과세대상 부동산이 낮은 세율이 부과되는 과표 구간에 몰려 있기 때문이다. 따라서 부동산 보유세의 평균세율이 주요국에 비해 낮은 편이다. 1주택자가 보유한 주택의 경우 공시가격에 따라 과표 구간별로 표준세율이 차등화되어 있는데 표준세율이 0.05~0.35% 수준으로 낮다(국토교통부·행정안전부, 2020). 게다가 우리나라 공동주택가격의 수준별 분포현황을 살펴보면 공시가격 6억 원 이하가 차지하는 비중이 92.1%로 거의 대부분이다(국토교통부, 2021: 210). 한편 공시가격이 11억 원을 초과하는 주택에 대해서는 누진적인 세율로 종합부동산세가 부과되지만 부과대상인 주택의 비중은 1.9%[5]이다. 따라서 누진과세 구조를 가지고 있음에도 불구하고 부동산 보유세 실효세율은 상대적으로 낮게 나타난다.

3. 시사점

앞에서 살펴본 국제사회의 부동산 보유세 논의 동향과 부동산 보유세 세부

---

4) 주택에 대한 과세·표준 산정방식을 건물 원가방식에서 토지와 건물을 합한 시가방식으로 일괄 평가하도록 변경했다.

5) 시가 약 16억 원(공시가격 11억 원)을 초과하는 주택 수(비중)는 34.6만 호(1.9%)이다(기획재정부, 2021b).

담에 대한 국제 비교는 우리나라에 몇 가지 시사점을 제공한다. 첫째, 부동산 보유세 등 재산과세에 대한 우리의 인식 변화가 필요하다는 사실을 시사한다. 국제사회는 부동산을 경제 불평등의 근원 중 하나로 인식하고 있으며, 경제 불평등을 완화하고 포용성장을 하기 위해서는 세제 측면에서 부동산 보유세를 강화해야 한다고 보고 있다. 최근 OECD는 "주택이 포용성장의 핵심요인"이라고 지적한 바 있다(OECD, 2020a). 그 이유로는 주택이 가계예산 중 가장 큰 지출 항목을 차지하고, 부 축적의 핵심 수단이자 가계부채의 대부분을 차지하며, 주택과 주거 환경이 개인의 건강, 고용, 교육에 지대한 영향을 미치기 때문이라고 제시하고 있다. 우리나라도 예외는 아니다. 나아가 주택 등 부동산은 단순히 높은 가격 수준, 주거 불안을 넘어 우리 사회가 안고 있는 계층·지역·세대 갈등, 비혼 및 저출산, 과도한 가계부채 등 경제적·사회적 주요 난제와 밀접하게 관련되어 있으며 그 밑바닥에 있는 요인이기도 하다. 이에 반해 부동산에 대한 우리의 인식은 투기수요 근절, 공급 확대 등 부동산 시장 안정에 그치고 있는 것 같다. 부동산에 대한 국제사회의 인식과 우리가 안고 있는 경제적·사회적 난제는 우리 정책 당국이 부동산에 대해 보다 근본적이고 넓은 시각에서 바라볼 필요가 있음을 시사한다. 즉, 정책 당국은 부동산에 대해 경제 불평등을 완화하고 경제적·사회적 주요 난제를 해결해서 포용성장 및 지속가능성장을 가능하게 하는 근본적인 정책 대상으로 인식할 필요가 있다.

둘째, 부동산 세제의 방향 측면에서 부동산 보유세를 점진적으로 높이는 동시에 거래세를 낮추는 방향의 정책이 필요하다는 사실을 시사한다. 국제사회가 부동산 보유세 강화를 지속적으로 권고하는 가운데, 한국의 부동산 보유세 비율은 상대적으로 낮은 반면 한국의 거래세, 상속 및 증여세 비율은 OECD 평균 수준을 상회하고 있기 때문이다. 재산세제의 경우 국가마다 역사적 배경이 다르고 운영 목적 및 방식 등에서 특수성을 지니고 있어 국제 비교를 우리나라의 정책 방향을 설정하는 데 절대적인 기준으로 삼기에는 한계가 있지만, 그럼에도 불구하고 국제 비교 결과는 중요한 참고 기준이 될 수 있다.

끝으로, 부동산 보유세 등 재산세제 체계를 개편할 때에는 우리나라의 특수성도 고려해야 한다는 사실을 시사한다. 우리나라는 세계 주요국 중 가장 높은 부동산가격 수준을 기록하고 있고, 세계에서 거의 유례가 없는 전세제도를 가지고 있으며, 세계 주요국에 비해 자가주택 보유 비율이 낮다는 특징을 가지고 있다. 우리나라는 주택보급률이 104.8%(2019년 전국 기준)(e-나라지표, 검색일: 2021년 11월 4일)임에도 불구하고 자가주택 보유 비율은 2019년 OECD 평균(68.1%)에 비해 낮은 59.1%[6]에 그치고 있다. 또한 주요국에 비해 부동산 등 비금융자산 비중이 높고 금융자산 비중이 낮다는 특징도 지니고 있다. 2019년 기준 가계자산 중 비금융자산 비중은 한국이 64.4%로, 호주 57.0%, 영국 45.2%, 일본 37.9%, 미국 28.1%에 비해 높은 수준을 기록하고 있다(한국투자금융협회, 2021).

6) https://www.oecd.org/housing/data/affordable-housing-database/(검색일: 2021.10.25)

참고문헌

국토교통부. 2021.「2021년도 부동산 가격공시에 관한 연차보고서」.

국토교통부·행정안전부. 2020.「부동산 공시가격 현실화 계획 및 재산세 부담 완화 방안 발표」. 보도자료. 2020.11.3.

국회예산정책처. 2018a.「부동산세제 현황 및 최근 논의동향」.

_____. 2018b.「지방세제의 현황과 이해」.

기획재정부. 2021a.「부동산 세금 국제 비교 기사 관련」. 보도설명자료. 2021.2.16.

_____. 2021b.「'21년 종합부동산세 고지 관련, 사실은 이렇습니다」. 보도참고자료. 2021.11.23.

≪머니투데이≫. 2021.4.21. "혼자 살려다 다 어려워져··· 코로나 양극화, 필요한 건 '세금'?" https://news.mt.co.kr/mtview.php?no=2021041916552198271

박상수·이상훈·김경민·김민정. 2019.「포용성장과 부동산 보유세제 개편: 주택을 중심으로」. 한국지방세연구원.

박상수·이선화. 2014.「과세대상별 재산과세 실효세율 추정」. 한국지방세연구원.

박진백·이영. 2018.「부동산 조세의 주택시장 안정화 효과: 보유세와 거래세를 중심으로」. ≪부동산분석≫ Vol.4(2). 1~19쪽.

윤영훈. 2021.「주요국의 부동산 관련 세부담 비교」. 한국조세재정연구원. ≪조세재정 브리프≫ 제108호.

임성일. 2018.「우리나라 재산세의 편익과세 기능 강화에 관한 연구」. 한국지방세연구원.

정영식·강은정·이진희·김경훈·김지혜(2021).「국제사회의 부동산 보유세 논의 방향과 거시경제적 영향분석」.『연구보고서』. 대외경제정책연구원.

한국투자금융협회. 2021.「2021년 주요국 가계 금융자산 비교」. 2021.7.5.

e-나라지표. https://www.index.go.kr/potal/main/EachDtlPageDetail.do?idx_cd=1227(검색일: 2021.11.4)

Causa, Orsetta, Nicolas Woloszko and David Leite. 2019. "Housing, Wealth Accumulation and Wealth Distribution: Evidence and Stylized Facts." OECD Economics Department Working Papers No.1588. OECD.

The Guardian. 2021.4.7. "IMF calls for wealth tax to help cover cost of Covid pandemic." https://www.theguardian.com/business/2021/apr/07/imf-wealth-tax-cost-covid-pandemic-rich-poor.

OECD. 2011. "A framework for growth and social cohesion in korea."

_____. 2013. "OECD Workshop on Inclusive Growth."

______. 2017. "Bridging the Gap: Inclusive Growth 2017 update Report."
______. 2018. "Tax policies for inclusive growth in a changing world."
______. 2020a. "Housing and Inclusive Growth."
______. 2020b. "Revenue Statistics 1965-2019 Interpretative Guide." https://www.oecd.org/tax/tax-policy/oecd-classification-taxes-interpretative-guide.pdf.
______. 2021. "Inequalities in Household Wealth and Financial Insecurity of Households." *Policy Brief*.
OECD-World Bank. 2017. "A policy framework to help guide the G20 in its development of policy options to foster more inclusive growth."
OECD stat. https://stats.oecd.org/(검색일: 2021.10.18)
https://www.oecd.org/housing/data/affordable-housing-database/(검색일: 2021.10.25)

제6장

가계의 부동산 분배 현황과 보유세 개편의 계층별 세부담 효과*

박종선 | 전남대 생활과학연구소 연구원
정세은 | 충남대 경제학과 교수

1. 서론

2008년 이후 부진 상태에 빠져 있던 부동산 시장은 2014년 부양정책 이후 서서히 가격이 상승하더니 문재인 정부 이후에는 불안정한 가격 급등 현상을 보였다. 신진욱(2013)이 지적하듯이 "대부분의 선진 자본주의 국가들에서는 자산 불평등과 소득 불평등은 어느 한쪽의 상대적 불평등이 다른 한쪽의 상대적 평등에 의해 상쇄되는 패턴을 보여주는 데 반해, 우리나라에서는 이 두 가지 불평등이 동시에 진행되고 있다"라는 점에서 매우 우려스러운 현상이다. 일부 주택의 급격한 가격 상승은 가격이 오르는 주택을 소유한 계층과 그 반대 상황에 처한 계층, 즉 주택이 없는 계층과 가격이 오르지 않는 주택을 소유한 계층 간에 정당한 이유 없이 자산 격차를 벌린다. 게다가 주택매매가격의

* 이 글은 한국경제발전학회의 ≪경제발전연구≫, 제27권 2호(2021.6)에 실린 글을 수정한 것이다.

상승은 곧 임대료 상승으로 이어지기 때문에 무주택자는 생활비 상승이라는 추가적인 어려움에도 처하게 된다.[1)]

문재인 정부는 부동산 시장 불안정에 대응해 집권 직후인 2017년 8월에 이에 대응하기 위한 첫 번째 종합대책을 발표했다. 그 내용은 투기가 심각한 지역을 선별해 투기지역 및 투기과열지구로 지정하고 그 지역에 대해 양도세 강화, 대출규제 강화, 재개발·재건축 규제 강화 등을 가함으로써 투기를 억제한다는 것이었다. 동시에 그해 12월에 일몰이 도래한 주택임대사업자등록제도를 연장함으로써 민간임대사업자들에게 관대한 세제 혜택을 주는 대신 임대료 인상률 제한을 받아들이게 하고자 했다. 즉, 투기 억제 규제를 통해 매매시장을 안정시키고 임대료 인상 억제를 통해 임대시장도 안정시키겠다는 계획이었던 것으로 보인다. 동시에 다량의 공공임대주택 공급 계획도 제시했다.

그러나 부동산 시장은 안정화되지 못했다. 재개발·재건축 규제로 인해 도심 내 공급이 부족해져 불안정이 지속될 것이라는 주장(두성규, 2018; 이창무, 2020)으로 인해 시장이 동요하고 있었으나, 그럼에도 불구하고 정부는 시장의 투기 심리를 잠재울 수 있는 전면적이고 강력한 규제 정책을 외면했기 때문이다. 핀셋 방식으로 규제를 실시해 비규제지역에서의 투기를 방관했으며, 임대주택등록 사업자에 대한 관대한 세제 혜택을 연장함으로써 이 제도가 규제의 사각지대로 악용되는 결과를 야기했다. 또한 참여정부의 '종부세 폭탄론'이 재연될 것을 두려워해 전면적인 방식으로 투기를 억제할 수 있는 보유세 강화를 회피했다(임재만, 2021).

---

1) 무주택자라고 해서 모두 취약한 계층은 아니다. 고소득이지만 주택을 구입할 적절한 시기와 방법을 저울질하는 계층도 존재하기 때문이다. 그러나 많은 무주택자들이 사회의 취약계층인 것은 사실이며 이러한 계층은 가족복지, 기업복지, 국가복지 등 어느 사회안전망에도 충분히 기대기 어려운 상황에 처해 있다.

부동산 시장 불안정이 지속되고 정부 정책에 대한 비판이 지속되자 정부는 2020년 7월 임대주택등록제도를 일부만 남기고 전면 폐지하고 법인 및 다주택자에 대해 보유세와 양도세를 강화하는 정책을 채택했다. 특히 보유세의 경우 고액주택자 및 다주택자에 대한 종합부동산세 세율 인상 및 공시가격 현실화 로드맵 정책을 실시하기로 했는데, 이러한 정책들은 계획에 따르면 원래 2021년부터 본격 적용될 예정이었다. 공시가격 현실화 로드맵은 2020년 11월에 발표되었는데, 이는 오랫동안 시세에 한참 못 미치는 수준으로 결정되어 온 공시지가와 주택 공시가격을 중기적으로 시세의 90%까지 서서히 근접시킴으로써 공시가격이 시세와 괴리되어 발생하는 비효율성과 불공평성을 해소하는 것을 목표로 하고 있다(국토교통부, 2020).[2)]

보유세는 부동산가격이 상승하면 가격 상승의 이익이 실현되지 않음에도 불구하고 세부담이 증가하기 때문에 강한 조세저항이 발생한다는 문제를 안고 있다. 세부담 강화는 언제나 조세저항을 불러오기 마련이지만 부동산 보유세는 소득이 아닌 부동산 가액에 부과되기 때문에 특히 저소득-고자산 부담 가구에서 불만이 제기될 수 있다. 이 글은 문재인 정부에 의해 추진된 보유세 개편 방안이 보유세 총 세수, 실효세율과 담세율에 어떠한 영향을 미칠지를 추정함으로써 보유세 개편 논의에 기여하고자 한다. 구체적으로 2절에서는 관련 선행연구를 정리하고 3절에서는 국가통계를 활용해 부동산 보유세 세수 구조의 특징을 살펴볼 것이다. 이후 4절에서는 2020년도에 발표된 12차년도 재정패널 조사 자료(2018년 자료)를 활용해 부동산자산이 연령대별·소득분위별로 어떻게 분배되어 있는지를 살펴보고, 5절에서는 2020년 보유세 체

2) 정부 발표에 따르면 2019년의 현실화율은 공동주택 68.1%, 단독주택 53.0%, 토지 64.8%인데 이를 주택은 2024년부터 본격적으로 시작해서 공동주택은 2030년까지, 단독주택은 2035년까지, 토지는 2021년부터 시작해서 2025년까지 90%로 끌어올린다는 계획이다.

제하에서 부과되는 보유세 세부담을 추정하고 이후 예정되어 있는 개편안 강화 시의 세부담 변화를 추정해 비교할 것이다.

2. 선행 연구

부동산 보유세에 관해서는 다수의 연구가 존재하며 구체적인 분석의 초점도 다양하다. 분석의 초점은 예를 들어 부동산 보유세를 강화하는 것이 부동산 시장을 안정화시킬 것인가(박진백, 2018), 현행 보유세 체계가 공평한가(장우진·오준석, 2017; 주만수, 2019), 보유세 체계를 어떻게 개편하는 것이 바람직한가(박민, 2021; 임재만, 2021) 등이다. 이러한 연구들은 보유세 개편은 다양한 측면을 고려해 결정되어야 한다는 것을 시사하고 있는데, 이러한 주제들 외에 세부담이 현재 어느 정도 수준인지도 보유세 개편에 중요한 고려 사항이다. 이 글에서는 이 마지막 주제에 초점을 맞추고자 한다.

보유세 세부담 수준을 구체적으로 추산한 연구는 많지 않다. 몇몇 연구는 보유세가 소득에 대한 고려 없이 자산에 대해 부과되는데 저소득-고자산 고령계층의 존재로 인해 보유세 부담이 소득역진적일 수 있음을 지적했다. 박명호(2011)는 2009년도 재정패널 조사 자료를 이용해 소득분위별 보유세 부담을 계산한 뒤 소득재분배 효과를 구했다. 그 결과 최저소득분위부터 점차 소득이 증가할 때 중하위 분위까지는 소득 대비 보유세가 계속 하락하는 역진성을 보인다는 사실을 발견했다. 이로부터 그는 우리나라의 보유세 체계가 소득재분배에 긍정적이지 않다고 결론 내렸다. 이러한 결과는 어느 정도 당연하다. 많은 고령층이 소득에 비해 자산이 많다는 특징을 보이고 있기 때문이다. 박명호(2011)은 소득이 가장 낮은 1분위 소득계층의 83.8%가 60세 이상의 고령자 가구라고 지적했다.

김진영(2017)은 소득세와 보유세를 더한 세부담이 소득역진적인지 누진적인지를 연구했다. 우선 전체 가구를 대상으로 할 때 소득세와 보유세를 합한 세부담은 누진적이지 않으며 비례세의 모습을 보이는 것으로 분석했다. 이러한 결과에 대해 그는 보유세가 가진 역진성이 소득세의 누진성을 상쇄했을 가능성을 제시했다. 한편 소득과 자산 간의 관계를 기준으로 5개의 집단으로 나누어 각 집단에 대해 동일한 분석을 수행했다. 5개의 집단은 소득 대비 자산 과소, 소득 대비 자산 적음, 소득-자산 균형, 소득 대비 자산 많음, 소득 대비 자산 과다로 구분했는데, 이 중 소득이 상대적으로 많은 집단은 누진성을 보였으나 자산이 상대적으로 많은 집단은 역진성을 보였다. 그런데 귀속소득까지 포함하면 역진성이 크게 줄어드는 것을 발견했다. 이로부터 김진영(2017)은 보유세의 누진성 또는 역진성을 판단할 때 귀속소득까지 포함해서 판단해야 한다고 제안했다.

최승문·신상화(2018)는 가계금융복지조사 2017년 자료를 사용해 보유세 개편의 가구별 세부담을 분석했다. 이들은 경상소득 10분위별 평균 자산 및 소득 현황을 살펴보았는데, 소득이 증가함에 따라 자산도 증가하는 모습을 보였으나 소득증가 속도보다 자산 증가속도가 느린 것은 이전의 연구와 동일했다. 전체 가구의 경상소득 대비 보유세 부담은 0.8%였는데, 1분위는 3.1%, 2분위는 1.3%, 3분위는 1.2% 등으로 높은 편이었고, 4분위 0.8%부터는 서서히 하락해 10분위가 0.6%를 보였다. 이러한 현상을 주도하는 계층이 바로 저소득-고자산가구이다. 최승문·신상화(2018)는 자산 10분위-소득 1분위·2분위의 고자산-저소득 가구의 특징을 살펴보았는데, 역시 이들은 연령이 매우 높고 자산 총액 대비 소득이 매우 낮다는 특징을 보였다. 그런데 이들의 실물자산 구성을 살펴보면 자산 10분위-소득 1분위 가구의 경우 11억 3000만 원의 부동산 보유액 중 거주 주택용 부동산이 4억 원, 거주 주택 이외 부동산이 약 7억 3000만 원으로 조사되었다. 이에 주목해 연구자들은 이 계층이 반드시 보유세제 강화에 취약한 것은 아닐 수도 있다고 판단했다.

박명호(2019)는 10차년도 재정패널 조사 자료를 사용해 2018년도 주택분 보유세 강화 정책의 소득재분배 효과를 분석했다. 세부담의 전가 문제에서 자유로운 자가 거주 1주택 가구를 대상으로 소득 10분위별 평균 실효세율을 분석한 결과 보유세 부담은 역진적인 경향을 보였다고 결론 내렸다. 또한 이런 경향은 종합부동산세의 누진도를 강화하고 세부담을 높인 2018년 9·13 대책을 반영한 후에도 유지되며, 귀속임대소득을 포함한 '포괄소득'을 기준으로 하더라도 유사한 경향을 보이는 것을 발견했다. 그는 이러한 결과가 나타난 주요 이유 중 하나는 자가 거주 1주택 가구 중에서는 34.2%가, 소득 1분위에 속한 가구 중에서는 86.0%나 고령자 가구이기 때문이라고 주장했다.

보유세 개편의 효과를 분석한 연구도 많지는 않지만 소수 존재한다. 박준·이태리·배유진 외(2014)는 2013년 통계청 가계금융복지조사 자료를 활용해 공시가격의 실거래가 반영률이 65% 수준일 때의 가계의 보유세액 수준 및 이후 실거래가 반영률이 80~100%로 변화할 때의 부동산보유세액 및 실효세율 수준을 추정했다. 추정 결과 가구 평균 재산세액은 연 54만 원에서 연 68만~88만 원으로 약 27~64% 증가하고, 가구 평균 종합부동산세액은 연 170만 원에서 연 189만~203만 원 수준으로 약 11~19% 증가하는 것으로 보고했다. 이로써 부동산 보유세의 자산가액 대비 실효세율은 기존 0.18% 수준에서 0.23~0.31% 수준으로 증가하는 것으로 보고했다. 저소득-고소득 고령층 문제는 여전히 존재했다. 소득이 많은 가구가 주로 종부세를 내지만 일부 저소득 가구도 내고 있다는 점 또한 확인했다.

최근 들어 박상수 외(2019)는 재정패널 조사 자료를 이용해 주택 보유세 개편의 효과를 분석하는 한편, 주택보유세 부담의 결정요인인 공시가격, 공정시장가액비율, 세율, 세부담 상한선 등을 조합해 세 가지 대안을 실험했다. 개편 대안 1은 공시가격 현실화와 더불어 세부담 상한선을 인상하는 방안으로서, 보유세 증가율은 12.39~14.68%로 나타났다. 개편 대안 2는 주택공시가격 6% 상승 및 공정시장가액비율 60%에서 65%로 인상되는 경우로서, 보유세 증가율은 14.80~23.18%였다. 마지막으로 개편 대안 3은 주택공시가격 6% 상승, 공정시장가액비율 60%에서 65%로 조정, 세율을 인상하는 경우로서, 보유세 증가율은 14.75~29.54%였다. 저자들은 개편 대안 3에서 세율을 조정했음에도 불구하고 개편 대안 2와 세수 증가액 차이가 상대적으로 작은 이유는 주택에 대한 세부담 상한선을 최대 150%로 설정했기 때문이라고 밝혔다. 이는 보유세 개편 과정에서 세부담 상한선이 단기 완충작용을 할 수 있음을 보여주었다.

보유세 세부담과 관련한 선행연구는 이와 같이 크게 두 가지 부류로 구분할 수 있다. 첫째는 2020년 보유세제하에서 소득계층별 보유세 담세율을 추정하는 연구였고, 둘째는 가상적인 보유세제 개편 방안을 상정하고 그 방안을 시행했을 때 전체 가구의 평균 보유세 세액 변화 및 실효세율 변화율을 분석하는 연구였다. 이 글은 2020년에 정부가 발표한 보유세제 개편 방안을 실제 실시했을 경우를 상정해 전체 세수의 변화액, 각 소득계층별 실효세율 및 담세율을 추정함으로써 보유세제 개편안의 효과를 좀 더 구체적으로 전망하고자 한다.

3. 국가통계로 본 보유세 세수 구조의 특징

2019년 발행된 「지방세통계연감」 자료를 토대로 2018년 부동산에 대한 재

표 6-1 | 2018년 재산세 과세 현황

구분	건수 (건)	건수 비중 (%)	과표 (백만 원)	세액 (백만 원)	세액 비중 (%)
합계	34,781,763	100.0	4,079,636,900	11,795,547	100.0
토지분	12,468,465	35.9	1,786,795,039	5,611,880	47.6
주택분	17,716,228	50.9	1,778,170,353	4,534,198	38.4
건축물분	4,567,743	13.1	500,457,460	1,622,382	13.8
선박·항공기	29,327	0.1	14,214,048	27,086	0.2

자료: 「2019 지방세통계연감」

표 6-2 | 2018년 과세 주체별 토지분 재산세 과세 현황

	인원 (명)	건수 (건)	과표 (백만 원)	세액 (백만 원)	1인당 세액 (만 원)	건수 비중 (%)	세액 비중 (%)
합계	12,468,465	27,986,439	1,786,795,039	5,611,880	45	100	100
개인	11,873,717	25,193,529	1,023,128,657	2,877,925	24	90.0	57.3
법인	586,367	2,730,990	728,834,972	2,613,769	446	9.8	40.8
기타	8,381	61,920	34,831,410	120,186	1,434	0.2	1.9

자료: 「2019 지방세통계연감」

산세 세수 구조의 특징을 살펴보자(〈표 6-1〉 참조). 2018년 부동산에 부과된 재산세 총액은 11.8조 원이다. 건수로 보면 주택이 토지보다 비중이 크지만 세액으로 보면 토지가 주택보다 크다. 토지에 부과된 총 세액은 5.6조 원 정도이며, 과세 인원은 35.9%, 세액 비중은 47.6%를 차지하고 있다. 1인당 토지분 세액은 개인은 24만 원, 법인은 446만 원이다(〈표 6-2〉 참조). 주택분 재산세 과세현황을 살펴보면 총 4.5조 원의 세액 중 3.4조 원이 아파트에 부과된 것을 알 수 있다(〈표 6-3〉 참조). 평균세율은 과표 대비 0.2~0.3%로, 명목 재산세 세율과 비슷하다. 시가표준액이 시가에 크게 못 미친다는 점에서 실효세율은 매우 낮을 것이다.

종합부동산세는 2019년 발행된 「국세통계」(2018년 자료)를 활용해 살펴보

표 6-3 | 2018년 주택유형별 주택분 재산세 과세 현황

	건수 (건)	과표 (백만 원)	세액 (백만 원)	건수 비중 (%)	세액 비중 (%)	평균세율 (과표 대비 %)
합계	17,716,228	1,778,170,353	4,534,198	100	100	0.3
아파트	10,479,786	1,304,157,402	3,494,666	59.2	77.1	0.3
연립	545,189	35,342,884	80,688	3.1	1.8	0.2
다세대	2,036,067	117,000,391	226,918	11.5	5.0	0.2
다가구	1,135,670	154,974,560	367,770	6.4	8.1	0.2
단독	1,930,544	111,014,354	259,636	10.9	5.7	0.2
기타	1,588,972	55,680,762	104,520	9.0	2.3	0.2

자료: 「2019 지방세통계연감」

표 6-4 | 종합부동산세 결정 현황

구분	합계		개인				법인			
	인원 (명) (A)	세액 (백만 원) (B)	인원 (명) (C)	세액 (백만 원) (D)	인원 비율 (C/A)	세액 비율 (D/B)	인원 (명) (E)	세액 (백만 원) (F)	인원 비율 (E/A)	세액 비율 (B/F)
2014년	252,042	1,297,215	236,887	345,632	94.0%	26.6%	15,155	951,583	6.0%	73.4%
2015년	283,064	1,407,837	266,280	371,530	94.1%	26.4%	16,784	1,036,307	5.9%	73.6%
2016년	335,591	1,529,790	316,969	425,620	94.5%	27.8%	18,622	1,104,170	5.5%	72.2%
2017년	397,066	1,686,464	376,420	498,239	94.8%	29.5%	20,646	1,188,225	5.2%	70.5%
2018년	463,527	1,877,260	436,186	573,517	94.1%	30.6%	27,341	1,303,742	5.9%	69.4%

자료: 「2019년 국세통계」

았다. 2018년 종합부동산세 결정 현황을 보면 43.6만 명의 개인에 대해 5735억 원, 2.7만 개의 법인에 대해 1조 3037억 원으로, 총 1조 8772억 원의 종부세 세수가 확정되었다. 개인의 경우 2014년 과세인원이 23.7만 명, 세액이 3456억 원이었던 데서 약 두 배 증가했음을 알 수 있다(〈표 6-4〉 참조).

개인의 종합부동산세 결정 현황을 살펴보면 총 5735억 원으로, 주택분이 3543억 원이고 토지분이 2191억 원이다(〈표 6-5〉 참조).[3] 주택에 대해 납부한 인원은 38.3만 명, 토지에 대해 납부한 인원은 6만 6690명으로, 토지 종합부

표 6-5 | 개인 연령별 종합부동산세 결정 현황

구분	합계			주택분			종합합산 토지분			별도합산 토지분		
	인원(명)	세액(백만 원)	세액 점유비	인원(명)	세액(백만 원)	세액 점유비	인원(명)	세액(백만 원)	세액 점유비	인원(명)	세액(백만 원)	세액 점유비
2018년	436,186	573,517	100%	383,115	354,357	61.8%	62,752	166,086	29.0%	3,938	53,074	9.3%
20세 미만	225	404	0.1%	103	70	0.0%	124	334	0.2%	-	-	0.0%
20세 이상	2,012	2,821	0.5%	1,511	1,287	0.4%	515	1,194	0.7%	25	340	0.6%
30세 이상	26,538	25,021	4.4%	24,454	17,934	5.1%	2,323	4,927	3.0%	120	2,161	4.1%
40세 이상	91,178	88,760	15.5%	84,656	68,900	19.4%	7,716	16,252	9.8%	421	3,607	6.8%
50세 이상	130,766	154,720	27.0%	116,718	106,064	29.9%	16,775	38,883	23.4%	857	9,773	18.4%
60세 이상	110,499	159,019	27.7%	96,361	96,855	27.3%	17,135	46,993	28.3%	1,212	15,170	28.6%
70세 이상	70,373	124,876	21.8%	57,496	58,759	16.6%	15,216	45,843	27.6%	1,170	20,274	38.2%
기타	4,595	17,896	3.1%	1,816	4,487	1.3%	2,948	11,660	7.0%	133	1,749	3.3%

주: 기타는 법인격 없는 단체 및 외국인 등 성별, 연령을 확인할 수 없는 경우임
자료: 「2019년 국세통계」

동산세 납부자는 소수이다. 종합부동산세 납부자의 연령별 비중을 살펴보면 50대, 60대가 각각 27%대를 차지했고, 70대도 22%를 차지했다. 이들의 총자산 규모가 다른 연령대보다 많다는 점에서 당연한 현상이다. 그러나 60대, 70대는 경상소득이 50대보다 크게 줄어들므로 이 연령대는 종합부동산세에 민감할 수밖에 없을 것이다.

4. 가계의 주택 자산 보유 특징

12차년도 재정패널 조사 자료는 2019년에 조사한 2018년도 기준 조사 자

3) 종합부동산세 중 주택은 4432억 원, 토지는 1조 4340억 원을 차지해 종합부동산세는 토지에서 많이 거두어지는 것을 알 수 있다. 개입의 납부액을 고려하면 법인은 주택에 대해 889억 원, 토지에 대해 1조 2149억 원 납부한 것으로 추정할 수 있다.

표 6-6 | 주택 소유 및 거주 형태(단위: 가구)

구분	무주택	1세대 1주택	2주택	3주택 이상	계	
자가	0	2,468	351	48	2,867	(60.2%)
전세	610	117	9	3	739	(15.5%)
월세	698	43	8	2	751	(15.8%)
기타	358	40	10	0	408	(8.6%)
계	1,666	2,668	378	53	4,765	(100%)
	(35.1%)	(56.0%)	(7.9%)	(1.1%)	(100%)	

주: 기타는 사택, 기숙사, 타인명의 주택 등 무상으로 거주하는 경우 및 여기에 분류되지 않은 기타를 포함함. 공공임대는 월세에 포함됨.
자료: 12차년도 재정패널 조사

료이다. 이 자료를 토대로 가구의 부동산자산 보유 상황을 살펴보도록 하자. 우선 주택 소유 및 거주 형태를 살펴보면 무주택 가구가 35.1%, 1세대 1주택 가구가 56%, 2주택 이상 가구가 9%이다. 거주 형태를 보면 자가 거주율이 60%, 전세와 월세 거주가 각각 15.5%, 15.8%, 기타가 8.6%이다. 무주택이면서 전세 혹은 월세로 사는 가구는 27.5%이다. 한편 1주택을 소유하지만 거주 주택은 전월세인 가구와 2주택 이상을 소유한 가구는 임대인일 가능성이 높은데 이 비중은 전체의 11.7%이다.

〈표 6-7〉은 주택 소유 및 거주 형태별 가구의 경상소득과 총 자산 규모를 비교한 것이다. 총 자산은 금융자산, 부동산자산을 모두 포함한 것이며, 자산의 대부분을 차지하는 부동산자산은 시가 기준이다. 세 집단 중 무주택 월세 가구의 경상소득과 총 자산이 가장 적었다. 무주택 가구 중에서 전세 가구는 연령이 가장 낮았으며, 경상소득은 1주택 자가 거주 가구보다 소폭이지만 더 많았다. 무주택 전세 가구 중에는 구매 능력이 있으나 적절한 구매 시기를 기다리고 있는 가구가 있기 때문인 것으로 보인다. 1주택 소유 가구 중에서는 전월세 가구가 자가 거주 가구보다 소득과 자산이 많았다.

표 6-7 | **주택 소유 및 거주 형태별 경상소득 및 자산 규모(단위: 만 원)**

소유주택	무주택		1주택			2주택 이상		
거주 유형	전세	월세	자가	전세	월세	자가	전세	월세
가구 수(천 가구)	610	698	2468	117	43	399	12	10
가구주 연령	47세	52세	59세	54세	53세	57세	52세	56세
경상소득	5,412	3,297	5,199	8,085	7,221	7,185	13,920	4,109
총 자산	22,193	5,334	41,643	109,295	68,069	88,100	242,799	82,063
주택 자산	-	7	28,634	55,996	40,751	67,241	150,500	64,330
임대수입	16	6	222	578	335	609	660	269
월세	-	42	-	-	60	-	-	39

주: 1. 경상소득은 2018년 한 해 동안 가계가 보고한 경상소득임. 사적이전소득이나 복지혜택은 제외(국민연금, 직역연금은 포함). 경상소득이 없는 가구도 포함함.
2. 총 자산은 금융자산과 부동산자산을 합산한 수치임. 부동산자산에는 주택, 토지, 건물 등 부동산과 자동차, 농기계, 골프회원권, 귀금속 등 준부동산도 포함됨. 부동산자산에는 전월세보증금도 포함되며, 준부동산의 금액은 크지 않음. 부동산자산은 시가 기준임.
자료: 12차년도 재정패널 조사

2주택 이상을 소유한 경우 전세가구, 자가 거주 가구, 월세가구 순으로 소득과 자산을 보유하고 있었다. 2주택 이상을 소유하면서 월세로 살고 있는 가구는 영세한 규모로 임대를 주고 있을 가능성이 있다. 이러한 정보는 주택 소유 형태가 동일하더라도 그 집단에 속해 있는 가구들은 거주 형태, 소득 및 자산 소유 상황이 서로 다르다는 것을 알려주고 있다.

가구의 자산상태를 결정하는 중요한 요인 중 하나가 가구주의 연령이라는 점에서 가구주 연령대별로 소득 수준과 자산 보유가 어떠한 특징을 보이는지 살펴보자. 〈표 6-8〉에 따르면 20대의 소득과 자산이 제일 적으며 연령대가 올라갈수록 점점 소득과 자산이 많아지는데, 50대에서 최고 수준을 보이다가 이후 다시 줄어들기 시작한다. 그런데 60대가 되면 소득은 50대에 비해 크게 줄지만 자산은 크게 줄지 않는다. 70대 이상은 50대에 비하면 소득과 자산이 크게 줄지만 20대 및 30대에 비하면 소득은 훨씬 적은 반면 총 자산은 훨씬 많다.

표 6-8 | 가구주 연령대별 소득 및 자산 규모 특성(단위: 만 원, 괄호 안은 유효표본 수)

가구주 연령대	N (%)	경상 소득	총 자산	자가 거주 주택 시가	거주 외 소유주택 시가	전월세 보증금	임대 수입	월세 지출
29세 이하	158 (3.3%)	3,773 (156)	7,942 (157)	19,040 (10)	22,000 (2)	5,794 (119)	7,000 (1)	43 (74)
30~39세	515 (10.8%)	5,855 (512)	25,753 (511)	30,610 (192)	24,080 (41)	11,555 (272)	718 (17)	39 (107)
40~49세	992 (20.8%)	6,849 (992)	38,478 (986)	31,011 (573)	38,338 (139)	13,858 (344)	1,821 (62)	43 (151)
50~59세	1189 (24.5%)	7,172 (1182)	48,407 (1183)	34,327 (758)	45,401 (214)	13,455 (368)	1,860 (121)	66 (187)
60~69세	869 (18.2%)	4,115 (861)	45,069 (861)	29,704 (620)	37,674 (153)	9,503 (185)	1,753 (120)	35 (119)
70세 이상	1042 (21.9%)	1,519 (1030)	31,991 (997)	23,935 (714)	41,383 (83)	5,225 (162)	2,529 (148)	19 (113)
계	4765 (100%)	5,064 (4733)	38,405 (4695)	29,774 (2867)	39,992 (632)	11,142 (1450)	2,008 (469)	43 (751)

주: 〈표 6-7〉과 동일
자료: 12차년도 재정패널 조사

한편 자산 보유 현황을 더욱 자세히 살펴보면 평균 자가 거주 주택 시가와 거주 외 소유주택 시가, 월세지출액도 총 자산과 비슷한 양태를 보였으나 평균 전월세보증금은 40대가 가장 컸고, 평균 임대수입은 70세 이상이 가장 컸다. 마지막으로 각 연령대에서 자가 거주 주택 시가, 거주 외 소유주택 시가, 전월세보증금을 보고한 가구 수를 각 연령대의 전체 가구 수를 분모로 해서 그 비중을 구해보면 〈그림 6-1〉과 같다. 이 중 자가 거주 주택 가구의 비중, 전월세보증금 가구의 비중은 각각 자가 거주 비율, 임대 거주 비율로 해석할 수 있는데, 20대에서 자가 거주 비율이 가장 낮고 임대 거주 비율이 가장 높으며, 연령대가 높아질수록 그 반대가 된다.

연령 이외에 가구의 자산분배 상태를 결정하는 또 다른 중요한 요인이 바로 소득이다. 따라서 경상소득 분위별로 가구의 소득과 자산 보유 특징을 살

그림 6-1 | 가구주 연령대별 자가 거주 및 전월세 거주 비중(단위: %)

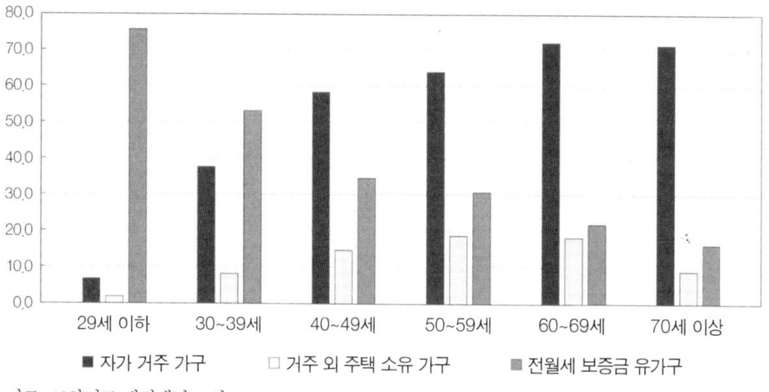

자료: 12차년도 재정패널 조사

펴보자(〈표 6-9〉 참조). 우선 눈에 띄는 특징은 경상소득이 증가함에 따라 총자산도 증가한다는 것이다. 그런데 소득 격차에 비해 자산 격차는 크지 않은 것으로 나타난다. 1분위와 2분위는 소득 규모가 매우 작아서 3분위, 4분위와 크게 차이가 나는데, 자산은 3분위, 4분위와 크게 차이 나지 않는다. 이는 1분위, 2분위에 고령 계층이 많기 때문일 것이다. 분위가 올라갈수록 거주 외 소유주택을 보유하고 있는 비중이 컸으며 전월세보증금, 임대소득 규모도 컸다. 마지막으로 각 분위별 자가 거주 비율과 임대 거주 비율을 구해보면 전 소득 계층에서 비슷한 양상을 보였으나, 5분위의 경우 다른 분위에 비해 자가 거주 비율이 낮았다(〈그림 6-2〉 참조).

소득과 자산은 양(+)의 관계를 보이고 있는 것으로 나타났는데, 어느 정도의 상관관계를 보이는지를 확인하기 위해 소득 수준, 자산 수준에 따라 100개의 소집단을 만들어 각각에 해당하는 가구 수의 비중을 구했다. 그 결과, 소득과 자산이 비슷한 분위에 있는 가구의 비중은 모두 1% 이상이며 고소득-저자산, 저소득-고자산 가구의 비중은 1%보다 대부분 작아서 상관관계가 높

표 6-9 | 균등화 경상소득 10분위별 가구의 특성(단위: 만 원, 괄호 안은 유효표본 수)

소득 분위	경상 소득	총 자산 (시가)	자가 거주 주택 시가	거주 외 소유주택 시가	전월세 보증금	임대 소득	월세 지출
1분위	132 (478)	20,597 (445)	20,215 (278)	40,215 (23)	3,363 (103)	194 (25)	16 (81)
2분위	806 (469)	21,422 (450)	18,067 (293)	30,421 (34)	4,398 (96)	521 (55)	19 (68)
3분위	1,852 (475)	27,883 (465)	23,809 (287)	43,917 (42)	7,007 (142)	887 (46)	29 (102)
4분위	2,965 (474)	24,811 (474)	21,334 (276)	29,744 (45)	7,259 (156)	1,065 (32)	47 (91)
5분위	3,744 (471)	28,190 (469)	27,597 (239)	41,361 (46)	6,726 (193)	1,155 (42)	88 (111)
6분위	4,681 (473)	31,492 (469)	26,920 (278)	26,012 (60)	9,633 (162)	1,101 (33)	39 (81)
7분위	5,743 (474)	35,352 (474)	30,284 (282)	30,771 (68)	9,314 (157)	1,421 (44)	39 (73)
8분위	7,013 (473)	47,541 (472)	35,352 (306)	40,742 (73)	13,897 (141)	1,638 (50)	45 (52)
9분위	8,801 (474)	47,905 (474)	36,539 (292)	32,393 (97)	17,336 (157)	1,846 (41)	37 (49)
10분위	14,941 (472)	97,676 (472)	53,152 (323)	59,280 (142)	32,398 (128)	5,233 (101)	78 (32)
계	5064 (4733)	38,492 (4664)	29,751 (2854)	40,051 (630)	11,181 (1435)	2,008 (469)	44 (740)

주: 소득분위는 가계균등화 경상소득(경상소득/가구원 수의 제곱근)을 기준으로 함. 따라서 소득 9분위의 경상소득이 10분위의 경상소득보다 클 수 있음.
자료: 12차년도 재정패널 조사

다는 것을 확인할 수 있었다. 특히 소득 1분위-자산 1분위는 2.9%, 소득 10분위-자산 10분위는 3.3%였으며, 소득 10분위-자산 1분위는 0%, 소득 1분위-자산 10분위는 0.5%였다.

한편 저소득-고자산 가구의 특징을 분석하기 위해 소득 1~3분위, 자산 8~10분위에 해당하는 가구를 살펴보았다. 그 결과, 첫째, 평균연령이 높다는 것을 알 수 있다. 소득 1~2분위의 경우 평균연령이 모두 70세를 넘었다. 한편

그림 6-2 | 가구 소득분위별 자가 거주 및 전월세 거주 비중(단위: %)

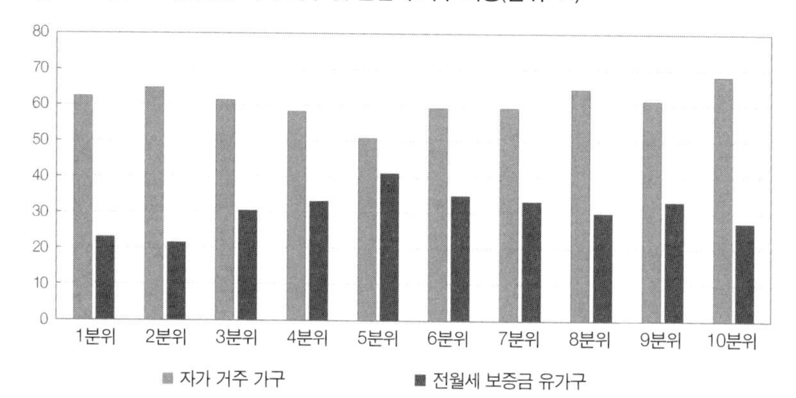

자료: 12차년도 재정패널 조사

표 6-10 | 소득 10분위별 가구 비중 및 자산 10분위별 가구 비중(단위: %)

소득 10분위 \ 자산 10분위	1	2	3	4	5	6	7	8	9	10
1	2.9	1.1	1.4	0.8	0.8	0.7	0.6	0.6	0.7	0.5
2	2.1	1.0	1.3	1.1	0.8	1.0	0.8	0.6	0.6	0.6
3	1.4	1.3	1.1	1.1	1.0	0.8	0.7	1.0	0.8	0.8
4	1.0	1.5	1.3	1.3	1.0	1.0	0.9	0.8	0.5	0.6
5	1.2	1.4	1.1	1.1	1.2	1.0	1.0	0.7	0.7	0.5
6	0.5	1.2	1.3	1.3	1.2	1.1	1.0	0.9	0.9	0.5
7	0.4	1.2	1.0	1.2	1.2	1.2	1.2	1.1	0.7	0.8
8	0.3	0.6	0.7	1.0	1.4	1.4	1.2	1.0	1.4	1.1
9	0.1	0.5	0.7	0.9	0.9	1.3	1.4	1.4	1.8	1.1
10	0.0	0.2	0.2	0.1	0.5	0.7	1.0	1.9	1.9	3.3

주: 전체 4733가구를 대상으로 조사함.
자료: 12차년도 재정패널 조사

소득 3분위의 경우 평균연령은 60대 후반이었다. 저소득-고자산 계층은 흔히 생각하듯이 은퇴한 고령 계층이 많다는 것을 알 수 있다.[4] 둘째, 대부분

4) 노인인구의 소득 및 자산 보유 상태는 다른 집단과 매우 다른 특징을 보일 수 있다. 노인 가

표 6-11 | 저소득-고자산 가구 경상소득, 자산 보유 상태, 세부담 수준(단위: 만 원, 가구 수)

소득 10분위 중 \ 자산 10분위 중			8분위		9분위		10분위	
			N	Mean	N	Mean	N	Mean
1분위	연령		30	75	31	75	25	70
	재산세(A)		30	28	29	62	25	203
	종부세(B)		0	.	0	.	8	108
	보유세(A+B)		30	28	29	62	25	237
	경상소득		30	42	31	131	25	117
	총 자산		30	38,428	31	55,595	25	130,407
	소유 주택 수	무주택	0	0.0%	2	(6.4%)	0	(0.0%)
		1주택	29	(96.7%)	23	(74.2%)	20	(80.0%)
		2주택 이상	1	(3.3%)	6	(19.4%)	5	(20.0%)
2분위	연령		30	72	30	74	29	70
	재산세(A)		30	40	29	74	28	157
	종부세(B)		0	.	1	402	4	104
	보유세(A+B)		30	40	29	88	28	172
	경상소득		30	864	30	957	29	854
	총 자산		30	38,387	30	54,288	29	108,126
	소유 주택 수	무주택	1	(3.3%)	0	(3.3%)	1	(3.5%)
		1주택	23	(76.7%)	21	(70.0%)	20	(69.0%)
		2주택 이상	6	(20.0%)	9	(26.7%)	8	(27.6%)
3분위	연령		39	62	26	62	30	68
	재산세(A)		35	43	24	78	29	144
	종부세(B)		0	.	0	.	3	34
	보유세(A+B)		35	43	24	78	29	148
	경상소득		39	2,813	26	2,966	30	2,712
	총 자산		39	37,843	26	55,516	30	129,698
	소유 주택 수	무주택	4	(10.3%)	3	(11.5%)	2	(6.7%)
		1주택	29	(74.4%)	16	(61.5%)	19	(63.3%)
		2주택 이상	6	(15.4%)	7	(26.9%)	9	(30.0%)

주: 연령은 가구주 연령이고, 경상소득은 자기보고식 2018년 한 해 동안의 경상소득이며, 재산세, 종부세, 보유세는 가구가 보고한 금액이 아니라 2020년 제도를 적용해 추산한 금액임(5절 모의실험 1의 일부).
자료: 12차년도 재정패널 조사

구만을 대상으로 해서 〈표 6-9〉, 〈표 6-10〉과 동일한 내용의 표를 작성해 부록에서 〈표 2〉, 〈표 3〉으로 첨부했다.

주택을 한 채 이상 가지고 있었다. 소득 3분위에서는 무주택자들이 존재했는데, 이들은 주택 이외의 토지나 건물을 가지고 있을 가능성이 있다. 셋째, 소득 1~3분위 가구 중 자산 10분위 가구의 평균 총 자산액을 자산 9분위 가구와 비교하면 자산액이 매우 많다. 이는 부동산자산의 상위계층 집중도가 높다는 것을 보여준다고 할 수 있다. 넷째, 저소득-고자산 가구는 소득과 자산 간 격차가 심해 담세력이 문제가 될 수 있다. 특히 각 소득분위에 있는 고자산 계층에서 이런 문제가 심각해질 수 있다.

5. 보유세 개편에 대한 모의실험 결과

1) 보유세 계산방법 및 모의실험 시나리오

재정패널 조사 자료는 부동산 보유세 고지액 정보를 포함하고 있지만 제공되는 정보는 보유세를 정확히 복제하기에는 다소 부족하다. 공시가격과 시가를 모두 보고하게 되어 있는데 보유세 과표인 공시가격이 누락된 표본이 많으며 주택 종류, 토지 소재지 등의 정보도 누락되어 있다. 이런 점을 감안해 제도 변경으로 인한 보유세 부담을 추정하고 기존 제도하에서의 부담과 비교하는 연구 목표를 달성하기 위해 여기서는 실제 보고된 세부담액이 아니라 동일한 가정과 방법을 토대로 현 제도하에서의 세부담과 제도 변경하에서의 세부담을 추정·비교하고자 한다. 부록의 〈표 1〉에서는 보유세 계산 과정 및 계산 과정에서 사용한 가정을 설명하고 있다.

모의실험은 12차년도 재정패널 조사 자료를 사용해 최근에 발표된 보유세 제도 개편 각각에 대해, 가구당 평균 보유세 규모, 총 세수, 소득계층별 영향이라는 세 가지 측면에서 추정·비교한 것이다. 2020년 제도하에서의 보유세 또한 보고된 고지액이 아니라 이 연구에서 제시한 계산절차를 사용한 결과이기 때문에 이를 모의실험 1이라 칭했다.

- 모의실험 1: 2020년 보유세 제도(공정시장가액비율 90%, 2020년 제도)
- 모의실험 2: 종합부동산세 공정시장가액비율, 2022년도 적용 예정 비율인 100%를 적용
- 모의실험 3: 실험 2 + 2020년 7·10 대책의 종합부동산세 세율 및 공제 개정안
- 모의실험 4: 실험 3 + [공시가격 현실화: 시가의 80~90%]

모의실험 2는 이명박 정부에 의해 도입된 공정시장가액비율을 완전히 폐지하는 경우이다. 정부는 2018년 9·13 대책을 발표하면서 2020년 공정시장가액비율을 90% 적용했고 2021년 95%, 2022년 100%를 적용하기로 했는데, 2022년 100%를 적용하게 되면 이 제도의 효용성은 사라지는 셈이다. 모의실험 3은 모의실험 2에 2020년 8월 18일 국회를 통과한 종합부동산세율 강화안(7·10 대책)을 적용하는 경우를 추가한 것이다. 개편안 중 법인 관련 부분을 제외한 개인 관련 부분의 주요 내용은 종합부동산세율을 인상하는 것이다(〈표 6-12〉 참조). 1세대 1주택자 세액공제 상향은 실거주자 부담 완화라는 명목하에 포함된 것이다. 그 내용은 첫째, 연령공제율 상향, 둘째, 연령공제와 보유기간 공제의 중복적용한도 상향이다. 중복적용한도는 원래 70%였는데 80%로 상향되었다. 이러한 새로운 종합부동산세율은 2021년 6월 1일 적용될 예정이었다.

모의실험 4는 공시가격을 현재 수준에서 시가의 80~90%로 상향했을 때의

표 6-12 | 2017~2020년 주요 부동산 대책의 주택분 종합부동산세율

과세표준	2주택 이하			3주택 이상 및 조정대상지역 2주택			
	2017	2018. 9.13	2019. 12.16	2017	2018. 9.13	2019. 12.16	2020. 7.10
3억 원 이하	0.5%	0.5%	0.6%	0.5%	0.6%	0.8%	1.2%
3억~6억 원	0.5%	0.7%	0.8%	0.5%	0.9%	1.2%	1.6%
6억~12억 원	0.75%	1.0%	1.2%	0.75%	1.3%	1.6%	2.2%
12억~50억 원	1.0%	1.4%	1.6%	1.0%	1.8 %	2.0%	3.6%
50억~94억 원	1.5%	2.0%	2.2%	1.5%	2.5%	3.0%	5.0%
94억 원 초과	2.0%	2.7%	3%	2.0%	3.2%	4.0%	6.0%

보유세액을 추정한 것이다. 공정시장가액비율 폐지와 종합부동산세율 인상에 더해 공시가격 현실화까지 더해지므로 보유세 부담은 매우 커질 것이다. 모의실험 2와 모의실험 3은 종합부동산세에만 선별적으로 영향을 미치는 데 반해 모의실험 4는 시가표준액의 현실화율을 현재보다 높이는 것이기 때문에 재산세와 종합부동산세 모두에 영향을 미친다.

2) 전체 보유세 부담 가구의 평균 세부담과 총 세수에 대한 모의실험 결과

우선 2020년 제도하에서의 보유세 세수 규모와 특징을 살펴보도록 하자(〈표 6-13〉의 모의실험 1). 보유세 대상 가구는 총 3161가구로, 전체 가구 4765가구 중 65%에 해당한다. 주택분 보유세 대상 가구는 3097가구(전체 가구의 65%), 토지분 보유세 대상 가구는 593가구(전체 가구의 12.4%), 건물분 보유세 대상 가구는 159가구(전체 가구의 3.3%)이다. 보유세 대상 가구를 대상으로 시가(시가표준액)를 살펴보면, 주택분 시가는 평균 3억 5532만 원(평균 2억 3166만 원), 토지분 시가는 평균 2억 2916만 원(평균 1억 4895만 원), 건물분 시가는 평

표 6-13 | 제도 개편내용 모의실험(모의실험 1, 2, 3)(단위: 만 원)

구분		세액계산 절차	실험 1: 현 제도 적용			실험 2: 종합부동산세 공정시장가액비율 100% 적용			실험 3: 실험2+2020년 8월 종합부동산세 개정안 적용		
			주택분	토지분	건물분	주택분	토지분	건물분	주택분	토지분	건물분
공통		시가	35,532	22,916	63,363	좌동			좌동		
		시가표준액	23,166	14,895	38,778						
		대상 가구 수(가구)	3,097	593	159						
			3,161								
		대상 가구 비율(%)	0.650	0.124	0.033						
재산세		과세표준	13,900	10,426	27,144	좌동			좌동		
		산출세액	45	53	67						
종합부동산세		과세표준	28,280	29,430		31,422	32,700		31,422	32,700	
		대상 가구 수(가구)	88	39		88	39		88	39	
		대상 가구 비율(%)	0.018	0.008		0.018	0.008		0.018	0.008	
		종합부동산세액	347	396		383	515		450	515	
		공제할 재산세	68	103		75	114		75	114	
		산출세액	279	293		307	400		375	400	
	1주택자 세액 공제	연령공제액(A)	126			134			228		
		가구 수(가구)	18			18			18		
		보유기간 공제액(B)	135			145			175		
		가구 수(가구)	30			30			30		
		중복적용 공제액(C)	888			950			1,303		
		가구 수(가구)	16			16			16		
		적용할 세액 공제 [Max(A, B, C)]	189			203			282		
		가구 수(가구)	32			32			32		
		결정세액	209	293		234	400		273	400	
가구 평균 보유세			51	73	68	52	79	68	53	79	68
총 세수		재산세	181,447			181,447			181,447		
		증감률(%)	Base			0.0			0.0		
		종합부동산세	29,819			36,192			39,624		
		증감률(%)	Base			21.4			32.9		
		보유세	211,266			217,639			221,071		
		증감률(%)	Base			3.0			4.6		
주택분 총세수		재산세	139,365			139,365			139,365		
		증감률(%)	Base			0.0			0.0		
		종합부동산세	18,392			20,592			24,024		
		증감률(%)	Base			12.0			30.6		
		보유세	157,757			159,957			163,389		
		증감률(%)	Base			1.4			3.6		

주: 1. 전체 4765가구를 대상으로 조사함.
2. 시가표준액 증가액과 산출세액 증가액, 세수 증가율은 실험 1을 기준으로 함.
3. 총 세수는 평균세액에 해당 가구 수를 곱해 계산한 값임.

균 6억 3363만 원(평균 3억 8778만 원)으로 확인된다.

재산세 산출 결과를 살펴보면 최종 산출세액은 주택분 평균 45만 원, 토지분 평균 53만 원, 건물분 평균 67만 원으로 계산되었다. 이를 12차년도 재정패널 조사 자료에서 조사된 가구 재산세 고지액 주택분 평균 39만 원, 토지분 평균 203만 원, 건물분 평균 468만 원과 비교해 보면, 주택분 재산세는 고지액과 비슷하지만 토지분과 건물분은 실험 결과의 산출액이 고지액보다 매우 낮게 계산된 것을 알 수 있다. 이는 재정패널 조사 자료의 토지분 및 건물분의 재산세액 고지액이 상위 몇몇 가구에서 매우 큰 금액으로 보고된 데 기인한 것으로 보인다. 토지분 재산세 고지액을 응답한 616가구 중 고지액이 1500만 원을 초과한 6가구를 제외하면 토지분 재산세 고지액은 평균 16만 원, 건물분 재산세 고지액을 응답한 162가구 중 고지액이 1500만 원을 초과한 5가구를 제외하면 건물분 재산세 고지액은 평균 72만 원으로, 실험 결과 산출액과의 차이가 크게 줄어든다.

종합부동산세 산출 결과를 살펴보면 대상 가구 수는 주택분 88가구(전체 가구 수의 1.8%), 토지분 39가구(전체 가구 수의 0.8%)로 총 123가구(전체 가구 수의 2.6%)이며, 산출세액은 주택분 평균 279만 원, 토지분 평균 293만 원이었다. 한편 1세대 1주택자의 연령 및 보유기간 공제액을 제외한 주택분 종합부동산세 결정세액은 평균 222만 원으로 결정되었다. 그런데 이 123가구가 모집단을 대표할 수 있을까? 이를 확인하기 위해 「국세통계」의 관련 통계와 비교해 보자. 이 실험 자료와 같은 연도인 2018년 개인단위 종합부동산세 결정 인구는 43만 6186명(「국세통계」, 2019)이며, 2018년 우리나라 20세 이상 인구는 4048만 명(통계청)으로, 종합부동산세 결정인원 비율은 1.1%로 확인된다. 2018년 우리나라 평균 가구원 수는 2.4명이므로 20세 이상 인구 4048만 명은 가구 수로는 약 1687만 가구이다. 만일 「국세통계」에서의 종합부동산세 결정 인구가 세부담 가구 수와 동일하다고 가정하면 종합부동산세를 내는 가구 수는 전체 가구의 약 2.59%가 된다. 본 모의실험대상인 123가구는 전체의 2.6%라는 점에서 이 123가구는 사례 수는 적지만 모집단을 대표하는 데에는 큰 무리가 없을 것으로 판단된다.

이상의 재산세와 종합부동산세를 합산해 보유세를 계산하면 2020년 제도하에서 3161가구의 평균 보유세액은 68만 원이다. 이 중 주택분 보유세는 평균 51만 원(대상 가구 3097가구), 토지분 보유세는 평균 73만 원(대상 가구 593가구), 건물분 보유세는 평균 68만 원(대상 가구 159가구)으로 계산되었다. 주택, 토지, 건물의 시가와 비교해 보면 보유세 실효세율이 매우 낮다는 것을 알 수 있다.

이제 2020년 제도보다 강화된 보유세 개편안에 대한 모의실험을 실시해 보자. 종합부동산세 공정시장가액비율 100%를 적용한 실험 2의 경우 재산세는 변화가 없으므로 종합부동산세 추정액만 살펴보면 된다.

그런데 주택분을 보면 공정시장가액비율 증가율은 11.1%인데 주택분 종합부동산세는 12.0% 증가하는 등 공정시장가액비율 증가율과 세액 증가율이 거의 비슷한 반면, 토지분 결정세액은 35.6%로서 공정시장가액비율 증가율보다 훨씬 크게 증가하는 것을 알 수 있다. 이는 토지분의 과세표준 변화는 세율구간 상승까지 야기하는 것으로 해석할 수 있다. 가구당 부동산자산 전체의 총 세액이나 가구당 주택 자산 전체의 총 세액은 그리 크게 늘지 않았다.

종합부동산세 공정시장가액비율 100%와 종합부동산세 개정안을 반영한 실험 3을 실험 2의 결과와 비교해 보자. 개정안은 종합부동산세 가운데 주택분 세제만 개정되는 것이므로 주택분 추정분만 바뀐다. 실험 결과, 주택분 종합부동산세 결정세액은 실험 2의 평균 234만 원에서 평균 273만 원으로 16.7% 증가했다. 세율 인상 효과만을 반영한 산출세액은 22.1% 증가했으나 최종 결정세액이 16.7% 증가에 그친 것은 1세대 1주택자 세액공제도 증가해 세율 인상 효과를 적지 않게 상쇄했기 때문이다. 모의실험 3에서도 가구당 부동산자산 전체의 총 세액이나 가구당 주택 자산 전체의 총 세액은 그리 크게 늘지 않았다.

이제 시가표준액을 시가에 가깝게 올리는 공시가격 현실화율 모의실험 결과를 살펴보자(〈표 6-14〉 참조). 시가표준액의 증가는 재산세에도 영향을 미치기 때문에 전 가구의 보유세를 적지 않게 변화시킬 수 있다. 주택의 경우 재산세 산출세액이 공시가격 현실화 80%, 90%일 때 모형 3에 비해 각각 평균 15만 원, 25만 원 증가하는 것으로 계산되었다. 토지는 주택과 비슷한 규모의 변화를 보였는데 건물은 22만 원, 33만 원으로 다소 크게 증가하는 것으로 나타났다.

현실화율 80%, 90% 모두 평균 재산세액 규모 자체는 그다지 크게 증가하지 않았지만, 원래의 재산세액이 작았기 때문에 증가율 자체는 크다. 종합부동산세의 경우 대상 가구 수 자체가 증가하고 납부세액도 크게 증가한다는 점이 중요하다. 예를 들어 공시가격 현실화 90%인 경우 종합부동산세 납부 대상 가구 수는 주택 49%, 토지 33%만큼 증가하고, 그 세액은 주택 428만 원, 토지 287만 원이 증가한다. 보유세가 의미 있는 수준으로 증가하기 위해서는 공시가격 현실화가 필수라는 사실을 알 수 있다.

3) 소득 계층별 영향에 대한 모의실험 결과

이제 보유세 개편안들이 소득분위별로 어떤 영향을 미치는지 살펴보자. 보유세 실효세율(=보유세액/시가)과 담세율(=보유세액/가처분소득)로 나누어서 살펴볼 것이다. 〈표 6-15〉는 보유세 대상 가구의 가구 수, 부동산자산액(시가 기준), 가처분소득을 보여주고 있다. 이는 보유세 실효세율과 담세율을 구하기

표 6-14 | 제도 개편내용 모의실험(모의실험 4)(단위: 만 원)

구분		세액계산절차	실험 4A: 실험3+공시가격 현실화율 80%			실험 4B: 실험3+공시가격 현실화율 90%		
			주택분	토지분	건물분	주택분	토지분	건물분
공통		시가	35,532	22,916	63,363	35,532	22,916	63,363
		시가표준액	28,425	18,333	50,690	31,979	20,624	57,027
		시가표준액 증가액	5,259	3,438	11,912	8,813	5,729	18,249
		대상 가구 수(가구)	실험 3과 동일			좌동		
재산세		과세표준	17,055	12,833	35,483	19,187	14,437	39,918
		과세표준 증가액	3,155	2,407	8,339	5,287	4,011	12,774
		산출세액	60	70	89	70	78	100
		산출세액 증가액	15	17	22	25	25	33
종합부동산세		과세표준	50,629	44,817		58,317	50,592	
		대상 가구 수(가구)	108	46		131	52	
		가구 수 증감률(%)	22.7%	17.9%		48.9%	33.3%	
		대상 가구 비율(%)	0.023	0.010		0.027	0.011	
		종합부동산세액	781	708		950	757	
		공제할 재산세액	121	156		139	177	
		가구당 산출세액	659	551		810	580	
	1주택자 세액 공제	연령공제액(A)	259			270		
		가구 수(가구)	25			32		
		보유기간 공제액(B)	285			302		
		가구 수(가구)	37			48		
		중복적용 공제액(C)	1725			1736		
		가구 수(가구)	21			28		
		적용할 세액 공제 [Max(A, B, C)]	402			435		
		가구 수(가구)	41			52		
		가구당 결정세액	507	551		637	580	
		증가액	298	258		428	287	
가구 평균 보유세			77	112	88	97	128	99
총세수		재산세	241,481			278,944		
		증감률(%)	33.1			53.7		
		종합부동산세	54,756			113,607		
		증감률(%)	38.2			107.5		
		보유세	296,237			392,551		
		증감률(%)	34.0			32.5		
주택분 총세수		재산세	185,820			216,790		
		증감률(%)	33.3			55.6		
		종합부동산세	54,756			83,447		
		증감률(%)	127.9			247.3		
		보유세	240,576			300,237		
		증감률(%)	47.2			83.8		

주: 1. 전체 4765가구를 대상으로 조사함.
2. 실험명에 제시된 80%, 90%는 시가표준액이 시가의 80%, 90%임을 의미함.
3. 시가표준액 증가액과 산출세액 증가액, 세수 증가율은 실험 3을 기준으로 함.

표 6-15 | 보유세 대상 가구의 기본 정보(단위: 만 원)

분위	전체 가구 수 (가구)	보유세 대상 가구		
		가구 수(가구)	부동산(A)	가처분소득(Y)
1	478	289	26,466	147
2	469	309	25,584	820
3	475	305	35,072	1,858
4	474	301	30,698	3,052
5	471	261	39,741	3,986
6	473	307	38,989	4,834
7	474	318	43,212	5,937
8	473	336	53,903	7,242
9	474	337	52,406	9,215
10	472	384	99,554	15,621
전체	4,733	3,147	46,258	5,634

주: 가처분소득은 경상소득에서 소득세 및 사회보험료를 제외한 값임.

위해 필요한 정보이다.

〈표 6-16〉은 모의실험의 결과를 보여준다. 모의실험 1보다는 모의실험 2, 모의실험 3의 담세율이 조금 더 크기는 하지만 세 개의 실험은 거의 큰 차이 없이 비슷한 결과를 보여준다. 실효세율은 세 실험 모두에서 1분위 0.08%부터 시작해서 10분위 0.12%로 완만하게 증가하는 모습을 보이는데, 주택분 재산세 명목세율이 0.1~0.4%인 것을 고려하면 전체적으로 매우 낮은 수준이다. 주택분 재산세 명목세율은 최저구간 세율에 가까운데, 이는 2018년 기준 시가표준액이 시가에 비해 크게 낮고 다수의 주택이 가장 낮은 재산세 구간에 속해 있으며 종부세 대상자가 전체에서 차지하는 비중이 작기 때문인 것으로 보인다. 공정시장가액비율을 100%로 올리고 종부세 세율을 추가적으로 더 강화하는 경우 종합부동산세 납부액이 소폭 증가하긴 하지만 부동산자산액에 비해 증가액이 미미하기 때문에 실효세율에서의 변화는 거의 없다.

표 6-16 | 모의실험에 따른 실효세율 및 담세율(보유세 대상 가구)

모의실험 1: 현 제도 적용

10분위 수	보유세(재산세 + 종부세)				실효세율 (T/A×100)	담세율 (T/Y×100)	비고
	세액(T)	재산세	종부세(N)				
1	35	32	108	(8)	0.08	12.53	9.69
2	35	32	164	(5)	0.09	4.02	3.19
3	52	46	192	(10)	0.09	3.05	2.02
4	35	35	34	(3)	0.08	1.21	1.11
5	56	47	381	(6)	0.09	1.52	0.98
6	52	46	284	(7)	0.09	1.17	0.79
7	53	51	75	(10)	0.09	0.96	0.74
8	77	71	145	(14)	0.10	1.17	0.82
9	71	63	176	(16)	0.10	0.80	0.56
10	175	132	371	(44)	0.12	1.12	0.64
전체	67	58	243	(123)	0.09	2.21	1.65

모의실험 2: 종부세 공정시장가액비율 100% 적용

10분위 수	보유세(재산세 + 종부세)				실효세율 (T/A×100)	담세율 (T/Y×100)	비고
	세액(T)	재산세	종부세(N)				
1	36	32	118	(8)	0.08	12.65	9.69
2	36	32	254	(5)	0.09	4.19	3.19
3	52	46	206	(10)	0.09	3.07	2.02
4	35	35	38	(3)	0.08	1.21	1.11
5	58	47	476	(6)	0.09	1.58	0.98
6	53	46	311	(7)	0.09	1.19	0.79
7	54	51	84	(10)	0.09	0.97	0.74
8	77	71	159	(14)	0.10	1.18	0.82
9	72	63	190	(16)	0.10	0.81	0.56
10	186	132	471	(44)	0.12	1.20	0.64
전체	69	58	294	(123)	0.09	2.25	1.65

모의실험 3: 모의실험 2 + 2020년 8월 종부세 개정안 적용

10분위 수	보유세(재산세 + 종부세)				실효세율 (T/A×100)	담세율 (T/Y×100)	비고
	세액(T)	재산세	종부세(N)				
1	36	32	132	(8)	0.08	12.65	9.69
2	37	32	305	(5)	0.09	4.28	3.19
3	53	46	212	(10)	0.09	3.08	2.02
4	35	35	38	(3)	0.08	1.21	1.11
5	61	47	583	(6)	0.09	1.65	0.98
6	52	46	287	(7)	0.09	1.17	0.79
7	54	51	85	(10)	0.09	0.97	0.74
8	78	71	173	(14)	0.10	1.19	0.82
9	72	63	199	(16)	0.10	0.82	0.56
10	192	132	519	(44)	0.12	1.23	0.64
전체	70	58	322	(123)	0.09	2.27	1.65

모의실험 4: 모의실험 3 + 시가표준액 현실화(90% 적용)

10분위 수	보유세(재산세 + 종부세)				실효세율 (T/A×100)	담세율 (T/Y×100)	비고
	세액(T)	재산세	종부세(N)				
1	65	50	486	(9)	0.13	21.47	16.03
2	63	50	417	(9)	0.15	7.26	4.99
3	92	70	472	(14)	0.15	5.29	3.02
4	58	55	151	(6)	0.14	1.99	1.69
5	116	73	1240	(9)	0.16	3.13	1.47
6	84	72	297	(13)	0.14	1.88	1.12
7	91	81	248	(13)	0.15	1.63	1.15
8	146	105	589	(23)	0.17	2.26	1.11
9	124	98	492	(18)	0.17	1.38	0.86
10	341	192	898	(64)	0.21	2.22	0.87
전체	124	88	639	(178)	0.16	3.91	2.56

주: 1. 보유세는 가구단위 재산세와 종합부동산세를 합산한 값임.
2. (N)은 종부세 대상 가구 수를 의미함.
3. 비고는 재산세만을 납부하는 가구의 담세율을 의미함.

한편 소득이 증가할수록 자산이 커지기 때문에 소득분위가 올라갈수록 실효세율이 상승하지만, 소득 증가 속도보다 자산 증가 속도가 느리기 때문에 실효세율은 느리게 상승한다. 한편 담세율의 경우 1분위는 가처분소득 대비 12%대 중반, 2분위는 4%대 초반, 3분위는 3%대 초반을 보이고 있으며, 4분위부터는 1%대로 낮아진다. 부동산자산액이 가처분소득에 비해 매우 높기 때문에 실효세율은 낮지만 담세율은 높은 현상이 발생한 것이다. 재산세 대상 가구만 보유세 담세율을 따로 추산해 보면 종부세 대상자를 포함할 때보다 낮아지지만 1분위는 9.69%로 여전히 낮지 않다. 1분위 보유세 담세율은 1분위에 속하는 저자산, 고자산 계층을 다 포괄해서 추산되므로 고자산 계층만의 평균 담세율은 이보다 꽤 높을 것이다.

한편 모의실험 4, 그중에서도 공시가격 현실화율 90%인 경우의 결과를 살펴보자. 시가표준액을 현실화하면 종합부동산세뿐 아니라 재산세도 영향을 받아 부동산을 소유한 가구는 모두 보유세가 인상되는 결과를 맞는다. 이 모의실험에서 평균 실효세율은 0.16%, 평균 담세율은 3.91% 등 둘 다 모의실험 3의 약 1.7배 수준으로 증가하는 것을 알 수 있다. 현실화율이 90% 정도 되어야 전체 가구 평균 담세율이 의미 있는 수준으로 증가하지만 4분위 이상에서는 크게 부담스러운 수준이라고 하기 어렵다. 재산세만 납부하는 가구의 담세율을 따로 구해보면 전체 가구 평균이 2.56%이며 4분위 이상은 이보다 크게 낮다. 그러나 이는 뒤집어 말하면 저소득 가구의 담세율이 낮지 않다는 것을 의미한다.

6. 결론

부동산 가격 급등에 대해 문재인 정부는 집권 초반에는 투기가 심각한 지역을 투기지역으로 지정하고 규제를 강화하는 선별규제를 시행하는 방식으로 대응하다가 이러한 규제방식이 풍선효과를 야기할 뿐 시장 전체를 안정화시키지 못한다는 인식이 팽배해지자 시간이 흐름에 따라 전면적 규제로 전환해 왔다. 물론 여전히 투기지역을 지정해 대출규제, 거래규제를 강력하게 시행하고 있지만 2020년 7월에는 투기지역과 상관없이 법인, 다주택자, 단기투자자에 대해 부동산 세부담을 강화함으로써 이들의 주택 투기를 억제하는 전면적인 대응책을 채택했다. 이러한 개편안들은 원래 계획대로라면 2021년부터는 실행되었어야 할 제도이다.

이 글은 문재인 정부가 2021년 6월부터 적용하기로 했던 종합부동산세 강화와 공시가격 현실화 정책이 가계의 부동산 실효세율을 어떻게 변화시킬 것인지, 담세율에는 어떠한 영향을 미칠 것인지에 대해 추정했다. 우선 이러한 정책이 시행되기 전 2020년 제도하에서의 실효세율과 담세율을 추정해 보면 보유세 대상 가구 전체의 평균 실효세율(보유세액/부동산 가액)은 0.09%로, 재산세 중 가장 낮은 구간의 세율인 0.1%에 가깝다는 것을 알 수 있다. 이는 현재 공시가격이 시세에 한참 못 미치기 때문에 벌어지는 현상이다. 담세율(보유세액/가처분소득)을 보면 전체 평균은 2.21%로, 크게 부담스럽지 않은 수준이다. 재산세만의 담세율을 보면 전체 평균은 1.65%이다.

한편 문재인 정부가 2021년부터 실행하기로 한 제도들이 실제로 실행되었다면 어떠한 효과가 있었을까? 종합부동산세의 공정시장가액비율을 올리는 것, 즉 최종적으로 100%를 적용함으로써 이 제도를 폐지하는 것과 2020년 7·10 대책으로 제시했던 종합부동산세 세율을 인상하는 것 자체는 보유세 실효세율과 담세율을 크게 변화시키지 않는 것으로 나타났다. 그에 비해 공시가격을 현실화하는 것은 실효세율과 담세율에 적지 않은 영향을 주는 것으로 나타났다. 공시가격을 90%로 현실화하면 실효세율과 담세율이 전체적으로 1.7배 정도 오른다. 그러나 현재의 보유세 실효세율과 담세율이 매우 낮은 수준이기 때문에 공시가격을 90%로 현실화한다고 해서 가계의 부담이 크게 높아지는 것은 아니다. 그리고 공시가격 현실화는 향후 천천히 진행될 것이므로 가계는 서서히 이에 대해 적응해 나갈 수 있을 것이다.

그러나 이러한 보유세 강화 정책에 대한 저항이 적지 않다. 부동산가격이 오르더라도 이는 미실현소득에 불과한데 더 많은 세금을 내는 것이 부당하다는 주장이 존재한다. 그러나 이러한 저항에 부딪혀 오랫동안 공시가격이 시가보다 낮게 유지되다 보니 보유 부담이 낮아져 투기를 자극하는 부정적인 결과를 야기해 왔다. 실제로 최승문(2018)이 보고하듯이 우리나라의 보유세 실효세율(민간 부동산자산 총액 대비 보유세액의 비율)은 2015년 기준 0.16%로, OECD 주요국의 0.33%에 비하면 매우 낮은 수준이다. 따라서 고가가 아닌 실거주 1세대 1주택 가구에 대해 보유세 부담을 약하게 부과하는 것은 수용할 만하지만, 그 외 고가주택과 다주택에 대해서는 보유세 부담을 어느 정도 강하게 부과함으로써 한정된 부동산 자원을 효율적으로 사용하고 부동산 시장을 투기로부터 보호해야 한다. 보유세가 약화된 핵심에는 바로 공시가격의 낮은 현실화가 자리 잡고 있다. 이로 인해 부동산자산의 진정한 가치를 제대로 평가하지 못하고 있기 때문에 공시가격을 현실화하는 것은 매우 중요하다.

보유세 강화에 대한 유주택자들의 전체적인 조세저항 외에 소득은 거의 없으면서 부동산자산은 소유하고 있는 고령계층의 저항 또한 만만치 않다. 50대는 소득과 자산이 가장 많은 연령대인 반면, 60대 이상은 50대에 비해 소득은 크게 줄어드는 데 비해 자산은 크게 줄지 않는다. 이는 은퇴 이후에 소득이 줄어드는 상황에 처하더라도 부동산은 계속해서 소유하고자 하는 경향이 강하기 때문이다. 이러한 특징은 소득분위별 소득과 자산 분포에서도 동일하게 나타나 소득 1분위, 2분위는 소득 규모가 매우 작은 데 비해 자산은 상대적으로 적지 않은 편이다. 이와 같이 저소득임에도 고자산인 가구가 많을수록 부동산 보유세 강화정책은 조세저항에 부딪히기 쉽다. 이러한 계층은 보유세 강화정책을 어렵게 해왔다. 따라서 과세이연제도를 도입하고 주택연금제도를 손쉽게 활용할 수 있도록 하는 제도 변화가 필요하다.

정부의 원래 계획대로라면 2021년 6월 1일부터 강화된 종합부동산 세제가 적용되었어야 했다. 그런데 2020년 부동산가격이 급등해 공시가격 현실화율을 올리지 않은 채 시세 증가에 맞추어 공시가격을 조정한 것만으로도 적지 않은 가구의 보유세가 증가하는 상황이 벌어졌다. 부동산가격이 상승했고 그 가격을 반영해 보유세가 증가한 것이기 때문에 실효세율은 오르지 않았을 것이다. 다만 가처분소득에 비해서는 세부담이 오를 수밖에 없는데, 대다수 가구의 경우 현재의 보유세제하에서는 증가한 액수가 그리 크지 않으므로 충분히 부담 가능할 것으로 보인다. 그런데 문재인 정부는 1세대 1주택에 대해서 양도세 비과세 기준을 9억 원에서 12억 원으로 올리고 종부세 부과 기준도 세대 1주택 기준을 9억 원에서 12억 원으로 올리는 정책을 실행했다. 다주택자, 단기투자자, 법인 등에 대해서는 강한 부동산 세제를 유지하되 1세대 1주택에 대해서는 강한 세부담을 적용해서는 안 된다는 논리였다.

그러나 우리나라의 보유세 부담이 다른 OECD 국가들에 비해 매우 낮다는 점을 상기한다면 이러한 정책 변경은 문재인 정부의 부동산 정책에 대한 신뢰를 약화시키고 모처럼 보유세가 부동산을 안정화시키는 역할을 하려는 상황에 찬물을 끼얹는 것이라는 점에서 결코 바람직하지 않다. 저소득 고령 계층에 대해서는 과세이연제도를 도입하고 주택연금을 쉽게 활용할 수 있도록 해

주어야 하지만, 이것을 제외한다면 희소한 부동산 자원에 대해 적정한 보유세를 부담하는 것은 1세대 1주택이더라도 예외가 되어서는 안 된다. 그러한 사회적 약속이 지켜져야만 투기에 휘둘리지 않는 시스템이 부동산 시장에 정착될 것이다.

부록

표 1 | 재산세와 종부세의 세액 추정 방법(가정 포함)

시가	재정패널 조사 자료의 주택, 토지 및 건물 시가(가계 보고 가액)
시가 표준액	- 시가와 공시가격을 동시에 보고하게 되어 있으나 누락이 많음 - 현실화율 주택은 시가의 65.2%, 토지는 시가의 61.2%, 건물은 시가의 65.0%로 가정 - 주택에 적용한 65.2%는 재정패널 조사 자료에서 거주 주택 시가와 공시가격이 동시에 보고된 표본을 가지고 구한 평균값임. 거주 주택 공시가격의 시가 대비 비율은 단독주택 60.2%, 아파트 66.9%, 연립 66.9%로 조사되었으나, 거주 외 주택의 주택유형에 대한 정보는 없는 관계로 주택유형 구분 없이 사용 - 토지와 건물은 최승문·신상화(2018)의 현실화율을 활용
재산세 계산절차 및 가정	- 과세표준 = 시가표준액 × 공정시장가액비율 - 공정시장가액비율: 주택 100분의 60, 토지 및 건축물 100분의 70 - 주택분은 인별로 계산한 후 가구단위로 합산. 누진세율 적용 - 토지는 해당 지방자치단체 관할 구역에 있는 종합합산 과세대상이 되는 토지의 가액을 모두 합한 금액을 과세표준으로 하여 인별 과세해야 하지만 토지 위치를 자료에서 확인할 수 없는 관계로 가구단위 토지를 합산해 과세표준으로 계산. 따라서 계산될 토지분 재산세는 실제 재산세보다 더 클 것임. 누진세율 적용 - 건물분 재산세도 토지분 재산세와 같이 가구단위로 합산해 과세표준을 계산. 단일 세율 적용
종부세 계산절차 및 가정	- 과세표준은 인별로 주택분과 토지분 시가표준액을 합산해 공제금액을 공제한 후 공정시장가액비율을 곱해 산출 - 과세표준 = (시가표준액 - 공제금액) × 공정시장가액비율 - 공제금액은 주택 6억 원(1세대 1주택자 9억 원), 토지분 5억 원. 공정시장가액비율은 2020년 90%로 적용 - 결정세액 = 산출세액 - 재산세액 공제. 공제할 재산세액은 재산세로 부과된 세액 중 종합부동산세 과세표준금액에 부과된 재산세 상당액 - 1세대 1주택자 세액공제는 연령공제와 보유기간 공제 적용. 두 공제를 중복 적용할 수 있으며, 중복공제 한도는 70% - 본 추정에서는 재산세와 마찬가지로 별도합산 토지분은 없는 것으로 함

표 2 | 균등화 경상소득 10분위별 노인 가구의 특성(단위: 만 원, 괄호 안은 유효표본 수)

소득분위	경상소득	총 자산 (시가)	자가 거주 주택 시가	거주 외 소유주택 시가	전월세 보증금	임대소득	월세지출
1분위	127 (450)	18,781 (450)	19,803 (265)	38,330 (21)	3,486 (94)	172 (24)	16 (73)
2분위	772 (400)	21,767 (400)	17,579 (274)	30,736 (33)	4,665 (60)	516 (54)	19 (41)
3분위	1,657 (283)	31,974 (283)	23,100 (212)	43,952 (31)	6,975 (48)	898 (41)	25 (33)
4분위	2,704 (178)	34,478 (178)	22,849 (133)	29,655 (29)	7,237 (30)	1,167 (24)	30 (20)
5분위	3,412 (128)	43,091 (128)	30,197 (94)	39,595 (22)	7,886 (23)	1,377 (28)	53 (13)
6분위	4,300 (123)	46,822 (123)	30,323 (96)	22,417 (24)	11,418 (22)	1,344 (17)	24 (14)
7분위	5,239 (97)	51,429 (97)	32,319 (70)	34,224 (17)	10,090 (21)	1,824 (20)	61 (13)
8분위	6,627 (93)	82,077 (93)	42,767 (67)	66,905 (21)	16,765 (23)	2,279 (22)	28 (10)
9분위	8,364 (74)	65,383 (74)	41,235 (61)	43,365 (20)	16,867 (9)	2,351 (17)	20 (4)
10분위	16,653 (65)	139,026 (65)	70,519 (54)	53,188 (16)	21,125 (8)	14,278 (21)	160 (4)
계	2,701 (1891)	37,078 (1891)	26,547 (1326)	39,128 (234)	7,427 (338)	2,182 (268)	27 (225)

주: 세대주 연령이 60세 이상인 자를 대상으로 조사함.

표 3 | 소득 10분위별 가구 비중 및 자산 10분위별 가구 비중(단위: %, 노인 가구, N=1,892)

소득10분위 \ 자산10분위	1	2	3	4	5	6	7	8	9	10
1	6.7	2.6	3.5	1.9	2.0	1.5	1.3	1.5	1.6	1.2
2	3.8	1.9	2.9	2.4	1.7	2.1	2.0	1.5	1.5	1.4
3	1.4	1.3	1.5	1.3	1.7	1.3	1.3	1.9	1.7	1.6
4	0.5	0.9	0.7	0.6	1.0	1.2	1.1	1.5	0.8	1.2
5	0.4	0.6	0.3	0.7	0.7	0.5	0.8	1.0	0.9	0.9
6	0.2	0.5	0.6	0.6	0.7	0.5	0.5	0.8	1.2	0.8
7	0.4	0.2	0.4	0.3	0.4	0.4	0.7	0.7	0.6	1.0
8	0.1	0.3	0.3	0.4	0.5	0.3	0.5	0.4	0.7	1.4
9	0.0	0.3	0.2	0.2	0.3	0.4	0.3	0.5	0.8	1.1
10	0.0	0.1	0.2	0.0	0.2	0.1	0.4	0.5	0.4	1.6

참고문헌

국토교통부. 2020.「부동산 공시가격 현실화 로드맵 수립방안연구」. 2020.11.

김진영. 2017.「가구의 소득·재산 결합 분초와 소득세-보유세 부담」. 국회예산정책처. ≪예산정책연구≫ 제6권 제1호, 68~95쪽.

두성규. 2018.「국내 부동산시장에 대한 평가와 부동산정책 평가」. 한국감정평가가협회. ≪감정평가≫ 129호, 20~35쪽.

박명호. 2011.『부동산 보유세제의 장기적인 개편방향에 관한 연구: 보유세의 기능을 중심으로』. 연구보고서 11-06. 한국조세연구원.

_____. 2019.「2018년도 주택분 종합부동산세 개편안의 소득재분배 효과에 대한 분석」. 국회예산정책처. ≪예산정책연구≫ 제8권 제1호, 101~121쪽.

박민. 2021.「부동산 보유세제 재설계를 위한 연구」. 인하대학교 법학연구소. ≪법학연구≫ 24(1), 383~409쪽.

박상수·이상훈·김경민·김민정. 2019.『포용성장과 부동산 보유세제 개편: 주택을 중심으로』. 기본과제 2019-03호. 한국지방세연구원

박준·이태리·배유진 외. 2014.『부동산보유세 변화의 경제적 파급효과 분석 연구』. 연구보고서 2014-29. 국토연구원.

박진백. 2018.「보유세와 거래세가 주택가격에 미치는 영향」. 한국재정학회. ≪한국재정정책학회≫ 제20집 제3호, 57~83쪽.

신진욱. 2013.「특집: 한국에서 자산 및 소득의 이중적 불평등 국제 비교 관점에서 본 한국의 불평등 구조의 특성」. 민주사회정책연구원. ≪민주사회와 정책연구≫ 상반기(통권 23호), 41~70쪽.

이창무. 2020.「문재인 정부 부동산정책의 비판적 평가」. 한국행정연구원. ≪한국행정연구≫ 제29권 제4호, 37~75쪽.

임재만. 2021.「부동산정책 전반: 진보적 주택정책의 철학과 원칙」. '진단-대한민국 부동산 정책'. 박광온·홍익표·정태호·홍성국·홍기원 의원실 주최 토론회. 2021.5.6.

장우진·오준석. 2017.「서울시 단독주택의 보유세 과세제도에 대한 수직적 형평성에 관한 연구」. 한국조세연구포럼. ≪조세연구≫ 제17권 제4집, 147~170쪽.

주만수. 2019.「부동산보유세제의 세율 특성 및 형평성: 재산세와 종합부동산세의 연계 분석」. 한국지방재정학회. ≪한국지방재정논집≫ 24(2), 1~37쪽.

최승문. 2018.「부동산 보유세 현황과 쟁점」. 한국조세재정연구원. ≪재정포럼≫ 6월.

최승문·신상화. 2018.『부동산 보유세의 세부담 및 경제적 효과 분석』. 연구보고서 18-06. 한국조세재정연구원.

제7장

부동산 공시가격제도의 문제점과 개선 방안*

정준호 | 강원대 부동산학과 교수

1. 서론

문재인 정부 집권 이후 수도권을 중심으로 아파트 가격이 급등하면서 수많은 대책이 제시되었지만, 그 실효성은 크지 않았다. 또한 코로나19 사태 와중에서도 아파트 가격은 안정화되지 않고 도리어 서울에서 수도권으로 급등세가 확산했다. 문재인 정부는 집권 초기에 다주택자의 수요를 억제함으로써 가격을 안정시키기 위해 대출규제, 보유세의 일부 조정, 양도소득세 강화, 임대사업자 활성화 등의 정책 처방을 내놓았다. 이 중에서도 민간 임대사업자를 활성화한 것은 다주택 소유자에게 사실상 다주택 소유에 대한 면죄부를 준 것으로 평가된다. 그러나 부동산가격이 안정되지 않자 정부는 민간 임대사업자에 대한 유인책 일부를 철회했으며, 대출규제를 강화했다. 또한 2020년 7·10 대책을 통해

---

* 이 글은 2020년도 한국조세연구원 재정 전문가 네트워크 사업의 일환으로 수행한 정준호, 「부동산시가 평가체계 문제와 개선방안」(2020) 일부를 수정·보완한 것이다.

취득세, 양도소득세, 종합부동산세 등 전 방위적으로 부동산 과세를 강화했다. 그리고 임차인의 주거권을 강화하기 위해 '주택임대차 3법'도 제정했다.

부동산 세제가 강화되면서 부동산가격 평가에 관한 관심도 높아졌다. 부동산 보유세에 대한 실효세율을 강화하기 위한 방안으로 세율 인상보다 과표의 현실화, 즉 시가 대비 공시가격의 현실화율[1)]을 제고하는 방법이 제기되었다(박상수, 2018). 이러한 흐름에 부합해 정부는 조세 형평성을 제고하기 위해 고가주택의 현실화 제고를 공식적으로 천명하기에 이르렀다(국토교통부, 2020a). 이는 부동산 세제의 기반이 되는 공시가격이 실제 시장가격과 꽤 괴리가 있음을 인정한 것이다. 최근에 정부는 공시가격 현실화 로드맵에서 공시가격을 현실화하기 위해 2023년까지는 주로 고가주택을 중심으로 공시가격 현실화를 추진하고 2030년까지는 부동산 유형과 무관하게 공시가격을 90%로 조정하겠다고 밝힌 바 있다(국토교통부, 2020b). 이와 같은 공시가격의 현실화율 제고는 보유세 전반, 즉 종합부동산세뿐만 아니라 재산세에도 심대한 영향을 미친다. 이는 공시가격 현실화율 제고를 통해 조세 형평성을 높인다는 목표를 설정하더라도 국민이 이를 사실상 증세로 인식할 가능성이 크다는 것을 함의한다.

이 글에서는 이러한 배경을 염두에 두고 현행 공시가격제도의 현황과 문제점을 요약·정리하고 이에 대한 개선 방안을 제시하려 한다. 이를 위해 2절에서는 현행 공시가격제도의 현황과 문제점을 기술하고 토의한다.[2)] 이러한 검토에 기반해 3절에서는 공시가격제도의 개선 방향을 논의한다. 그리고 4절에서는 이 글의 내용을 요약하고 시사점을 도출한다.

---

1) 이 글에서 '시가 대비 공시가격 비율'을 '현실화율', '시세 반영률', '평가율'이라고 지칭할 때에는 모두 같은 의미로 사용한 것이다.

2) 이 글에서 부동산 공시가격제도는 주로 주택, 즉 단독주택과 공동주택에 한정한다. 토지는 본격적으로 다루지 않을 것이다. 이는 이 글의 한계이기도 하다.

2. 부동산가격공시제도의 운영체계 및 문제점

1) 부동산가격공시제도의 운영체계

부동산가격공시제도는 중앙정부(국토교통부)와 지자체(시군구)가 부동산의 '적정가격' 형성을 도모하고 각종 조세 및 부담금의 부과기준 설정 등 여러 행정상의 목적으로 사용하기 위해 부동산의 '적정가격'을 공시하는 제도이다. 현행 '부동산공시법'에 따라 매년 1월 1일 기준으로 전국의 토지 및 주택가격이 공시되고 있다. 부동산 공시가격은 63개에 달하는 조세 및 행정의 각종 정책 분야에 사용되는데, 여기에는 기초노령연금 등의 복지 분야, 각종 부담금 산정 등의 행정 분야, 재산세, 종부세 등의 조세 및 부동산 평가 등이 포함된다(국토교통부, 2020a). 따라서 부동산가격공시제도는 정책 형성과 결정에 매우 중대한 영향을 미친다.

부동산가격공시제도는 부동산 가격의 안정을 도모하고 부동산가격 체계를 일원화함으로써 공적 가격(지가)의 공신력을 높이기 위해 1989년 '지가공시 및 토지 등의 평가에 관한 법률' 제정을 통해 처음 도입되었다. 당시까지만 해도 토지가격공시제도는 부처별 목적에 따라 국토부는 '기준시가', 행정안전부는 '과세시가표준액', 기획재정부는 '감정시가' 등으로 운영되었다. 이처럼 상이한 기준으로 평가한 탓에 행정·재정상 낭비를 초래했을 뿐만 아니라 공적 지가의 공신력도 떨어질 수밖에 없었다. 또한 1980년대 중반 이후에는 3저 호황으로 부동산가격이 급등하고 있었다. 이에 따라 정부는 1989년부터 토지가격을 공시지가로 일원화하는 토지가격공시제도를 시행함으로써 부처별로 다원화된 지가 체계로 인해 하락한 공적 지가의 공신력을 제고하고 지가 안정을 도모했다. 2005년에 동법은 '부동산 가격공시 및 감정평가에 관한 법률'로 전부 개정되면서 주택가격공시제도(표준주택가격, 개별주택가격, 공동주택가격)가 도입되었다. 다시 2016년에 동법은 '부동산가격공시에 관한 법률'(이하 '부동산공시법')로 전부 개정되었으며, 비주거용 부동산가격공시제도가 도입되었다. 그러나 이는 지금까지 시행되지는 않고 있다(감사원, 2020).[3]

'부동산공시법' 제2조에 따르면 토지와 주택 등 부동산 공시가격은 "통상적인 시장에서 정상적인 거래가 이루어질 경우 성립될 가능성이 가장 높다고 인정되는 가격"으로 규정되는 '적정가격'이다. '적정가격'은 시장가치라고 수용된다. 일반인들은 시장가치를 실거래가라고 이해할 수도 있지만, 감정평가에서는 시장가치가 실거래가와 같지 않다.[4]

전국의 모든 부동산을 대상으로 적정가격을 조사 및 평가·산정하는 작업은 막대한 시간과 비용을 수반한다. 이러한 현실적인 제약 때문에 모든 부동산에 대해 전문가가 조사·평가하는 것이 아니라 대표성 있는 표준부동산에 대해 평가·산정하고 이를 토대로 개별부동산 가격을 대량 산정한다. 즉, 이는 인근 부동산과 유사한 조건을 가진 표준지와 표준주택(단독) 등 표준부동산을 선정한 후 이에 대해 적정가격을 평가·산정하고, 이를 기반으로 개별토지와 개별주택 등 개별부동산의 특성을 참작해 적정가격을 산정하는 '표준-개별' 대량 산정방식이다. 하지만 아파트 등 공동주택은 전수조사 방식으로 적정가격을 산정하고 있다(감사원, 2020).

이와 같은 이원적 체계하에서는 해당 지역의 평균 가격수준과 시장 변동을 보여주는 표준부동산이 개별부동산 가격 산정의 중요한 기반이다. 표준부동산을 선정할 때 토지는 해당 지역의 지가수준, 토지 이용, 형상, 면적 등을 참

---

3) 비주거용 부동산 과세기준은 현재 여러 가지이다. 예를 들면, 국세청은 '기준시가'를 사용하고, 행정안전부는 원가법에 의해 산정되는 '시가표준액'을 사용한다.

4) 이에 대해서는 3절에서 자세히 다룰 것이다.

조하고, 단독주택은 용도지역, 건물구조 등을 고려한다. 2020년 기준으로 표준지는 전국 3353만 필지 중 50만 필지를 선정한 후 조사·산정하고, 표준주택은 전국 단독주택 418만 호 중 22만 호를 선정해 조사·산정하고 있다. 감정평가업자가 정부(국토교통부)로부터 의뢰를 받아 표준지의 적정가격을 조사·평가하지만, 표준주택에 대한 조사·산정은 한국부동산원이 수행한다(국토교통부, 2020a).

전술한 바대로, 공동주택을 제외한 토지와 단독주택은 표준부동산을 선정하고 이를 바탕으로 개별부동산의 가격을 매긴다. 개별토지와 개별주택(단독)의 공시가격은 각각 감정평가업자와 한국부동산원이 조사·평가한 표준지(비교표준지와 비교표준주택)의 가격을 토대로 대량 산정한다. 개별부동산의 가격은 개별토지와 주택 특성 항목[5]에 따른 비준표를 작성하고 이를 토대로 표준부동산 가격에 일정한 가격 배율을 곱해 대량산정하는 비교방식으로 결정되며, 이를 시군구 지자체가 공시한다(〈표 7-1〉 참조). 요약하면, 표준부동산을 토대로 개별부동산의 가격형성 요인에 관한 표준비교표[6]를 만듦으로써 대량 산정하는 방식이다. 구체적으로는 대상 부동산 특성 조사 → 비교표준부동산 선정 → 개별부동산 특성 비교와 가격 배율 결정 → 개별부동산 가격 산정 등의 절차를 통해 개별부동산의 가격이 결정되는 것이다.

반면에 공동주택은 표준부동산 개념을 상정하지 않고 한국부동산원이 층별·호별 효용비 등의 기준을 적용해 공시가격을 산정한다. '부동산공시법'에

---

5) 개별공시지가의 토지 특성 항목은 18개이다. 개별주택가격의 주택 특성 항목은 토지 특성과 건물 특성 두 가지로 구분되어 있는데, 전자는 11개 항목, 후자는 10개 항목으로 구성되어 있다. 자세한 사항은 감사원(2020: 9)의 〈표 6〉을 참조.

6) 표준주택(단독)의 공시가격은 건물과 토지를 통합해 산정된다. 하지만 개별주택 공시가격은 행정상의 편의를 위해 건물과 토지를 분리해 비준표를 작성하고 이를 적용해 합산한다.

표 7-1 | 부동산 공시가격제도 운영체계

구분	표준지	개별지	표준주택(단독)	개별주택(단독)	공동주택
조사 대상	50만 필지	3353만 필지	22만 호	418만 호	1383만 호
공시 주체	국토부 장관 (감정평가업자 조사·평가)	시군구청장 (시군구공무원 산정 후 결정)	국토부 장관 (한국부동산원 조사·산정)	시군구청장 (시군구공무원 산정 후 결정)	국토부 장관 (한국부동산원 산정 후 결정)
조사 담당자	감정평가업자	시군구공무원	한국부동산원	시군구공무원	한국부동산원
검증	-	감정평가업자	-	한국부동산원	-

주: 조사 대상은 2020년 1월 1일자 공시가격 기준임.
자료: 국토교통부(2020a)를 토대로 필자 재구성

는 이러한 산정과정에서 외부의 검증을 받는 절차가 명시되어 있지 않다. 공동주택의 공시가격 검증은 한국부동산원의 조사자 간, 지사 내 및 지사 간 상호 비교검토를 통해 자체적으로 이루어진다(감사원, 2020: 15).

공시가격 운영주체별 업무를 살펴보면(〈표 7-1〉 참조), 국토부는 업무 총괄을 수행하면서 표준부동산 가격을 공시하고 공동주택 가격 결정에 대해 공시한다. 광역지자체는 별다른 역할을 하지 않으며 시군구는 개별부동산 가격 결정을 공시한다. 한편 토지와 주택의 공시가격 조사·평가·산정체계가 상이하다. 감정평가법인은 표준지공시지가를 조사·평가하며 개별토지가격에 대한 검증 업무를 수행한다. 반면에 한국부동산원은 주택(단독과 공동)의 공시가격을 조사·산정한다.

토지와 주택(단독과 공동)의 공시가격을 조사·산정하는 데에는 인력과 예산 등 상당한 자원이 소요된다. 정부 예산 측면에서 보면 2020년 지가조사를 위한 예산은 949.6억 원이고, 단독주택가격의 조사·산정을 위한 예산은 339.8억 원이며, 공동주택가격의 조사·산정을 위한 예산은 194.7억 원이었다. 2020년 공시가격제도의 운영과 관련해 총 1484.1억 원이 소요된 셈이다. 따라서 적지 않은 예산이 투입되고 있다(국토교통부, 2020a).

2) 부동산가격공시제도의 문제점

부동산가격공시제도가 다원화되어 있던 부동산 과표 산정을 일원화함으로써 행정의 효율성 및 과표 산정의 정확성을 제고하고 부동산 공시가격에 대한 신뢰성을 높였다는 것은 어느 정도 사실이다(감사원, 2020: 19). 하지만 이와 대비되는 비판도 존재한다. 부동산 가치평가는 평가 목적에 따라 가치의 다원성을 추구해야 하는데 과세 목적의 감정평가인 공시가격이 금융, 국토 개발 등 다양한 영역에서 감정평가의 기준이 됨에 따라 감정평가의 영역이 협소화되어 다양한 감정평가 수요가 늘지 않는다는 것이다(임재만·이재우·정수연, 2015). 최근 부동산가격이 급등하면서 부동산 시세 대비 공시가격 비율, 즉 현실화율 또는 시세 반영률이 과세 형평성 차원에서 주요 이슈로 부각되고 있다.[7] 이는 또한 공시가격의 오류 또는 부정확성 문제도 겨냥하고 있다.

이 글에서는 부동산공시제도의 문제점을 조세 형평성의 차원에서 살펴보고자 한다. 이를 위해 주로 시장가치와 괴리된 공시가격, 즉 공시가격의 오류 또는 부정확성, 낮은 현실화율과 그에 따른 과세 불형평성이라는 두 가지 측면에서 정리하고 이를 토대로 논의를 전개하고자 한다. 최근에 제기되는 가장 큰 문제는 공시가격과 시장가격인 실거래가 간 괴리가 지역별, 용도별, 가격대별로 일관성 없이 크다는 것이다. 그리고 이것은 공시가격의 오류 또는 부정확성 문제와 연결되어 있다.

---

7) 국토부의 공식 발간자료인 『2020년도 부동산 가격공시에 관한 연차 보고서』를 보면 현실화율에 대한 통계 및 제고 방안이 나와 있다. 그 이전에는 이러한 통계와 개선 방안이 사실상 공식적으로 제시된 적이 없었다.

(1) 이원적인 공시가격체계에 내재한 공시가격의 오류 또는 부정확성

공시가격에 오류가 있거나 공시가격이 부정확하면 공시가격과 시장가치 간 괴리가 발생할 수 있다. 공시가격 오류에 영향을 주는 요인들은 복합적인데, 특히 공동주택을 제외한 토지와 주택(단독)에 대해 표준-비준표-개별 방식으로 이원적으로 공시제도를 운영하는 체계와 연관되어 있다. 전술한 바와 같이, 공시가격 제도는 토지와 주택(단독)의 경우 표준부동산을 평가·산정하고 가격 비준표를 작성한 후에 개별부동산의 특성 조사 및 비교표준부동산 선정을 통해 개별부동산 가격을 산정하는 구조이다. 이처럼 이원적으로 공시가격 제도를 운영하면 가격 비준표가 지역 및 시장 상황을 제대로 반영하지 못하거나 부동산 특성 조사 및 비교표준부동산 선정과정에서 오류가 발생할 경우 표준부동산 공시가격과 개별부동산 공시가격 간의 균형이 무너져 공시가격이 시장가치와 괴리될 수 있다. 임재만·이재우·정수연(2015)은 이러한 공시가격 체계를 '오류의 확산 모형'이라고 일컬었다. 표준부동산은 전문가에 의해 대량평가와 유사하게 평가되지만, 개별부동산은 통계학적인 표본개념이 아닌 비준표에 기반해 비전문가인 지자체 공무원이 개별부동산 특성을 조사하고 비교표준부동산을 선정하고 개별가격을 산정하므로 오류가 발생할 가능성이 크다는 것이다. 즉, 표준부동산 평가·산정에서는 오류가 없더라도 비준표와 개별부동산 산정에서는 오류가 확산할 수 있다는 것이다.

감사원(2020)은 이러한 이원적 공시체계에서 오류 또는 가격 부정확성 사례가 발생하는 이유에 대해 부동산의 가격 형성에 큰 영향을 미치는 용도지역을 간과한 채 표준부동산이 선정되며 표준부동산의 수도 적기 때문이라고 지적한다. 토지 특성, 용도지역 등 개별부동산 가격 산정 정보가 지자체 내 다른 부서에서 관리되는 바람에[8] 정보의 상호 연계가 미흡해 개별토지와 주택에 토지 특성과 용도지역이 잘못 적용되고 있다는 것이다.[9] 일부 토지의 경우에는 공시지가 산정 대상에서 제외되어 과거의 공시지가가 적용되는 사례도 있다.[10] 그리고 공시가격 오류를 방지하기 위한 검증과정에서 필수 검증토지가 빠지는 사례도 있다.[11] 이러한 사례들은 개별부동산 가격을 왜곡시킬 뿐만 아니라 개별토지가격이 개별주택가격보다 더 높게 매겨지는 가격 역전 현상을 일으키고 있다.

전술한 바와 같이 개별부동산 가격은 개별부동산의 특성과 비교표준부동산 특성을 비교한 후 가격 비준표상의 특성 차이에 따른 가격 배율을 표준부동산 가격에 곱해 산정한다. 따라서 비준표는 매우 중요하다. 하지만 비준표 모형의 통계적 오류(예: 특성 요인 간 다중공선성, 통계적으로 비유의한 특성 요인, 주요 특성 요인의 누락 등), 지역 여건 및 시장 상황 미반영, 공간적 규모에 따라 상이한 통계 산정 결과, 표준부동산 평가·산정에 대한 성과평가를 토대로 비준표를 작성하는 과정에서 전문가 경험 미반영(박헌수, 2000; 임석회, 2003; 이건학·김감영, 2013; 이창로·박기호, 2014) 등으로 인해 비준표의 정밀성이 높지 않다.

---

8) 개별공시지가 산정업무는 시군구 토지(지적)부서에서 담당하고, 개별주택가격 산정업무는 시군구 세무(세정)부서에서 담당한다. 이처럼 담당 부서가 다르고 정보가 연계되지 않으면 하나의 부동산에 대해 토지 특성을 각기 다르게 조사 적용할 가능성이 있다.

9) 2019년 공시된 390만 1730호의 개별주택가격과 해당 주택의 토지 390만 1730필지의 개별공시지가를 대상으로 고저, 형상, 도로접변 등 세 가지 토지 특성의 일치 여부를 감사원이 확인한 결과, 서로 불일치하는 경우가 144만 1363건으로 전체 개별주택 390만 1730호의 37%이다. 또한 표준지도 표준지 공시지가와 개별주택가격을 산정할 때 적용된 토지 특성이 불일치하는 사례가 5만 7134건이다. 이에 따라 공시비율을 제외하면 전국 주택의 5.9%(22만 8475호)에서 가격 역전 현상이 발생하고 있다(감사원, 2020: 49). 그리고 초기 입력 오류와 도시관리계획 변경의 미반영 등으로 용도지역 적용이 부적절한 경우도 있다(감사원, 2020: 54~56).

10) 이는 토지 분할·합병, 지목변경 등을 미반영해서 발생하는 경우가 다반사이다. 과거에 산정한 개별공시지가를 과세표준으로 적용하고 있는데, 인근 토지의 개별공시지가가 계속 상승했다면 과세 형평성의 문제가 제기될 수 있다(감사원, 2020: 62).

11) 2019년 기준으로 지자체는 필수검증토지 339만 5163필지 중 53만 2143필지(15.7%)에 대해 감정평가업자에게 검증을 의뢰하지 않았다(감사원, 2020: 65).

표 7-2 | **표준지와 (단독)주택에 대한 이원화된 평가기준**

구분	표준지(나지 상정 평가)	(단독)주택(현장평가)
공시가격	- 적정가격	- 적정가격 - 평가금액: 거래가능가격 - 주택가격=평가금액×공시비율
평가기준	- 사법상 제한이 없다고 가정 - 정착물이 없다고 가정 - 실제 용도 기준 - 공법상 제한받은 상태 기준 - 개발이익 반영	- 사법상 제한이 없다고 가정 - 실제 용도 기준 - 공법상 제한받는 상태 기준

자료: 방송희(2015: 7)

따라서 표준부동산과 개별부동산 간의 가격 편차가 커질 수 있다.

(2) 평가기준의 이원화로 인한 가격 역전 현상

개별주택가격이 토지와 주택을 합한 가격으로 산정되기 때문에 통상적으로 개별주택가격이 토지가격인 개별공시지가보다 높다고 생각한다. 하지만 2019년 공시가격 기준으로 전국 390만 1730호의 30%인 117만 1818호의 개별주택에서 개별공시지가가 개별주택가격보다 더 높은 가격 역전 현상이 발생했다(감사원, 2020: 44). 이러한 가격 역전 현상의 배후에는 토지와 주택(단독)에 적용되는 이원화된 평가방식이 자리 잡고 있다(〈표 7-2〉 참조).

'부동산공시법'에는 전술한 바와 같이 토지와 주택(단독) 모두 적정가격으로 평가하게 되어 있다. 그러나 〈표 7-2〉에서 보는 바와 같이, 토지와 주택(단독)에 실제 통용되는 적정가격의 개념은 다르다. 토지는 시장가치 기준으로 평가하는 반면, 주택(단독)은 사용가치 기준으로 평가한다(방송희, 2015: 7). 개별공시지가는 대상 토지를 가장 효율적으로 이용하는, 즉 최유효이용을 가정해 가격을 산정하는 '나지 상정 평가방식'을 사용한다. 반면에 개별주택가격은 현재 건물의 이용 현황 및 건물 노후화 등으로 인한 토지가치의 감액분을 반영하는 '현장평가방식'을 활용한다. 이러한 평가기준의 차이, 모호한 적정가격 개념, 실거래가 정보의 신뢰성 문제 등으로 감정평가사는 대체로 표준부동산에 대해 시장가치의 약 80~90% 수준에서 거래가능가격으로 평가하고 있다(김종수, 2012; 임재만·이재우·정수연, 2015; 방송희, 2015). 이는 개별부동산 가격에서 역전현상을 유발하는 주요 요인 중 하나이다.

(3) 정책 가격으로서의 부동산 공시가격

부동산 공시가격은 시장거래 상황과 변동을 온전히 전달해 주는 정보가치의 기능을 사실상 상실한 것으로 받아들여지고 있다. 즉, 현행 부동산 공시가격은 정책 가격으로 인식되는 경향이 있다(정수연, 2013). 표준주택(단독)은 공시가격 제도를 도입할 당시 급격한 과표 수준 상승에 따른 조세저항 등을 우려해 공시비율의 80%를 적용했다.[12] 이에 따라 감사원(2020: 45)이 지적하는 바와 같이, 개별주택가격이 개별공시지가보다 낮게 결정되는 가격 역전 현상이 나타나고 있다. 전술한 바와 같이, 표준주택은 시장가치의 약 80~90% 수준의 거래가능가격으로 평가되고 있으며, 표준주택가격은 여기에 공시비율 80%를 곱해 시장가치의 약 64~72% 수준에서 공시된다(김종수, 2012; 임재만·이재우·정수연, 2015).

개별공시지가에 대해서는 공식적인 공시비율이 없지만, 비공식적인 구두개입 등을 통해 정부가 통제하는 비공식적인 현실화율이 적용되고 있는 것으로 드러나고 있다(박상수, 2018). 그리고 이러한 공시비율은 국세청 기준시가에도 적용되고 있다. 이러한 행태는 부동산 공시가격과 시장가치 간의 괴리를 야기하고 있다. 최근 공시가격 현실화율이 쟁점이 되면서 정부는 공시가격

12) 정부는 최근에 이를 폐지했다고 밝히고 있다.

현실화율을 높이기 위해 2020년 공시가격 산정에서는 개별주택가격을 산정할 때 공시비율을 폐지했다고 발표한 바 있다(국토교통부, 2020a).

'부동산공시법'에 따르면 부동산 공시가격은 부동산 시장거래의 지표 역할을 하는 것으로 상정되고 있다. 하지만 현실화율이 논란이 되기까지는 그것이 공표되지 않아 공시가격의 상승은 거의 시장거래 변동과 무관한 것으로 여겨지고 있다. 공시가격 변동률이 시장가격 변동률보다 더 많이 상승해 공시가격은 다분히 정책적 의도를 담고 있다. 〈그림 7-1〉을 보면 시장이 침체국면이더라도 현실화 목표치로 인해 공시가격 변동률은 상승하고 있다. 따라서 공시가격 변동률은 시장 변동률과 현실화율을 합한 것으로 이해될 수 있다. 하지만 공시가격 변동률이 상승하더라도 그중에서 현실화율과 시장 변동률이 각각 얼마인지는 알 수 없다(정수연, 2020). 따라서 공시가격은 시장거래의 지표 역할을 하지 못했으며, 가격 산정 절차가 불투명한 것으로 간주되어 왔다.

〈그림 7-1〉에서 보듯이 단독주택의 공시가격 변동률과 시장가격 변동률 사이에는 격차가 매우 크다. 그나마 두 가격의 변동률 간 추세는 대체로 유사하지만, 공시가격에 대한 전국과 서울 간 변동률 격차와 시장가격에 대한 전국과 서울 간 변동률 격차는 매우 다르다. 이는 단독주택 공시가격이 시장거래 변동을 제대로 반영하지 않고 있으며, 지역 간 차이도 크다는 것을 시사한다. 반면에 아파트에 대한 공시가격 및 시장가격의 변동률 또한 단독주택에 대한 공시가격 및 시장가격의 변동률과 큰 차이가 없다. 후자가 시장거래 상황을 더 제대로 반영하지 못하는 것으로 보인다. 이는 공시가격이 시장거래 지표의 역할을 하지 않고 있으며 정책적 의도를 다분히 반영하고 있다는 것을 보여준다.

그림 7-1 | 부동산 공시가격 변동률과 시장가격 변동률 비교(단위: %)

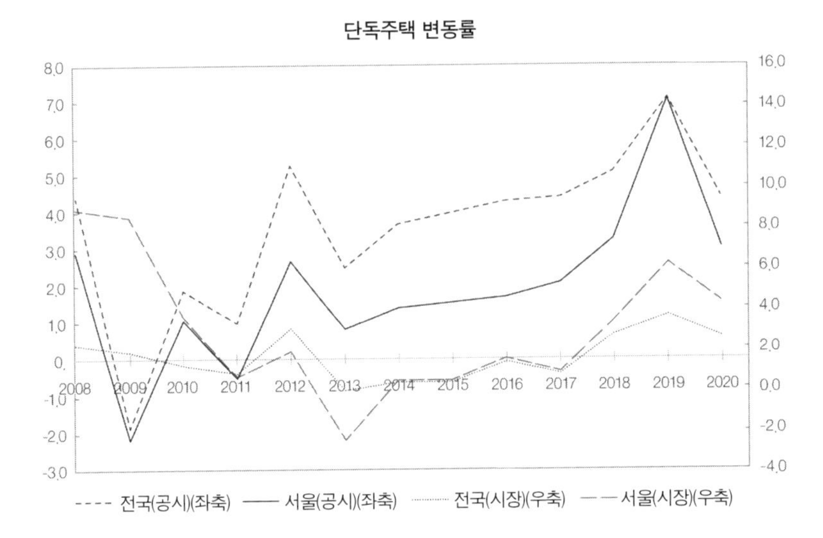

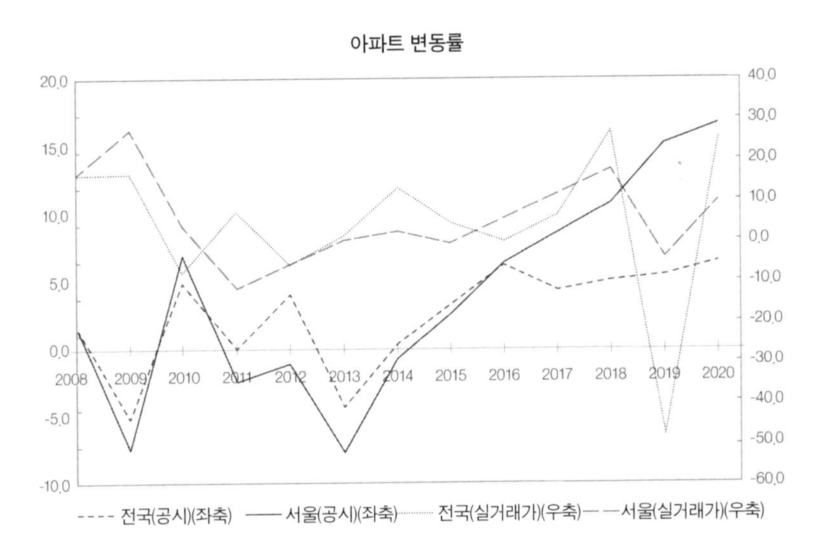

주: 1. 단독주택 시장가격 변동률은 한국부동산원 전국주택가격동향지수 1월 기준 전년 동월 대비 변동률임.
2. 아파트 시장가격 변동률은 한국부동산원 공동주택실거래가가격지수 1월 기준 전년 동월 대비 변동률임.
자료: 국토교통부, 『부동산 가격공시에 관한 연차 보고서』; 각 연도 및 한국부동산원 부동산통계정보시스템(https://www.r-one.co.kr/)을 토대로 필자 작성

(4) 제대로 검증되지 않은 실거래가 정보

정부가 실거래가 정보를 공개하면서 실거래가가 시장가치를 대표하는 가격 정보로 통용될 수 있다는 논리가 널리 수용되고 있는 듯하다. 하지만 실거래가 사례는 전체 부동산의 일부에 지나지 않는다.[13] 표본부동산처럼 일종의 표본이다. 실거래 사례는 공간적으로 균등하지 않으며, 연도별, 유형별, 가격대별로도 불균등하다. 이는 실거래가 사례가 전체 모집단을 대표할 수 있는 표본으로 기능하기에는 문제가 있을 수 있음을 시사한다. 또한 실거래가는 신고항목이 단순해 정보가치가 낮으며, 허위신고나 신고오류로 자료 품질도 낮은 편이다. 따라서 거래의 정상성 또는 적정성을 판단하기가 쉽지 않다. 그러므로 실거래가를 시장가치의 대용치(proxy)로 전적으로 사용하는 데에는 무리가 있다(임재만·이재우·정수연, 2015).

김유동(2013)은 감정평가사 301명에 대한 설문조사를 통해 실거래가의 신뢰성을 조사한 바 있는데, 그 조사에 따르면 실거래가가 신뢰할 만하다는 감정평가사는 21.1%이고, 전문가의 검증이 필요하다는 주장에 찬성하는 감정평가사는 76.4%에 이르렀다. 이러한 조사 결과는 실거래가를 시장가치의 대용치로 사용하기 위해서는 실거래가 정보에 대한 검증과 보정이 필요하다는 것을 시사한다. 다른 측면에서 보면 이는 부동산 거래정보에 대한 인프라가 잘 갖춰져 있지 않다는 것을 의미한다. 즉, 장내에서 거래되는 채권이나 주식시장과 달리 부동산은 장외에서 거래되므로 현재 실거래가 정보로는 이러한 거래가 정상적인지 아닌지를 판단하기가 사실상 쉽지 않다는 것이다.

---

13) 서울시의 경우 표준주택(단독) 비율은 전체의 4.8%이고 실거래가 비율도 4.5%로 거의 유사한 편이기는 하다(임재만·이재우·정수연, 2015: 34).

(5) 외부 검증 부재

2006년 '부동산공시법' 개정에 따라 주거용 부동산에 대한 공시제도가 도입되었다. 토지는 전문가의 조사·평가체계이지만, 비용부담을 줄이기 위해 주거용 부동산은 비전문가의 조사·산정체계를 기반으로 하고 있다. 이처럼 부동산공시제도는 이원적이다. 법령에 따라 주거용 부동산의 공시가격 조사·산정 업무는 한국부동산원이 전담하고 있다. 토지와 단독주택의 경우에는 외부 검증제도가 법적으로 도입되어 있으나, 공동주택의 경우에는 그러한 외부 검증제도가 없으며 한국부동산원이 내부적으로 검증하고 있을 뿐이다. 한국부동산원은 국토부의 의뢰를 받아 주거용 부동산의 공시가격체계를 관리·감독하는 한편, 공시가격을 산정하는 업무도 수행한다. 즉, 관리·감독 주체와 가격 산정 주체가 같아 중립성 문제를 지니고 있다.

공동주택도 단독주택이나 토지와 마찬가지로 적정가격으로 평가하게 되어 있는데, 적정가격은 시장가치로 해석될 수 있다. 이러한 평가가 법적으로 타당하기 위해서는 시장가치 기준으로 가격을 산정하는 것 외에 외부의 가격검증 절차가 있어야 한다(헌법재판소, 2014). 한국부동산원 내부에서 검증을 한다는 것은 사실상 산정 절차가 투명하지 않음을 시사한다(전동흔, 2020). 이러한 검증의 부재는 공동주택 공시가격의 오류 가능성을 높이고 있다.[14]

공동주택 공시가격체계는 아파트의 경우 한 동의 1층을 표준부동산으로 정하고 층별 및 위치별 효용 비율을 적용해 전체 동의 개별 호의 가격을 산정하는 방식이다(임재만·이재우·정수연, 2015; 전동흔, 2020). 문제는 층별 및 위치별 효용 비율을 정할 때 담당자의 직관적·자의적 판단에 따른다는 것이다. 물론

14) 2019년 7월 3일에 한국감정원의 가격 산정 오류로 "서울 성동구 글로리아 포레 공동주택공시가격 230호 전체를 통째로 정정"하는 사례가 발생하기도 했다(≪동아일보≫, 2019.7.3).

내부 검증이 있기는 하지만, 담당자가 처리하는 물량이 많아 현지 조사가 취약하다. 최정민(2013)은 층별 공시가격 분포가 시장가격의 분포와는 상이한 사례가 다수 있으며, 연도별로 각 단지의 각 층 공시가격 분포패턴에서 차이가 없다는 점을 보여주고 있다. 이는 전년도 공시가격에 일정 비율의 가격지수를 적용해 해당연도 공시가격을 산정하는 것이 아닌가 하는 의구심을 갖게 만든다.

중앙집권적인 이원화된 공시가격 모형은 현장 조사가 취약하고 지역시장을 제대로 파악하지 못하는 한계를 지니고 있다. 이는 공시가격과 시장가치 간의 괴리를 초래하는 요인이기도 하다. 감사원(2020)이 지적한 바와 같이, 필수 검증토지마저도 외부 검증을 하지 않은 사례가 있었으며, 지자체 내 정보교류와 상호검증 미비로 토지 특성을 상이하게 적용한 사례도 있다. 하지만 이러한 체계에서도 외부의 검증체계가 잘 작동한다면 문제가 일정 정도 해결될 수 있다.

(6) 공시가격의 일원적 적용으로 인한 가치평가의 다원성 저해

감정평가사는 사용 목적에 따라 상이한 가격의 존재를 받아들이고, 행정, 과세, 보상, 담보, 경매 등의 목적에 따라 상이한 부동산가격을 평가할 수 있다. 이를 가치평가의 다원성이라고 한다. 전술한 바와 같이, 현행 부동산 공시가격은 시장정보, 거래 지표, 과세, 보상, 행정 등 63개의 영역에 적용되고 있다. 하지만 영역에 따라 상이한 가격 기준이 요구될 수 있음에도 불구하고, 가격제도를 일원적으로 운영하고 있다. 이는 각종 영역에서 이해관계자 반발을 불러일으켜 공시가격을 정책 가격으로 고정하려는 경향을 부추긴다. 예를 들면, 공시가격의 인상으로 복지수급자 일부가 탈락할 수 있다. 그러면 이에 따른 반발을 무마하기 위해 공시가격의 현실화율을 제고하는 데 어려움이 따를 수밖에 없다.

특히 표준지 공시지가는 현행 제도하에서 과세, 보상, 담보, 경매 등 일반적인 감정평가를 하는 데 기준으로 사용된다. 공시가격제도가 지가의 공신력을 제고하기 위해 가격을 일원화한 것이지만, 공시가격을 광범위하게 적용하는 것은 공적 영역 내 감정평가의 수요를 줄이고 민간 영역 감정평가의 신뢰성을 저해하게 된다. 표준지 공시지가를 기준으로 하는 현행 감정평가 규정은 다양한 평가기법의 활용과 적용을 저해하고 평가업의 경쟁력을 떨어뜨리는 요인으로 작용할 수도 있다.[15] 이처럼 감정평가는 과세뿐만 아니라 담보, 경매 등의 금융업무, 보상 등의 국토개발 업무 같은 분야에서도 필요한 서비스임에도 불구하고, 현행 부동산공시제도는 정밀평가가 상대적으로 요구되지 않은 과세 및 행정 영역에 너무 크게 속박되어 있다(임재만·이재우·정수연, 2015; 방송희, 2015).

(7) 공시가격의 낮은 현실화율과 불형평성

공시가격의 낮은 현실화율과 불형평성은 공시가격의 오류 및 부정확성의 결과이다. IAAO(2013)는 현실화율에 대한 비율연구를 수행하는데, 이러한 비율연구는 기본적으로 현실화율(평가율)이 수평적·수직적 형평성에 미치는 효과를 분석해 평가의 적정성을 평가하는 작업이다. 부동산가격이 시장가치대로 정확하게 산정되면 이러한 문제는 크게 줄어들 수 있다.

정부는 공식적으로 현실화율 통계를 제시하지 않아왔다. 그러나 최근 보유세를 강화하기 위한 수단으로 현실화율 제고가 거론되면서 현실화율 이슈가

15) 주지하는 바와 같이, 표준지 공시지가는 현실화 수준이 낮아 지역별, 유형별, 가격대별 불형평성을 지니고 있다. 이에 따라 표준지 공시지가는 시장가치에 대한 정보가치를 온전히 가지고 있지 못하다.

표 7-3 | **부동산 유형별 현실화율 추이(단위: %)**

	연도	전체	주거용	상업용	공업용	농경지	임야	-	-
토지	2018	62.6	62.5	62.8	64.4	60.8	60.5	-	-
	2019	64.8	63.7	66.5	65.3	62.0	61.6	-	-
	2020	65.5	64.8	67.0	65.9	62.9	62.7	-	-
단독주택	연도	전체	3억 미만	3~6억	6~9억	9~12억	12~15억	15~30억	30억 이상
	2018	51.8	52.7	52.2	52.4	51.4	50.6	49.2	49.3
	2019	53.0	52.7	52.2	52.4	51.4	50.6	54.2	62.1
	2020	53.6	52.7	52.2	52.4	53.4	53.7	56.0	62.4
공동주택	연도	전체	3억 미만	3~6억	6~9억	9~12억	12~15억	15~30억	30억 이상
	2018	68.2	68.9	68.6	67.0	66.1	65.1	66.6	67.1
	2019	68.1	68.6	68.6	67.2	66.6	66.8	67.4	69.2
	2020	69.0	68.4	68.2	67.1	68.8	69.7	74.6	79.5

자료: 국토교통부(2020a: 228~229)를 토대로 필자 재구성

주목받자, 현실화율 통계를 〈표 7-3〉과 같이 제시한 바 있다. 정부가 시가에 근접하는 현실화율 제고를 내세웠음에도 불구하고 여전히 공시가격의 현실화율은 100%에 훨씬 못 미치며, 대략 50~60% 수준이다. 전술한 바와 같이 주택 공시가격은 거래가능가격 수준으로 평가하고 여기에 80%의 공시비율을 곱해 표준주택가격을 산정한 후 이를 기반으로 개별주택가격을 산정하기 때문에 현실화율이 80%를 넘기 힘들다. 다른 부동산 유형도 이와 유사한 관행을 따르고 있을 것으로 짐작된다. 이러한 방법을 따르면 거래가능가격이 시가의 80~90%라고 가정했을 때 공시비율을 적용하면 현실화율은 대략 64~72% 수준이다. 〈표 7-3〉이 제시한 바에 따르면 단독주택을 제외한 현실화율 통계가 이 범위 내에 있으므로 이러한 관행을 벗어나고 있지 않은 것으로 보인다.

〈표 7-3〉에서 보듯이, 용도별, 가격대, 지역별로 공시가격의 현실화율은 차이가 크다. 단독주택의 현실화율이 공동주택에 비해 낮으며, 동일 유형 내 고가부동산의 현실화율은 저가부동산보다 낮은 편이다. 단독주택과 동일 유

형 내 고가의 부동산 거래가 상대적으로 많지 않아 가격을 산정하는 데 필요한 정보가 부족한 것도 현실화율이 낮은 요인 중의 하나이다(홍원철, 2017).

해당 기간의 현실화 변동률 측면에서 보면 토지의 경우 상업용 부동산의 현실화율이 다른 유형의 현실화율보다는 다소 높다. 이는 중심업무지역의 대형 건물과 부지 등 고가토지에 대한 현실화율을 상향 조치한 데 기인한 것이다. 이를 계기로 유형 간 형평성 차원에서 단독주택의 현실화율도 끌어올렸으나 단독주택의 현실화율은 여전히 다른 부동산 유형의 현실화율에 비해 낮다. 한편 최근 공동주택의 현실화율에서는 상대적으로 중저가인 공동주택에 비해 고가 공동주택을 중심으로 현실화율이 개선되었다(국토교통부, 2020a: 228~229).

이와 같은 고가부동산 위주의 현실화율 제고는 공시가격이 시장의 거래정보를 온전하게 반영하지 않는 정책 가격이라는 것을 역설적으로 보여준다. 국토교통부(2019)가 보여주는 바와 같이 공동주택에서는 평형 간 가격 역전 현상[16]이 일어났는데, 그 이유는 큰 평형의 시세가 작은 평형의 시세보다 높지만 고가의 큰 평형의 현실화율이 낮아 작은 평형보다 공시가격이 낮게 산정되었기 때문이다. 또 다른 사례로는 시세 격차와 공시가격 격차 간에 불균형이 발생하는 것을 들 수 있다. 이는 현실화율 제고 목표로 삼는 9억 원, 15억 원, 30억 원 등 고가주택이 동일 단지의 동일 평형 주택에서 최저시세와 최고시세 구간 내에 있으면, 동일 단지 내에서 적용되는 현실화율이 상이해 시세의 격차보다 공시가격의 격차가 더 커지기 때문이다.[17]

---

16) 이는 2019년 기준으로 전체 공동주택의 3.2%를 차지한다(국토교통부, 2019).

17) 국토부는 시장가치대로 평가할 것을 평가 주체에게 권고해 현실화율을 높이는 것이 아니라 임시변통적인 방식으로 대응하고 있다. 이 경우 "9억 원 경계에 있는 주택은 현실화율을 미세 하향조정하되, 15억 원 및 30억 원 경계 주택은 현실화율을 미세 상·하향해 시세 대비 공시가격 격차가 과도하지 않도록 조정"하고 있다(국토교통부, 2019).

전술한 바대로 공시가격은 적정가격으로 평가되어야 하며, 적정가격을 시장가치로 이해한다면 부동산가격의 현실화는 법에 사실상 규정된 것이나 마찬가지이다. 하지만 현실화율이 낮고 불형평성이 존재한다는 것은 공시가격이 시장거래의 기준 또는 정보를 제대로 반영하지 않고 있으며 조세저항 등을 고려해 평가·산정된 정책 가격으로 기능하고 있다는 것을 시사한다. '부동산 공시법'에서 정한 바에 따라 공시가격이 시장정보를 온전히 반영하는 지표 역할을 제대로 수행할 수 있는 방향으로 평가·산정된다면 현실화율 및 형평성도 제고될 수 있을 것이다.

토지, 단독주택, 공동주택에 관한 수직적 역진성 여부를 다룬 기존 연구를 요약하면 다음과 같다. 토지의 경우 박성규(2005)와 고성수·정진희(2009)는 각각 감정평가액과 실거래가를 시장가치의 대리변수로 사용해 공시가격에 대한 과세평가의 수직적 역진성을 보고하고 있다. 노민지·유선종(2014)은 법원경매 토지를 대상으로 법원 감정평가액을 시장가치의 대용치로 이용해 수직적 역진성이 존재한다는 것을 보여주고 있다. 양지원·유선종(2015)은 나지 상태 토지 거래사례를 대상으로 수직적 역진성이 있음을 보고하고 있다.

단독주택의 경우, 이우진·방경식(2006)은 감정평가액을 시장가치 대용치로 사용한 서울시 강남구 일원동에 대한 사례 연구에서 수직적 역진성이 있다는 것을 보고하고 있다. 김종수(2012)는 시장가치 대리변수로 실거래가 자료를 사용해 대구시 3개 구에 관한 분석을 수행함으로써 과세평가에 수직적 역진성이 있다는 것을 보여주었다. 홍원철(2017)은 실거래가 자료와 공시가격 자료를 사용해 서울시를 대상으로 분석한 결과 수직적 역진성이 있다는 것을 밝혀냈다.

공동주택의 경우 임재만(2013)은 서울시를 대상으로 실거래가를 시장가치로 사용해 분석했는데, 일부 구에서 누진적 불형평성이 있다는 것을 밝혀낸

바 있다. 이범웅(2014)은 실거래가를 시장가치의 대리변수로 삼고 서울시 2개 구와 부산시 1개 구에 대해 분석을 수행했는데, 지역별, 규모별, 가격대별로 수직적 역진성이 다르게 나타나고 있다는 것을 보여주었다.

기존 연구를 보면 부동산 유형별로 과세평가의 수직적 역진성 여부가 다르게 나타나고 있다. 토지와 단독주택처럼 시장 거래가 많지 않은 부동산 유형은 대체로 수직적 역진성이 존재한다. 하지만 아파트와 같이 시장 거래가 많은 공동주택은 가격대별, 규모별, 지역별로 수직적 역진성 여부가 다르게 나타나고 있다.

3. 부동산 공시가격제도의 개선 방안

2절에서는 우리나라 부동산 공시가격제도의 현황과 여러 가지 문제점을 짚어보았다. 3절에서는 2절에서 도출된 문제점을 개선할 수 있는 방안을 논의하고자 한다. 이는 공시가격을 평가·산정하는 과정에서 시장가치 기준을 적용하는 방안, 현행 이원적 시스템에서 발생하는 공시가격의 부정확성을 줄이는 방안, 그리고 이를 구현하기 위한 거버넌스 개편과 연관된 것이다. 아래에서는 이에 대해 다루고자 한다.

1) 공시가격을 평가·산정하는 과정에서 시장가치 기준 적용

'부동산공시법'에 따라 현행 공시가격은 적정가격으로 평가·산정하도록 규정되어 있다. 또한 적정가격이 시장가치의 정의와 부합해야 하고 이것이 시장가치로 평가·산정되어야 한다는 사실이 널리 수용되고 있다(박상수, 2018; 전동흔, 2020; 장경석, 2020). 사실상 공시가격이 정책 가격으로 전락한 것은 법의 취지와 어긋난다(임재만·이재우·정수연, 2015; 정수연, 2012). 여기서는 공시가격이 정책 가격이 아닌 시장가치로 평가·산정되기 위해 필요한 몇 가지 사항을 논의하고자 한다.

(1) 가치 기준으로서의 거래가능가격의 정교화

① 부동산 시장가치의 두 가지 개념: 최고가 대 거래가능가격

부동산에 대한 시장가치의 정의는 가치 기준(value standard)과 가설적(hypothetical) 시장의 조건에 따라 두 가지로 나뉜다. 하나는 최유효가격(best price)을 의미하는 최고가(highest price)이고, 다른 하나는 평균(중앙)값 또는 최빈(modal)값과 연관된, 아니면 기댓값 또는 가치의 범위와 연관된 거래가능가격(most probable price)이다(Mooya, 2016; Sanders, 2018). 감정평가에서 가치는 값어치(worth)에 대한 하나의 견해이지만, 가격은 실제로 지불된 것으로, 이 둘은 구분된다.

시장가치의 정의에 부합하는 가설적인 시장조건은 크게 세 가지 범주로 나뉜다. 첫째는 매수자와 매도자의 관계, 지식, 동기이고, 둘째는 현금, 현금 등가, 또는 기타 조건과 같은 매도 계약조건(terms)이며, 셋째는 매도 이전 경쟁적인 시장에서의 충분한 거래 기간(reasonable exposure time)이다(Appraisal Foundation, 2018). 신고전파 경제학의 완전경쟁 조건에서 파생된 이러한 시장조건은 현실의 시장 거래조건과 상이하며, 그런 점에서 시장가치는 가상적이다. 따라서 시장가치는 거래가 발생하지 않았거나 앞으로도 발생하지 않을 부동산 거래가격에 대한 추정치(estimate)이다. 즉, 시장가격은 확률의 문제이다(Mooya, 2016). 이처럼 가치와 가격의 개념이 상이하다고 하지만, 거래사례비교법에서는 시장가격이 시장가치의 대용치로 사용되기 때문에, 현실적으로 시장가격은 추정된 시장가치와 크게 다르지 않다(Sanders, 2018: 213).

미국에서는 대출과 조세 목적으로 가치평가를 할 때에는 시장가치가 거래가능가격으로 추정된다. 반면 토지수용, 손실보상, 재산분할 등에서는 최고가 개념이 종종 사용된다. 그런데 최고가의 정의는 다양하다. 미국의 감정평가 문헌 또는 법원 판결문에 따르면 최고가의 정의는 '거래가능가격과의 동의어', '최유효이용에서의 거래가능가격', '중심을 대표하는 최고가', '시장이 정당화하는 최고가(상향 조정된 평균 거래가)', '비정형 구매자를 반영한 최고가', '투기적인 것으로서의 최고가' 등으로 다양하다. 최고가 개념은 이처럼 오용과 남용의 여지가 있으며, 시장자료 범위의 최상단에 의해 제한되는 가치이다(Sander, 2018: 216). 이 개념은 토지수용처럼 비자발적인 거래를 수반하는 경우라면 정당할 수 있지만, 조세나 대출의 경우에는 공평하지 않다. 상대적으로 거래가능가격 개념이 최고가 개념에 비해 객관적이다. 하지만 만약 시장조건이 완전경쟁에 근접하다면 거래가능가격과 최고가가 동일할 것이다.

시장가치가 최고가일 경우를 가정해 보자. 모든 거래자가 합리적이라고 가정한다면 모든 관측 가능한 거래는 최고가가 된다. 그런데 부동산가격 분포 최상단에서 시장가치를 정의하는 것은 상식과 배치된다. 이는 매우 특수한 경우로 시장거래의 대표성을 드러낸다고 보기에는 무리가 따른다. 반면에 시장가치가 거래가능가격인 경우를 생각해 보자. 이는 상식적으로 시장가치가 시장거래를 대표해야 한다는 생각으로, 신고전파 경제학 이론에서 대표적인 행위자(representative agents)를 가정하는 것과 유사하게 시장가치가 부동산가격 분포의 중심을 반영하는 것으로 생각하는 것이다.

시장가치에 대해 최고가 또는 거래가능가격이라는 이중 정의를 사용하는 것은 실제 부동산 시장과 신고전파 가치평가론 간에 모순이 있기 때문이다. 신고전파 경제학의 완전경쟁시장에서는 단일 가격이 존재하고 이 단일 가격은 최고가이기 때문에 최고가와 거래가능가격이 구분되지 않는다. 그러나 부동산 시장처럼 정보가 비대칭적인 불완전경쟁시장에서는 시장거래를 대표한다는 의미에서 평균(중앙)값 또는 최빈값을 사용하는 것은 쉽게 수용할 수 있다(Mooya, 2016). 현재 논쟁이 되는 현실화율 제고는 시장가치 평가의 정확성과 연관된 것으로, 이러한 프레임은 신고전파 가치평가론의 규범보다는 실증(positivist)적인 지향을 반영하는 것으로 볼 수 있다.[18]

전술한 바와 같이, 시장가치에 부합하는 시장조건으로는 통상적으로 정상적인 거래(lack of undue stimulus), 일반적인 거래 동기, 충분한 거래 기간 등이 가정된다.[19] 안정적인 시장에서는 이러한 조건을 충족하는 시장거래 사례를 쉽게 찾을 수 있다. 그런데 비안정적인 시장에서는 이러한 시장조건이 성립하는 사례를 찾기 쉽지 않다. 예를 들면, 시장이 버블 상태인 경우 또는 법적으로는 문제가 없는 급매 또는 투매 거래인 경우에는 이러한 조건을 위배하므로 시장가치를 반영하는 것으로 보기에 무리가 따른다. 이는 시장가치의 정의와 부합하는 충분한 거래자료를 제공할 수 있을 만큼 시장이 안정화되어야 부동산이 시장가치대로 평가·산정될 수 있다는 것을 시사한다.

시장가치를 최고가로 정의하는 것은 오용과 남용에 대한 우려가 있다는 점에서 주관적이다. 반면에 시장가치를 예상 가능한 범위로 한정하는 것은 많은 불확실성을 제거한다는 점에서 객관적이며, 최고가로서의 시장가치의 정의보다 더 공정하다(Sander, 2018: 217). 하지만 가설적인 시장조건이 너무 규범

---

18) 부동산 가치의 추정(estimate)은 시장가치와 부합해야 하는데, 서구에서는 허용이 가능한 오차 범위가 5~10% 정도이다(Mooya, 2016).

19) 시장가치로 적정가격을 평가·산정한다면, '부동산공시법'에서의 적정가격은 시장 및 거래조건을 중심으로 정의되고 있다. 여기에 금융적 조건(예: 현금 및 현금 등가 거래, 특별한 금융이 수반되지 않는 양허 조항의 영향이 없는 거래 등)이 시장가치의 성립조건으로 부가될 필요가 있다(임재만·이재우·정수연, 2015).

적이어서 실제 시장거래 조건과 상이하다면 시장가치를 추정하는 것은 사실상 불가능하다. 따라서 시장가치를 기준으로 평가를 하기 위해서는 일정한 수준의 시장안정화가 요구된다.

② 시장가치의 역설: 얇은 시장에서의 가치평가의 중요성

만일 적정가격이 시장가치대로 평가되는 것을 의미하고 시장가치가 거래가능가격으로 정의된다는 것을 인정한다면, 안정적인 시장에서 정상적인 거래의 실거래가를 참조해 공시가격을 평가·산정하는 것은 큰 문제가 되지 않을 것이다(채미옥, 2006). 그런데 감정평가가 의미 있는 지점은 바로 거래가 많지 않은 얇은(thin) 시장이다. 고가의 비주거용 상가 또는 단독·공동주택이 그러한 사례이다. 이러한 얇은 시장에서는 부동산 가치평가가 실증적이기보다 규범적이다. 이러한 시장에서는 현실 유지 편의(anchoring bias)와 고객의 영향력 문제가 발생할 수 있다(Mooya, 2016). 현실 유지 편의란 의사결정자가 부적절한 출발점에 의해 영향을 받는, 즉 초기조건에 얽매여 크게 벗어나지 못하는 효과를 의미한다. 거래가 많지 않은 고가부동산의 가치평가에서는 임의적인 출발점이 설정되는데, 이 출발점을 설정할 때에는 다른 평가사의 가치 추정, 고객의 견해, 호가와 같은 가용 정보를 활용한다. 반면에 고객의 영향력 문제는 고객과 나눈 상호작용의 직접적인 결과로, 평가사가 최초의 가치평가에 조정이나 수정을 가하는 것을 말한다. 고객이 정보를 선별적 또는 전략적으로 제공하거나 가치평가에 대한 선호를 제기하면 도덕적 해이 문제가 발생할 수 있다.

한편 시장가치의 역설이 존재하는데, 이는 정상적인 시장거래에 따라 시장가치가 나타날 때는 평가가 불필요(redundant)하다는 것을 의미한다(Mooya, 2016). 전술한 시장가치에 부합하는 가설적인 시장조건은 완전경쟁 상황에 가깝다.

이 경우에는 시장가치가 최고가와 거래가능가격 중 어느 것으로 정의되든지 간에, 둘 다 거의 근접하므로 사실상 단일 가격이 존재할 수 있다. 이러한 부동산 시장에서는 시장가치를 평가할 필요성이 크지 않다. 그러나 거래비용이 많이 들고 시장가치가 존재하지 않는 얇은 시장에서는 전문 평가사의 가치평가가 필요하다. 즉, 얇은 시장에서는 진정한 전문가 평가가 요구되고, 반면에 거래비용이 사실상 거의 없으며 시장가치의 대용치로 실거래가를 사용할 수 있는 경우에는 전문 평가사의 가치평가가 덜 요구된다.

③ 거래가능가격으로서의 적정가격

'부동산공시법'상의 적정가격을 거래가능가격으로 전환해야 한다는 데 대해서는 찬반 주장이 있다. 채미옥(2006)은 공시가격 개념을 실거래가격을 활용한 거래가능가격의 개념으로 전환해야 한다고 주장한다. 이는 실거래가 정보가 활용되기 시작하면서 비용 절감을 위해 대량산정을 하더라도 시장가치를 제대로 반영할 수 있게 되었다고 보기 때문이다. 이에 대해 정수현(2012)은 실거래가는 평가가격의 참고자료에 불과하다고 주장하면서 채미옥(2006)과 같은 입장은 가치와 가격 간의 개념을 혼동한 것이라고 비판한다. 한편 김종수(2012)는 적정가격은 통상적 시장과 정상적 거래라는 조건을 전제로 하는데 실거래가는 이러한 조건을 충족시킬 수 없으며, 따라서 실거래가는 모집단을 대표하지 못하는 경우가 많다고 주장한다.

이러한 논쟁에서 쟁점이 되는 것은 거래의 적정성 또는 실거래가 정보의 대표성이다. 물론 현재의 실거래가 정보를 보면 허위 매물 등 시장 교란을 초래하는 시장거래에 대한 체계적인 모니터링이 부족한 것이 사실이다. 하지만 거래사례비교법을 통해 실거래가 정보를 활용하고 실제로 평가하고 있다는 점에서 실거래가 정보를 정제·보완할 필요가 있다. 전술한 바와 같이, 우리나라에서도 현실적으로 시장가치의 대용치로 거래가능가격을 공시가격으로 사용하고 있다. 감정평가사 또는 한국부동산원은 관행적으로 시장가치의 약 80~90%를 거래가능가격으로 정해놓고 있다. 여기서 문제는 이러한 거래가능가격이 가격 분포의 중심을 대표하는가 하는 것이다. 실상은 객관적인 기준 없이 편의적으로 이 기준을 사용하고 있는 것으로 보인다.

거래 빈도가 낮은 얇은 시장에서 거래되는 부동산이나 특수 부동산의 가치평가는 전문 평가사의 가치평가를 기반으로 하는 것이 타당하다. 그러나 이러한 경우를 제외하고는 보완·수정된 실거래가 정보를 활용해 객관적인 기준으로 시장가치의 기준을 마련할 수 있다. 그러나 정수연(2012)과 김종수(2012)는 이러한 측면을 간과하고 모든 경우에 전문 평가사의 가치평가가 필요하다고 주장하는 것으로 보인다. 과세를 목적으로 한 평가에서는 전문가에 의해 상세 평가가 이루어질 경우 상당한 비용과 노력이 수반된다. 반면에 비정상적이고 비안정적인 시장에서 감정평가사의 전문지식과 식견이 더 유용하게 사용될 수 있다는 점을 간과하고 있다.

한국부동산원은 실거래가 기반의 '공동주택실거래가격지수'와 시세 기반의 '전국주택가격동향조사'를 내놓고 있다. 후자는 표본 산정방식을 사용해 조사원이 시세를 조사하고 거래가능가격에 기반해 산출한 가격지수이다. 〈그림 7-2〉에서 보듯이 아파트 대상의 시세 기반 가격지수와 실거래가 기반 가격지수는 시장가격이 안정적일 때에는 차이가 거의 없다. 지역별로 보면 수도권이 비수도권의 8개 시도보다 두 지수 간 격차가 크다. 수도권의 서울과 경기로 좁혀보면 전자의 경우에 두 지수 간의 격차가 더 벌어지고 있다.[20] 특히

---

20) 이러한 차이는 가중치를 하나는 거래량으로 사용하고 다른 하나는 재고량으로 사용하는 데서 기인한다.

그림 7-2 | 아파트에 대한 시세 기반 가격지수와 실거래가 기반 가격지수 비교

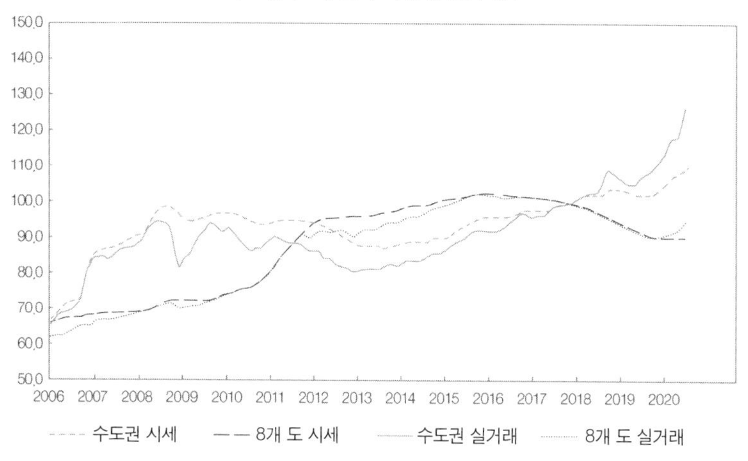

서울과 경기도의 시세 및 실거래가

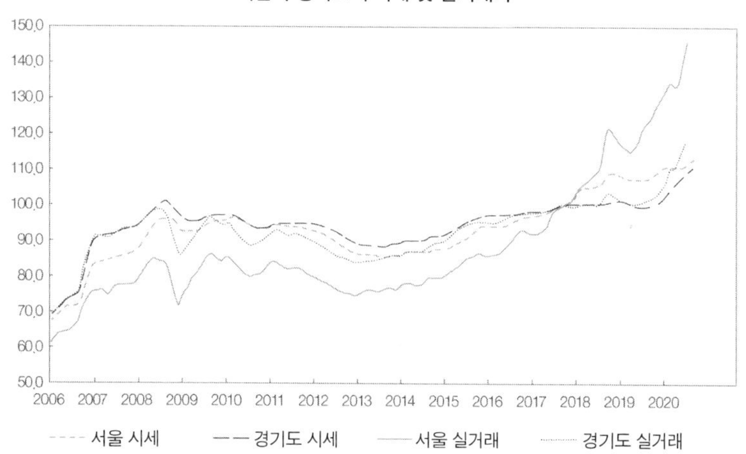

자료: 부동산통계정보 R-ONE(https://www.r-one.co.kr)을 토대로 필자 재구성

서울은 두 지수 간의 격차가 최근 들어 더 커지고 있다. 이처럼 부동산 시장의 가격 변동이 심한 경우에 적정가격을 거래가능가격으로 받아들이면 이를

조작적으로 정의하기가 쉽지 않다. 따라서 전문가에 의한 가치평가가 상당히 중요할 수 있다.

또한 시세 기반 가격지수는 평탄화 효과로 상승과 하강 국면을 제대로 반영하고 있지 못하지만, 실거래가 기반 가격지수는 그렇지 않다. 특히 이는 서울에서 두드러진다. 가격이 하락하는 시기에는 시세 기반 가격지수가 실거래가 기반 가격지수보다 더 높고, 반면에 가격이 상승하는 시기에는 실거래가 기반 가격지수가 시세 기반 가격지수보다 더 높다. 특히 최근에는 두 지수 간의 격차가 지수 작성 이래 최고 수준으로 벌어지고 있다.

최근 국토해양부와 시민단체인 경실련 사이에서 주택가격 상승률에 대한 논쟁이 벌어졌는데, 결론적으로 국토해양부는 시세 기반 가격지수를 토대로 가격 상승이 덜 가파르다고 변호했지만, 시민단체인 경실련은 실거래가 기반 지수를 토대로 가격 상승이 가파르다고 주장했다. 이처럼 실거래가는 시장의 변동을 그대로 반영하고 있지만, 전술한 바와 같이, 시장가치의 거래조건을 충족하지 못하므로 시장가치로 평가되지 못할 수 있다. 이처럼 시장 변동이 심한 시기에는 실거래가를 적극적으로 참조해 거래가능가격으로서의 공시가격을 제대로 평가·산정할 수 있는지가 문제가 된다. 이때에는 관례대로 시세의 80~90% 정도를 적용하더라도 공시가격이 시장 변동이 심한 시기의 가격 변동을 온전히 반영하지 못할 수도 있다. 따라서 시장 변동이 심한 시기에 실거래가를 참조해 거래가능가격으로서의 적정가격을 어떻게 조작적으로 정의하는가가 중요한 과제이며, 이를 공개적으로 추진해 가격 산정의 신뢰성을 높여야 한다.

(2) 실거래가의 정보가치 제고 및 얇은 시장에 대한 전문가의 조사·평가

앞에서 문제점으로 지적한 바와 같이, 실거래가는 낮은 신뢰성과 공간적

편중성이라는 문제를 지니고 있다. 실거래 사례의 공간적 분포가 균등하지 않으며 연도별, 유형별, 가격대별 거래 분포도 균등하지 않아 실거래가는 모집단을 대표할 수 있는 표본으로 적절하지 않을 수 있다(김종수, 2012; 임재만·이재우·정수연, 2015). 다른 말로 하면, 실거래가가 시장거래의 정상성을 담보하고 있지 않다는 것이며, 다른 한편으로는 이러한 실거래가의 선별, 검증, 확인 절차를 통해 시장거래의 적정성을 심사하고 보정하는 체계가 사실상 부재하다는 것이다. 따라서 실거래가를 시장지표로 활용하기에는 실거래가의 정보가치가 낮다. 그러나 실거래가 공표 등으로 인해 공시가격이 담당하던 가격 정보 및 시장거래 지표로서의 기능이 축소된 것 또한 사실이다. 특히 공동주택(아파트)의 경우 그렇다고 볼 수 있다.

이러한 문제를 해결하기 위해 임재만·이재우·정수연(2015)은 감정평가사가 실거래가 정보를 수정할 수 있도록 하는 '수정 실거래가' 제도의 도입을 제안하고 있다. 이는 감정평가사가 실거래 당시의 특수한 사정을 반영하거나 시점을 수정함으로써 실거래가 정보를 수정·보정하는 것이다. 이렇게 하더라도 실거래가가 시장가치를 완전히 대표한다고 볼 수는 없지만, 이를 통해 실거래가를 감정평가의 유용한 참조자료로 활용할 수 있다.

실거래가의 정보가치를 높이기 위해서는 감정평가사에게 실거래가 정보를 수정·보정할 수 있는 권한을 부여하는 것도 하나의 방안이기는 하지만, 무엇보다 실거래가 정보가치를 전반적으로 높여야 한다. 즉, 실거래의 적정성을 상시 모니터링하는 체계를 구축해야 한다. 현재는 일부 이상치를 제외하는 수준에서만 이러한 작업을 수행하고 있다. 그런데 최근 정부는 부동산 시장 거래의 교란 행위를 정밀하게 모니터링하고 이를 적발·처벌하는 상시적인 기구인 (가칭)'부동산거래분석원'을 국토교통부에 설치할 계획이다(≪한겨레≫, 2020. 9.3). 이 기구는 부동산 시장의 비정상적인 거래 및 불법행위에 대응하는 것을 주목적으로 삼고 있다. 기존 비율연구에서 보듯이 실거래 사례에는 이상치와 극단치가 많이 포함되어 있으므로 이 사례들을 그대로 평가·산정에 반영할 수 없다. 이 기구가 적시한 기능을 잘 수행하기 위해서라도 실거래가 정보를 정제하고 수정·보정하는 작업을 담당해야 할 것이다. 금융시장에서 이와 유사한 역할을 하는 기관으로는 금융거래분석원을 들 수 있다. 즉, (가칭)부동산거래분석원이 감정평가사보다 앞서 1차적으로 실거래가를 수정·보정하는 권한을 가지고 정제된 실거래가 정보를 산출해야 할 것이다.

이러한 상시적 모니터링을 통해 실거래가의 정보가치를 제고하는 기반 위에서 거래가능가격으로서의 공시가격의 평가·산정기준을 정립해야 한다. 거래가능가격은 시장거래를 대표해야 하므로 정상적인 거래의 부동산 가치평가에 지리 정보 시스템 GIS를 활용하는 등의 다양한 통계적 기법을 도입해야 한다. 반면에 고가부동산처럼 거래가 많지 않은 영역에서는 실거래가 자료가 부족해 이를 활용한 통계적 기법을 적용하기가 쉽지 않으므로 전문 평가사의 정밀 가치평가가 요구된다. 이처럼 부동산의 특성 및 실거래가 정보의 가용성에 따라 평가사의 전문적 지식을 이원적으로 활용할 필요가 있다. 즉, 부동산의 시장 특성 및 여건에 따라 전문가에 의한 가치평가와 이를 기반으로 한 대량산정을 동시적으로 병행해야 한다.

(3) 시장가치와 과세(정책)가치 분리를 통한 현실화율 제고

공시가격이 시장가치와 괴리되어 정책 가격으로 이해되는 것은 주지의 사실이다(정수연, 2013). 지금까지는 공시지가에 정부가 통제하는 비공식적인 현실화율이 관행적으로 통용되어 왔다. 표준주택가격 및 국세청 기준시가에는 공시비율(80%)[21]이 적용되고 있다. 개별공시지가는 공시비율이 없지만, 비공식적인 현실화율이 관행적으로 활용되었다. 이러한 행태는 부동산 공시가격과 시장가치 간의 괴리를 유발한다. 이를 반영하기라도 하듯이, 최근 국토교통부의 공식적인 현실화율 통계를 보면 부동산 공시가격이 시세의 80% 수준보다 낮다는 것을 알 수 있다. 이에 대해 정부는 시장가치대로 공시가격을 평가·산정하기 위한 객관적인 기준을 정하기보다는 가격대별 공시가격의 현실화율을 미세조정함으로써 현실화율을 높이는 임시방편적인 조치로 대응하고 있다(국토교통부, 2020b). 즉, 정부는 공시가격을 도출하는 과정의 객관적인 기준을 마련함으로써 공시가격의 현실화율을 높이고 조세 형평성을 높이는 것이 아니라 가격대별로 현실화율을 차등화하고 미세조정하고 있는 것이다. 이를 통해 전년 대비 현실화율의 변동률 관리에 초점을 둔다. 2절에서 보았듯이 국토부 공식 통계를 보면 2018년과 비교해 2020년 현실화율 수준이 높아진 것은 사실이다(국토교통부, 2020a). 하지만 이러한 정책 대응은 오히려 가격대별 공시가격의 현실화 격차를 온존·심화시킬 수 있다(장경석, 2020). 이에 대해 국토교통부(2020b)는 2030년까지 부동산 유형 및 가격대와 무관하게 현실화율을 90% 수준까지 끌어올리겠다는 현실화율 로드맵을 최근 발표한 바 있다.

2023년까지 정부가 계획한 현실화율 제고 방안은 핀셋 방식이다. 이는 주로 고가부동산에 대한 선별적인 현실화율 제고 방안이다. 정부는 주택의 경우 시세 9억 원을 기준으로 고가와 저가 주택으로 나눈 뒤 저가 주택에 대해서는 시세 변동을 반영하는 수준에서 공시가격을 산정하고, 그간 현실화율이 상대적으로 낮았던 고가주택에 대해서는 현실화율을 높여 중저가와 고가주택 간 현실화율 역전 현상을 해소하는 방식을 택하고 있다(국토교통부, 2019).[22] 이는

21) 정부는 "주택에만 규정된 공시비율 기준을 2020년 공시부터 폐지하는 등 관행에 따른 단독주택 공시가격 역전 현상을 제고"하겠다고 밝혔다(국토교통부, 2019).

22) 정부는 "공시가격이 적정 시세를 반영하고, 유형별·지역별 균형성을 확보하도록 하기 위한 「부동산 가격공시에 관한 법률 개정안」이 2020년 3월 6일 국회를 통과한 적기에 현실화 로

공식적으로 수직적·수평적 불형평성의 정도가 얼마인지 공표된 적 없는 비공식적인 비율연구를 통해 추진하고 있는 것으로 보인다. 이 경우 시세의 기준이 무엇인지 공개되지 않아(전동흔, 2020) 현실화율 지표 관리에 적합한 실거래가 정보를 취사·선택할 유인이 클 수 있다는 것이 문제로 지적된다(임재만·이재우·정수연, 2020). 이러한 정부 대응은 공시가격에 대해 시장가치를 제대로 반영하는 적정가격으로 평가·산정하려는 '부동산공시법'의 취지를 달성하지 못하고 있는 것으로 보인다.

또한 공시가격의 정확성도 문제로 지적되고 있다(정수현, 2020). '부동산공시법'의 취지에 따라 공시가격은 시장가치대로 평가·산정되는 것이 합리적이다. 그리고 공시가격을 적정가격으로 평가·산정해야 하므로 적정가격은 실거래가 기반의 거래가능가격으로 평가·산정하면 된다. 이 경우 공시가격 평가·산정에 사용하기 위한 실거래가 정보의 품질 관리와 거래가능가격의 기준을 정부가 공개해야 한다. 이를 위해서는, 전술한 바와 같이, 실거래 사례를 수정·보정하는 작업을 추진함으로써 거래가능가격으로서의 적정가격의 객관적 기준 또는 범위를 정하고 공개해야 할 것이다.

가격대별, 지역별, 유형별로 조세 형평성과 부합하도록 현실화율을 제고하기 위해서는 사전·사후의 비율연구를 통해 그 결과를 지속해서 평가·산정해야 한다. 공시가격은 평가와 산정이라는 이원 체계로 운영되고 있으므로 비율연구가 필요하다. 미국 IAAO(2013)의 권고처럼 지역별로 사전·사후 비율연구의 공식적인 결과를 공개해야 한다. 조세 목적의 가치평가는 평가와 산정을 동반하기 때문에 모든 물건에 대해 평가하는 정밀 가격평가의 효과를 가

드맵을 수립하여 공시가격의 근본적인 현실화 및 균형성 제고를 추진"하겠다고 밝혔다(국토교통부, 2019).

질 수는 없다. 이 경우에는 미국처럼 비율연구를 통해 관리하는 것이 필요하다. 이러한 비율연구는 조세 형평성이 떨어진 지역, 유형, 가격대를 탐색해 그 결과를 공시가격의 평가·산정에 피드백하는 것으로, 평가 전과 평가 후를 나누어서 보여주어야 한다. 그래야만 현실화율 제고가 어떻게 이루어지고 있는지 모니터링하고 판단할 수 있다.

이제까지 현실화 수준을 낮게 유지한 이유는 공시가격의 급등으로 인한 조세 부담을 완화하고 조세저항을 무마하기 위해서였다. 공시가격을 시장가치대로 추정해야 법의 취지처럼 공시가격이 시장거래의 지표 기능을 수행하는 정보가치를 가질 수 있다. 또한 공시가격을 시장가치대로 추정해야 공시가격이 과세나 행정상의 업무와 연관된 정치적 부담과 민원에서 벗어날 수 있다. 그런데 이제까지는 정치적 부담을 수반하는 조세저항을 회피하기 위해 공시가격 자체를 조정해 시장가치대로 평가하지 않았다. 이는 일종의 행정편의주의로 볼 수 있다(임재만·이재우·정수연, 2015).

가치평가는 다양한 사용 목적에 따른 가치의 다원성을 인정한다. 그런데 공시가격 제도가 도입됨으로써 가치평가 체계가 일원화되었다. 전술한 바와 같이, 공시가격은 조세, 대출, 보상, 재산분할, 행정(예: 복지) 등 63개의 영역에서 활용되고 있다. 각 영역에서 요구되는 가치평가의 수준이 다름에도 불구하고 다양한 영역의 요구를 수렴하고 일원화된 가치평가 체계를 유지하기 위해 공시가격이 정부의 의지를 반영하는 정책 가격으로 변질해 버린 셈이다.

다양한 사용 목적에 따른 가치의 다원성을 인정하기 위해서는 시장가치 수준의 공시가격을 행정상의 사용 목적에 따라 조정해서 사용해야 한다(임재범·이재우·정수연, 2015; 박상수, 2018). 전술한 바와 같이, 공시가격이 지닌 가치 개념의 불확정성으로 인해 과세평가의 균일성이 저해되고 있으며, 이는 조세 불형평성을 초래하고 있다. 또한 공시가격을 무조건적으로 활용함으로 인해 가치평가의 다원성이 무너지고 있다. 이를 해소하기 위해 국토교통부와 지자체는 시장가치대로 공시가격을 평가·산정·공시해야 하고 국세청이나 각 부처는 정책목표에 따라 상이한 현실화율(예: 공정시장가액비율)을 적용해야 한다. 예를 들면, 과세(정책)가치[23]는 조세 형평성의 기준을 반영해 시장가치에 일정한 현실화율을 적용하는 것이 바람직할 것이다. 기존 세부담 조절 기능을 하는 비공식적인 공시비율은 없애고[24] 공정시장가액비율로 단순화하는 것이 바람직하다. 2009년 부동산 보유세제 합리화 조치로 '과세표준적용비율'을 대체하는 공정시장가액비율 제도가 도입되었는데, 기존 과세표준적용비율이나 새로운 제도인 공정시장가액비율[25]은 납세자의 세부담을 완화하는 장치이다. 다른 예를 들면, 최근 현실화율 제고로 과표가 상승하면서 기존의 기초생활보장 수급자가 탈락하는 사례가 발생하기도 했다. 이처럼 현실화율 제고에 대한 역풍이 있는 것도 사실이다. 이 경우 공정시장가액비율과 유사한 가중치(정책가치)를 복지부가 정하고 이를 공시가격에 곱해서 과표 수준을 달리 적용할 수 있다.

요약하면, 공시가격을 시장가치대로 제대로 평가하기 위해서는 조세저항, 행정상의 목적, 가치평가의 다원성 등을 고려해 시장가치와 과세(정책)가치를

---

23) 현재 부동산 거래세와 보유세의 과세기준은 이원화되어 있다(박상수, 2018). 거래세에 대한 과세기준은 원칙적으로 실거래가이지만, 보유세에 대한 과세기준은 공시가격이다. 공시가격을 시세 대비 현실화하는 것이 복잡하다면 보유세도 거래세처럼 부동산 과세기준을 일원화할 수도 있다. 이 경우 상당한 정도로 조세 부담이 증가한다. 이는 실거래가를 그대로 반영하는 공시가격의 현실화율 제고를 의미하는 것이기도 하다(참여연대, 2019).

24) 전술한 바와 같이, 국토교통부는 이를 2020년 공시가격부터 없앤다고 발표한 바 있다(국토교통부, 2020a).

25) 공정시장가액비율 도입으로 인해 노무현 정부가 추진했던 공시가격 100%로 부동산 보유세 과표를 설정하려는 정책은 폐기되었다. 그러나 최근 보유세 강화 조치에 따라 종부세에서는 공정시장가액비율을 향후 100%로 적용할 예정이다.

분리해야 한다. 즉, 공시가격은 시장가치대로 평가하고, 조세저항에 대해서는 과세표준을 낮게 산정할 수 있는 장치인 공정시장가액비율 또는 정책목표별 가중치를 활용해야 한다. 그러면 공시가격이 행정 편의적인 정책 가격으로 전락하는 것을 막을 수 있을 뿐만 아니라 공시가격이 법의 취지대로 시장거래의 지표 및 과표 산정의 객관적인 기능을 수행할 수 있을 것이다.

2) 이원적인 부동산공시체계 개선으로 가격 산정 오류 및 부정확성 방지

우리나라 공시가격체계는 이원적이다. 모든 토지는 나대지로 가정해 감정평가사가 이를 평가한다. 반면에 주택에 대해서는 현장 평가방식이 사용되며 한국부동산원이 공시가격을 산정한다. 공동주택의 경우 한국부동산원이 공동주택 전체에 대해 대량산정하고 있다. 토지와 주택은 표준-비준표-개별이라는 단계로 평가·산정이 이루어지고 있다. 표준지와 표준주택에 관한 평가·산정을 통해 비준표가 작성되며 이에 기반해 지자체 공무원이 개별토지와 주택(단독)의 공시가격을 매기는 방식이다.

토지공시제도와 주택공시제도가 각각 도입되고, 전자는 나대지 평가방식으로, 후자는 현장 평가방식으로 공시가격이 매겨짐에 따라 상이한 평가기준이 사용되고 있다. 이는 토지와 주택 간 가격 역전 현상을 일으키는 하나의 요인이다. 다른 한편으로, 표준-비준표-개별의 단계로 이루어지는 평가과정에서는 부동산가격에 영향을 미치는 지역별 주요 특성 요인의 누락과 모형의 후진성 때문에 지역별 시장 여건을 제대로 반영하지 못하는 비준표가 사용되고 있다. 또한 비전문가의 개별부동산 특성과 특성 조사 오류와 비교표준부동산의 선정 오류가 합쳐져서 표준과 개별부동산 간에 가격 편차가 커질 수 있으며, 이는 공시가격 산정 오류 및 부정확성으로 이어지고 있다(감사원, 2020).

아래에서는 공시제도를 이원적으로 운영함으로써 생기는 가격 산정 오류 및 부정확성 문제를 해결하기 위한 몇 가지 제도 개선 방안을 제시하고자 한다.

(1) 평가기준의 일원화

표준지에는 나지 상정 평가방식을 적용하고 표준주택에는 현장 평가방식을 적용함으로써 토지와 주택 간에 가격 역전 현상이 일어나고 있다(감사원, 2020). 표준주택은 토지와 건물을 통합해 거래사례비교법을 통해 현실적인 거래가능 가격으로 평가금액을 결정하고 있다. 즉, 토지는 공시지가를 기준으로 평가하고 건물은 원가법으로 평가한 후 합산하는 방식이 아니라 통합적으로 평가한다(국토해양부·한국감정평가협회, 2008). 그러나 개별주택가격에 대해서는 표준주택과 달리 주택가격 비준표를 적용하고 있다. 개별주택가격의 경우 표준주택 가격을 토지가액과 건물가액으로 분리하고 각각에 대해 비준표를 작성·활용해 토지와 건물가격을 각기 산정·합산하는 방식이다. 이 경우 토지가격은 공시지가로, 건물은 원가법으로 산정한다(국토해양부·한국감정평가협회, 2008).

공시지가는 나지 상정 평가방식이므로 최유효이용을 기준으로 가격을 평가하는 반면,[26] 주택가격에 포함된 토지는 건물이 있는 현황 평가방식으로 가격을 매긴다. 건물가격이 마이너스로 평가되면 주택가격은 공시지가보다 낮게 공시될 수 있다. 이 과정에서 원가법으로 산정한 건물가격을 전체 주택가격에서 차감해 토지가격을 구한다. 주택비용을 그나마 정확하게 산정할 수 있는 신규주택에는 이러한 방식을 적용해도 큰 무리가 없다. 하지만 전술한

---

26) 예를 들면, 상업용도 지역에 단독주택이 있는 경우, 평가대상 토지는 주거용이더라도 최유효이용이 상업용으로 판단되면 토지는 상업용, 건물은 주거용으로 평가하는 것이 아니라 토지와 건물 모두 상업용으로 평가하는 것이다. 이러한 평가방식에서는 건물 같은 개량물의 가치는 토지가치에 기여하는 만큼 가치를 가진다고 본다.

바와 같이, 토지의 최유효이용과 실제 용도가 일치하지 않으면 인근 토지보다 주택가격이 낮게 산정되어 가격 역전 현상이 발생할 수 있다.

이러한 가격 역전 현상을 해결하기 위해서는 전체 주택가격에서 나지 상정 평가방식으로 산정한 토지가격을 차감해 건물가격을 구하는 방식으로 개선하는 것이 나을 것이다. 이를 위해서는 토지의 최유효이용에 실질적인 건물가격을 기재해서 주택가격을 시장가치 개념에 부합하도록 관련 기준을 개정해야 한다. 구체적으로는 토지는 기존의 공시지가로 대체하고, 건물은 국세청 건물 기준시가 산정 방법 고시를 정교화한 원가법으로 산정하는 것이 하나의 대안이다(임재만·이재우·정수연, 2015). 또한 가격 역전 현상으로 인해 가격오류가 발생하는 것을 방지하는 비교자료로 활용하기 위해 주택가격 중 토지가격을 나지 상정 평가방식으로 매긴 가격과 실제 용도 기준의 현장평가방식으로 매긴 가격을 모두 기재해야 할 것이다(임재만·이재우·정수연, 2015).

(2) 지역의 시장 여건에 부합하는 비준표 작성

비준표는 표준부동산의 가격과 부동산 특성을 선형 다중회귀 방식으로 분석해서 추출한 부동산 특성별 가격 배율을 행렬표로 재구성한 것이다. 이를 토대로 개별부동산의 가격을 매긴다. 따라서 비준표는 표준과 개별부동산을 매개하는 역할을 한다. 비준표는 전국에 동일하게 적용되는 선형 회귀 모형에 기반하고 있다(정수연, 2013). 그 결과 전국적으로 동일 변수를 적용해 지역별 시장 상황을 제대로 반영하는 것은 사실상 불가능하다. 지역별로 부동산 시장의 가격을 형성하는 요인이 다름에도 불구하고 가격에 영향을 미치는 변수들이 동일하게 설정되어 있다.

지역별로 다른 항목들로 구성된 상이한 비준표가 작성되어야 한다. 현행 비준표는 공시가격의 지역별, 유형별, 가격대별 현실화 수준 및 조세 형평성을 제고하는 데 부합하지 못한다. 비준표 작성의 근거가 되는 표준부동산의 선정 기준 또한 시장가격을 대표할 수 있도록 엄밀한 통계학적 표본추출 원리에 기반해야 하며 그 표준부동산의 수도 넓혀야 한다(정수연, 2013; 방송희, 2015; 감사원, 2020). 또한 다중공선성의 문제, 비유의적인 회귀계수의 존재 같은 비준표 회귀 모형의 통계적 오류를 시정하는 개선 작업을 수행해야 하며, 비준표 작성 시 전문가의 경험을 반영해 적실성을 높여야 한다(이창로·박기호, 2014).

(3) 전문성 및 외부 검증 강화

전술한 바와 같이, 현행 공시가격체계는 이원적이다. 표준부동산 가격을 바탕으로 지자체가 조사한 개별부동산의 특성(토지 특성 또는 주택 특성)과 비교표준부동산의 특성을 상호 비교해 가격 비준표상의 특성 차이에 따른 가격 배율을 산출한 후 이를 표준부동산 가격에 곱해 개별부동산의 공시가격을 매긴다. 하지만 지자체 공무원은 특성 조사에 전문적이지 않기 때문에 개별부동산 공시가격을 산정하는 과정에서 가격 산정 오류가 발생할 수 있다. 또한 현장 조사를 제대로 하지 않아서 특성 조사의 오류가 나타날 수도 있다(감사원, 2020).

이를 방지하기 위해서는 지자체 담당 공무원을 지속적으로 교육 및 훈련해야 한다. 임재만·이재우·정수연(2015)은 지자체 공무원의 순환 보직 등으로 인해 전문성을 제고하기 쉽지 않으므로 '수습 감정평가사'를 개별부동산의 특성 조사와 비교표준부동산 선정에 참여시키는 방안을 제시한 바 있다. 이렇게 하면 수습 감정평가사들이 지자체 공무원과 협력해 전문적인 지식을 발휘하고 학습할 수 있는 장이 마련될 수 있다. 또한 한국부동산원의 공동주택 공시가격 산정과정에서도 각종 오류가 나타나고 있는데, 이에 대처하기 위해 정부는 2021년부터 한국부동산원 내부에 '공시전문 자격제도'를 운영할 예정이라고 발표한 바 있다(국토교통부, 2019). 하지만 이 안이 확정되면 기존 감정평가사와의 관계에서 상당한 긴장감이 조성될 것으로 보인다.

개별부동산의 공시가격을 산정하는 과정에서는 부동산 특성 변수의 조사과정에서 가격 오류가 나타날 수 있다. 그 이유는 지자체 공무원의 비전문성 때문이기도 하지만, 토지는 지적 관련 부서에서, 주택은 세정 관련 부서에서 담당함으로써 부동산 특성 조사에 대한 상호검증이 이루어지지 않기 때문이기도 하다(감사원, 2020). 정부는 이를 방지하기 위해 40여 개의 오류 체크 항목을 부가한 '공시가격 오류 자동검증시스템'을 운영하겠다고 밝힌 바 있다(국토교통부, 2019).

문제는 공동주택 공시가격의 검증체계가 미흡하다는 것이다. 토지와 주택은 법적으로 제3의 기관이 검증하는 체계를 갖추고 있다. 하지만 공동주택은 제3의 검증 절차를 '부동산공시법'에 명시하지 않고 내부적으로 검증하고 있을 뿐이다. 이에 대해 전동흔(2020)은 공동주택의 공시가격은 부정확성의 여지가 크고 한국부동산원 내부 검증을 거치기 때문에 투명하지 않은 산정 절차라고 비판하고 있다. 특히 그는 전문가에 의한 가격검증 절차가 필요하다고 강조한다(헌법재판소, 2014). 내부 검증 절차를 강화하는 것도 중요하지만, 외부 전문가의 검증을 명시하도록 '부동산공시법'을 개정할 필요가 있어 보인다.

3) 거버넌스 정비

전술한 바와 같이 공시가격의 평가·산정 주체, 평가기준, 검증 책임은 이원화되어 있다. 이런 상황에서 표준-비준표-개별 등 일련의 단계에 따라 공시가격의 평가·산정 오류 및 부정확성의 문제가 발생하고 있다(감사원, 2020). 이는 무엇보다 토지와 주택 공시가격이 상이한 시기에 도입되고 당시 상황에 맞추어 제도가 운용된 데 기인하는 바가 크다. 토지는 지가를 일원화하고 부동산 가격을 안정시키기 위해 공시가격제도를 도입한 반면, 주택은 조세 부담 증가에 따른 조세저항을 고려해 공시비율을 도입했으며, 그 평가기준도 토지와 다르다. 공동주택의 경우 전문 평가사가 가격평가 및 산정에 참여하지 않고 한국부동산원이 대량산정하며, 공시가격에 대해서도 내부 검증만 할 뿐이다.

공시가격체계의 운용과 관련한 거버번스 문제에서는 공시가격 평가 및 산정의 주체에 관한 문제가 관건이다. 이는 부동산 공시가격체계의 거버넌스와 연관된 것이다. 국토교통부는 기존 방식대로 중앙 주도의 한국부동산원으로 조사·산정에 대한 업무를 통합하기를 원한다. 광역지자체는 공시가격 업무를 지방으로 이양해 줄 것을 요구하고 있다. 한편 감정평가협회는 전문성·독립성 강화를 주장한다. 즉, 공시가격의 평가·산정 업무를 독립적인 제3의 기관이 담당함으로써 공시가격 평가의 신뢰도 및 공시가격 평가·산정의 정확성을 높이자는 것이다.

시장가치와 과세(정책)가치를 분리해 공시가격을 시장가치대로 평가·산정하고 부처의 정책 목적에 따라 공정시장가액, 즉 가중치를 고려해서 과세(정책)가치를 정하는 체계라면 전문 감정평가사가 독립적으로 공시가격을 평가·산정하는 것이 의미 있을 것이다. 이 경우 공시가격의 정확성 여부에 관한 논란은 줄어들 수 있다. 특히 가격 변동이 심한 시기 또는 지역에 대해 거래가능가격으로서 공시가격을 조작적으로 정의하거나 공시가격의 범위를 공개적으로 설정하면 공시가격의 정확성 여부에 대한 논란이 줄어들고 신뢰도가 높아질 수 있을 것이다.

현행 이원적 체계하에서 실거래가에 근접하는 시장가치를 반영하기 위해서는 무엇보다 실거래가의 정보 품질을 높여야 한다. 앞으로 신설된 부동산 거래분석원이 이러한 역할을 수행하고 이에 대해 감정평가사가 공시가격을

표 7-4 | **부동산가격공시제도 관련 기관의 역할**

주체	주요 역할
국토교통부	- 부동산가격공시제도의 기획·총괄, 가격 산정·평가 업무에 대한 지도·감독 - 표준부동산(토지, 단독주택) 및 공동주택에 대한 가격공시
한국부동산원	- 표준주택(단독주택) 및 공동주택에 대한 공시가격 조사·산정
감정평가업자	- 표준지(공시지가 조사·평가) 및 개별토지에 대한 공시지가 검증
지방자치단체(시군구)	- 개별부동산(토지, 단독주택)가격 결정 및 공시

자료: 감사원(2020: 3)

평가·산정하는 과정에서 이를 검증하는 것이 바람직할 것이다. 문제는 전국 단위의 모든 지역을 부동산거래분석원이 포괄하기란 힘들다는 것이다. 따라서 광역지자체가 실거래가 정보에 대한 선별, 확인, 검증의 역할을 중앙정부로부터 위임받아 수행하는 방법을 고려할 필요가 있다. 〈표 7-4〉에서 보는 바와 같이 광역지자체의 역할은 현행 부동산가격공시제도에서 비어 있다. 따라서 광역지자체가 지역 전반의 부동산 시장 동향을 모니터링하는 역할을 수행함으로써 공시제도의 운용에 필수 불가결한 가격 정보의 정확성 및 신뢰성 제고에 기여할 수 있는 방안을 고민해야 한다. 중앙정부가 수행하는 공시업무를 완전하게 지방으로 이양하자는 논의도 있는데(임재만·이재우·정수연, 2015), 현행 지방자치제도에서는 광역지자체가 과세자주권을 갖고 있지 않으므로 이는 현재로서는 사실상 쉽지 않은 방안이다. 이보다는 해당 지역 부동산 시장의 정보관리에 관한 전문지식을 쌓아가면서 점차 관련 권한을 이양 받는 것이 바람직할 것으로 보인다.

일각에서는 한국부동산원이 아무런 견제 없이 공동주택과 표준 단독주택 공시가격을 산정하는 것에 대한 비판이 존재한다. 특히 공동주택의 경우에는 공식적인 검증 절차가 없으며 내부 검증만 있을 뿐이다. 2절에서 언급한 바와 같이 공동주택 공시가격을 대량산정하는 과정에서는 자의적 판단과 타성적인 업무 처리로 인해 공시가격이 부정확한 경우가 많고, 이에 대한 민원이 많아지고 있다. 이를 타개하기 위해서라도 공동주택의 가격 산정을 외부 전문가가 검증하는 절차가 법적으로 명시되어야 할 것이다.

4. 요약 및 결론

이 글에서는 현행 부동산 공시가격제도의 현황과 문제점을 요약·정리하고 이에 대한 개선 방안을 제안하고자 했다. 이를 위해 현행 부동산 공시가격제도의 현황과 문제점을 기술하고 검토한 후 부동산 공시가격제도의 개선 방향을 논의했다.

현행 부동산 공시가격제도의 문제점으로는 이원적인 공시가격체계에 내재한 공시가격의 오류 또는 부정확성, 평가기준의 이원화로 인한 가격 역전 현상, 정책 가격으로서의 부동산 공시가격, 제대로 검증되지 않은 실거래가 정보, 외부 검증 부재, 공시가격의 일원적 적용으로 인한 가치평가의 다원성 저해, 공시가격의 낮은 현실화율과 불형평성 등을 지적했다.

이러한 문제를 개선하는 방안으로는 크게 세 가지를 제시했다. 첫째, 공시가격의 평가·산정에서 시장가치 기준을 적용하는 것이다. 이를 달성하기 위해 세부적으로 가치 기준으로서의 거래가능가격의 정교화, 실거래가의 정보가치의 제고, 엷은 시장에 대한 전문가의 조사·평가 강화, 시장가치와 과세가치의 분리를 통한 현실화율 제고 등을 제시했다. 둘째, 현행의 이원적인 부동산공시체계를 개선함으로써 가격 산정 오류 및 부정확성을 방지하는 것이다. 이에 대한 세부 과제로 평가기준의 일원화, 지역의 시장 여건에 부합하는 비준표 작성, 전문성 및 외부 검증 강화 등을 제시했다. 마지막은 거버넌스 정비이다. 공시가격을 평가·산정하는 주체가 누구인가에 관한 논란이 있는 것이 사실이다. 시장가치와 과세(정책)가치를 분리해 시장가치대로 공시가격을 평가·산정할 경우에는 공시가격 업무에 대한 전문성과 독립성을 강화해야 한다. 그렇지 않을 때 먼저 실거래가 정보의 품질을 개선하기 위해 (가칭)부동산거래분석원이 이러한 업무를 담당하는 한편, 지방에서는 현행 부동산가격공시제도에서 아무런 역할을 하지 않는 광역지자체가 실거래가를 선별, 확인, 검증하는 역할을 위임받아 수행하는 것이 바람직할 것으로 보인다.

한편 이 글은 현행 부동산 공시가격제도의 현황과 문제점, 개선 방안에 대한 제도적 분석을 수행했다. 이에 따른 몇 가지 정책적 시사점을 도출하면 다음과 같다. 첫째, 시장가치와 과세 또는 부처별 가치를 분리하는 안을 적극적으로 고려해야 한다. 이를 통해 시장가치는 실거래가 등을 참조해 전문 기관이 독립적으로 평가·산정하는 한편, 조세, 복지, 보상, 지역개발 등 부처의 정책 목적에 따라 상이한 가중치를 주어 과세 또는 부처별 가치를 생성할 수 있을 것이다. 이는 가치평가의 다원성에도 부합하며, 시장가치대로 평가한다는 법의 취지에도 부합한다. 이 경우 가치의 일원성을 위해 제정된 '부동산공시법'에 어긋나기 때문에 반발이 있을 수 있다. 그러면 국토교통부는 공시업무에 대한 현행 업무 추진력을 상실하게 되므로 주저할 수도 있다. 그러나 공시가격의 현실화율이 제고되면 63개의 부처별 행정 목적에 부합하는 공시가격이 평가·산정될 수 없다. 다양한 행정 목적에 부합하는 하나의 공시가격은 시장가치를 반영하는 것이 아니라 정책 가격에 불과하다. 따라서 정책 가격이라는 공시가격의 오명을 탈피하기 위해서는 현행 시스템을 바꾸어야 한다.

둘째, 공시가격의 현실화율을 제고하는 것은 법의 취지에 따르는 것일 뿐 아니라 조세 형평성을 제고하기 위해서도 필요하다. 문제는 고가부동산에 대한 차등적인, 즉 핀셋 방식의 현실화율 제고가 어떻게 수용될 것인가 하는 것이다. 조세저항 등을 고려해 공시가격은 시장가격과 괴리되어 온 것이 사실이다. 이와 같은 가격대별 현실화율 차등 정책은 '부동산공시법'에 명시된 시장가치로서의 적정가격의 입법 취지를 위배한 것으로 볼 수 있다. 현실화율 차등은 국민의 조세 부담을 달리한다는 점에서 세율과 같은 효과를 가짐에도 불구하고 법령상으로는 아무런 근거가 없다(이른바 '조세법률주의'). 법률상 세율이 아닌 과세표준으로 국민의 조세 부담 차이를 유발하면 '조세평등주의'에 어긋날 가능성도 있다.

셋째, 국토교통부는 2030년까지 부동산 유형과 무관하게 공시가격의 현실화율을 90%까지 끌어올리겠다고 발표했다. 현실화율은 시가 대비 공시가격 비율이다. 그렇다면 여기서 시가는 어떻게 조작적으로 정의되는가? 실거래가는 어떻게 선별, 확인, 검증되어 시가가 되는 것일까? 이것 자체가 공개되지 않고 있는 블랙박스이다. 시가를 어떻게 조작적으로 정의하고 실거래가 정보를 어떻게 선별, 확인, 검증해서 시가에 반영하는가에 따라 현실화율은 상이해질 수밖에 없다. 특히 가격 변동이 심한 시기나 지역의 경우에는 시가 또는 시가의 범위를 설정하는 것이 중요하다. 이러한 사항을 고려하지 않고 현실화율 수준을 평균적으로 90%에 맞춘다면 개별 부동산의 공시가격 부정확성에 대한 민원을 줄일 수 없을 것이다.

참고문헌

감사원. 2020.『감사보고서: 부동산 가격공시제도 운용실태』.

국토교통부. 2019.「2020년 부동산 가격공시 및 공시가격 신뢰성 제고 방안」. 보도자료. 2019. 12.17.

_____. 2020a.『2020년도 부동산 가격공시에 관한 연차 보고서』.

_____. 2020b.「부동산 공시가격 현실화 계획」. 보도자료. 2020.11.3.

국토해양부·한국감정평가협회. 2009.『표준주택가격 조사·평가 업무요령』. 국토해양부.

고성수·정진희. 2009.「실거래가를 이용한 토지 과세평가 실증분석」. ≪부동산학연구≫ 제15권 제2호, 23~40쪽.

김양수. 2015.「부동산가격공시법상 적정가격 개념의 재고」. ≪Real Estate Research≫, 28~41쪽.

김유동. 2013.「실거래가 검증체계의 실태분석을 통한 제도 개선방안 연구」. 명지대학교 대학원 석사학위 청구논문.

김종수. 2012.「실거래가격을 활용한 개별주택가격의 적정성 분석」. ≪부동산연구≫ 제22권 제2호, 29~56쪽.

노민지·유선종. 2014.「토지의 수직적· 수평적 과세평가 형평성에 관한 연구」. ≪국토연구≫ 제81권, 21~33쪽.

≪동아일보≫. 2019.7.3. "아파트 230가구 전체 공시가격 '통째로 정정'".

박상수. 2018.『부동산 보유세 개편과 과세표준 현실화 정책』. 한국지방세연구원.

박성규. 2005.「토지 과표의 수직적 형평성에 관한 연구」. ≪감정평가연구≫ 제15권 제2호, 67~87쪽.

박헌수. 2000.「모수적 방법과 비모수적 방법에 의한 토지가격 추정에 관한 연구」. ≪한국지역개발학회지≫ 제12권 제1호, 101~109쪽.

방송희. 2015.「부동산 가격공시제도를 둘러싼 이슈」. ≪HR 이슈 리포트≫ 2015-10호.

양지원·유선종. 2015.「거래사례를 이용한 토지 과세평가의 수직적 형평성분석」. ≪주거환경≫ 제13권 4호, 267~252쪽.

이건학·김감영. 2013.「개별공시지가와 주택실거래가의 공간적 불일치에 관한 연구」. ≪대한지리학회지≫ 제48권 제6호, 879~896쪽.

이범웅. 2014.「실거래가격을 활용한 아파트 과세 평가율과 수직적 형평성 분석」. ≪감정평가논집≫ 제13권 1호, 1~11쪽.

이우진·방경식. 2006.「단독주택 과세의 수직 공평성 실증 분석」. ≪주거환경≫ 제4권 1호, 25~42쪽.

이창로·박기호. 2014.「주관적 사전확률을 반영한 부동산 대량평가모형 개발」. ≪국토연구≫ 통권 81권, 67~89쪽.

임석회. 2003. 「토지가격비준표의 구성체계 및 활용에 관한 한·일 간 비교 연구」. ≪부동산연구≫ 제13권 제2호, 53~66쪽.
임재만. 2013. 「서울시 공동주택 공시가격 평가의 형평성에 관한 연구」. ≪부동산학연구≫ 제19권 제2호, 37~56쪽.
임재만·이재우·정수연. 2015. 『서울시 개별주택 공시가격의 합리적 개선방안 연구』. 서울시.
장경석. 2020. 「부동산공시가격 산정기준 관련 정책과제」. 국회입법조사처. ≪이슈와 논점≫, 제1726호.
전동흔. 2020. 「부동산 공시가격 평가제도 개선과제」. 『부동산 공시가격제도. 이대로 좋은가?』. 바른사회시민회의 정책토론회 자료집. 2020.6.30.
정수연. 2012. 「부동산공시제도의 가치와 가격개념 재정립에 관한 연구: 가격과 가치. 그리고 시장가치를 중심으로」. ≪주거환경≫ 제10권 제1호, 239~257쪽.
_____. 2013. 「부동산공시가격의 불형평성의 원인과 해결방안」. ≪감정평가≫ 2013 여름호, 9~19쪽.
_____. 2020. 「부동산 공시가격제도, 이대로 좋은가?」. 『부동산 공시가격제도, 이대로 좋은가?』. 바른사회시민회의 정책토론회 자료집. 2020.6.30.
참여연대. 2019. 『부동산가격공시제도의 문제점과 개선방안』.
채미옥. 2006. 「부동산거래가격신고제 실시에 따른 공시지가제도의 개선방안 고찰」. ≪국토연구≫ 제49권, 127~148쪽.
최정민. 2013. 「공동주택 가격공시제도의 실증 분석: 층수와 공시가격의 관계」. 한국부동산분석학회 정기학술대회 발표논문.
≪한겨레≫. 2020.9.3. "'수상한 부동산 거래' 잡는 부동산거래분석원 뜬다". http://www.hani.co.kr/arti/economy/property/960533.html.
헌법재판소. 2014. 「헌재 2014.5.29. 2012헌바43 결정」.
홍원철. 2017. 「과세평가 수직적 형평성에 관한 연구: 서울시 단독주택과 비주거용 부동산을 대상으로」. 강원대학교 박사학위 논문.

Appraisal Foundation, 2018. *Uniform Standards of Professional Appraisal Practice: 2018-2019 USPAP Edition*. Appraisal Foundation, Washington, DC.
IAAO(International Association of Assessing Officers). 1978. *Standard on Ratio Studies*. IAAO, Chicago.
_____. 2013. *Standard on Ratio Studies*. IAAO, Chicago.
Mooya, M. M. 2016. *Real Estate Valuation Theory: A Critical Appraisal*. Springer, Berlin.
Sanders, M. V. 2018. "Market Value: What Does It Really Mean?" *The Appraisal Journal*, Summer, pp.206~218.

| 제3부 |

부동산 금융 및 공급 정책 과제

제8장

금융 불균형과 가계부문 건전성 관리

부동산 대책을 중심으로

나원준 | 경북대 경제통상학부 교수

1. 서론

문재인 정부는 집권 이후 여러 차례에 걸쳐 발표한 부동산 대책의 일환으로 금융규제를 내놓았다. 규제 목적은 실수요를 보호하고 투기수요를 억제하는 데 있었다. 규제지역 및 고가주택을 대상으로 하는 담보인정비율(LTV), 부채상환비율(DTI) 및 총부채원리금상환비율(DSR)[1] 규제는 지속적으로 강화되어 왔다. 규제는 주택담보대출에 집중되었다. 2020년 7월부터는 규제지역 내 모든 주택거래에 대해 자금조달계획서를 제출하도록 했고 6개월 내 기존 주택 처분 및 전입 의무가 부과되었다. 시가 15억 원 이상 초고가주택에 대해서는 LTV 0%가 적용되어 주택담보대출 취급이 금지되었다. 갭 투자를 제한하기 위해

1) DSR이나 DTI는 모두 소득(분모) 대비 대출 원리금 상환액(분자)을 나타내는 비율로, 대체로 별도 상환재원이 있는 대출금은 분자에서 제외된다. 단, DSR이 원칙적으로 모든 금융부채의 원리금을 포괄하는 반면 DTI는 주택담보대출 원리금과 기타 대출금의 이자만을 포함한다.

전세자금대출보증 제한 규정도 강화해 왔다. 기존에 고가주택에만 적용되던 전세대출보증 제한을 투기지역 및 투기과열지구 내에 있는 시가 3억 원 초과 아파트를 신규 구입할 때에도 적용하기로 했고 전세대출을 받은 다음에 투기지역 및 투기과열지구 내에 있는 3억 원 초과 아파트를 구매하면 전세대출을 즉시 회수하는 조치도 취해졌다. 이 글을 작성하는 시점을 기준으로 했을 때 가장 최근인 2021년 10월 들어서는 대출규제가 더욱 강화되었다.

이 글은 문재인 정부 기간 동안 일어난 가계부채 급증 현상과 이에 대한 정부의 금융규제를 되짚어보고 시론 수준에서나마 바람직한 정책 조합을 모색하기 위해 준비되었다. 필자는 투기수요를 제어하려는 대출 제한 등 금융대책 자체로는 부동산 문제를 근본적으로 해결할 수 없다고 본다. 금융대책은 거시경제의 운영과 관련해 사후적으로 자산시장 버블 위험을 조절하기 위한 미세조정 수단의 성격을 갖는다는 것이 필자의 생각이다. 부동산 문제의 해결책이 무엇인가를 둘러싼 논의는 오히려 토지공개념의 확립과 이에 기초한 지대 개혁 및 불로소득 환수 방안을 중심으로 모색하는 편이 나을 수도 있다. 이 글은 부동산 대책으로서의 금융규제가 갖는 그와 같은 한계를 전제로 한다.

글의 구성을 간략히 소개한다. 서론에 이어지는 2절에서는 먼저 포스트케인지언의 대안적 시각에서 건전성 규제(prudential regulation)의 이론적 요소들을 간략히 소개하고, 3절에서는 코로나 경제위기에 대한 대응 과정에서 나타난 한국의 거시경제 자금순환 양상을 짚어본다. 4절에서는 문재인 정부의 금융대책 변천 내용을 요약한 다음, 최근 주택가격 상승과 가계부채 급증 간의 상호 연관성을 주택시장 거래구조의 변화에 따른 하나의 귀결로 이해하는 시각을 검토한다. 5절에서는 최근 경제상황의 변화가 금융위기와 같은 파국으로 이어질 가능성에 대해 진단하며, 6절에서는 위기의 가능성을 최소화하기 위한 바람직한 정책 조합을 모색한다. 7절은 결론이다.

2. 포스트케인지언 경제이론과 건전성 규제

금융의 건전성 규제에 대한 포스트케인지언 경제학의 관점은, 성장론이나 화폐이론 분야에 비하면 거의 알려져 있지 않다고 할 수 있다. 체계화된 교과서적 논의를 찾아보기 어려운 탓이다. 그러나 건전성 규제에 대한 포스트케인지언 시각이 하이먼 민스키(Hyman Minsky)의 금융 불안정성 가설에서 출발한다는 점만큼은 틀림없어 보인다(Minsky, 1977; Minsky, 1978). 금융 불안정성 가설이란 자본주의 경제에서는 금융 불안정을 낳는 내생적인 강화 메커니즘이 작용해 경제의 안정적인 성장 자체가 곧 불안정을 배태한다는 견해이다.

가설의 내용은 복잡하지 않다. 성장이 지속되면 낙관적인 기대가 형성되면서 자본가들의 레버리지를 활용한 투자와 자산 매입이 늘어나 부채비율이 오른다. 그 과정에서 자산가격이 전반적으로 상승한다. 그런데 자산가격 상승은 기존의 낙관적인 기대를 강화시키며 그로 인해 차입에 기반한 자산 매입이 더욱 늘어난다. 그러나 어떤 정점에 도달하고 나면 자산가격의 상승 동력이 소진되면서 자산가격은 하락세로 반전된다. 늘어난 부채를 더 이상 자산가격이 지탱하지 못하는 순간 금융위기가 도래한다. 이와 같은 가설의 내용에 기초한다면, 포스트케인지언 시각에서 볼 때 건전성 규제의 핵심은 자산가격 상승과 레버리지 확대에 정책적으로 어떻게 대응하는가에 있다고 하겠다.

포스트케인지언 경제학의 건전성 규제에 대한 입장은 다음의 여섯 가지 기본적인 이론 요소로 환원될 수 있다(Docherty, 2020). 첫째 요소는 금융 불안정성 가설의 연장선에서 개별 은행의 위기를 외생적 충격이 아닌 내생적으로 형성되는 시스템 위기의 산물로 보는 것(Palley, 2004; Dymski, 2010: 241~244)이다. 둘째 요소는 정보의 비대칭성하에서 일부 은행에 발생한 재무적 곤경은 불확실성(unknown unknowns)을 키우고 이로 인해 경제주체들의 유동성선호가 강화(Dow, 1996)되면서 인출 쇄도와 전염 효과가 야기된다고 보는 것(Sau, 2003: 508; Ramskogler, 2011: 72~73)이다. 셋째 요소는 위기의 전염이 은행 서비스에 교란을 초래하면 바실 무어(Basil Moore)의 내생화폐이론에서 강조된 바와 같이(Moore, 1988) 운전자본(working capital)을 제공하는 등 화폐순환(monetary circuit)상의 개시 금융(initial finance) 단계에서 총수요를 창출하는 은행 역할에 차질이 초래된다고 보는 것(Dow, 2017: 1551)이다.

포스트케인지언 건전성 규제 이론의 넷째 요소는 내생화폐이론에 근거해 중앙은행은 은행부문의 유동성선호를 수용함으로써 금리 변동성을 통제하고 금융안정을 지원하는 최종 대부자 역할을 수행한다고 보는 것(Moore, 1988: 93~94; Dymski, 2010: 243; Dow, 2017: 1542)이다. 다섯째 요소는 제한된 지식(limited knowledge)의 조건하에서 관습과 기대에 부여되는 역할의 중요성과 관련되어 있다. 만약 금융안전망이 은행의 도덕적 해이를 불러온다면 이는 은행에 대한 신뢰라는 관습과 기대를 침해(Dow, 2011: 246)할 수 있다는 해석이다. 마지막으로 여섯째 요소는 은행 규제에서는 거시건전성 차원에서 신용순환에 역행해 작동하도록 구성된 유동성 규제와 자본 규제가 모두 중요하다는 인식이다. 유동성 규제 정책 제안의 대표적인 예로는 토머스 팰리(Thomas Palley)의 자산기반 지급준비의무(asset-based reserve requirement: ABRR)를 들 수 있다(Palley, 2004).

요컨대 큰 틀에서 비교할 때 포스트케인지언의 건전성 규제 이론은 주류 경제학의 규제 이론과 수렴되는 요소들을 가지고 있다. 다만 금융부문의 확대 및 자유화가 경제발전을 가져온다는 통설에 반대하면서 금융을 적극적인 규율과 개입의 대상으로 보는 점, 금융의 공공적 역할을 강조하는 점, 자본주의 경제의 내재적 불안정성이 금융위기를 통해 표출되는 경향을 강조하는 점 등에서는 색채가 완연히 대비된다. 위기를 외생적 충격의 실현이 아닌 내생적 과정으로 보는 점, 근본적 불확실성과 인식론적 한계가 갖는 의의를 강조하는 점, 은행에 대해 자본 규제뿐만 아니라 유동성 규제의 역할 또한 강조하는 점 등에서도 이론적 입장 차이가 발견된다.

3. 코로나 위기 대응과 한국의 가계부채 문제

코로나 경제위기에 대한 정책 대응 양상은 선진국과 개발도상국 간에 차이가 있었다. 국제결제은행(BIS)의 국가별 부채 자료를 비교해 보면, 선진국, 개발도상국 모두 국가채무, 민간부채(비금융부문), 가계부채가 공히 증가했으며, 선진국에서는 민간부채의 증가 폭이 상대적으로 제한되었던 반면 대신 국가채무가 크게 늘었음을 알 수 있다. 2019년 4분기 말 대비 2021년 1분기 말에는 GDP 대비 국가채무비율이 19.9%포인트, GDP 대비 민간부채비율이 15.2%포인트만큼 상승했다. 반면에 개발도상국은 국가채무비율(11.6%포인트)보다 민간부채비율(23.0%포인트)이 더 올랐다. GDP 대비 가계부채비율은 선진국에서나 개발도상국에서나 평균 상승 폭이 가장 작았다. 반면에 한국은 선진국 그룹에 속해 있지만 위기에 대처하는 방식은 개발도상국에 더 가까운 모습이었다. 같은 기간 국가채무비율은 6.6%포인트, 민간부채비율은 20.0%포인트 올랐다. 가계부채비율이 국가채무비율보다 더 상승한 드문 경우에 속한 것이다.

한국은 민간부채 중에 기업부채를 제외한 가계부채가 꽤 오래전부터 꾸준히 증가해 2021년 1분기 말 현재 104.9%에 달해 있다. GDP 대비 가계부채비율은 2003년과 2004년에 조정 국면을 거치기도 했으나, BIS 통계 기준으로 이미 2014년 4분기에 80%를 가뿐히 넘어섰다. 80%는 기존에는 일종의 넘지 말아야 할 선으로 관행적으로 여겨졌었다. 그러다가 2020년 2분기 들어 상승

그림 8-1 | 선진국과 개발도상국의 부채비율 비교(단위: %)

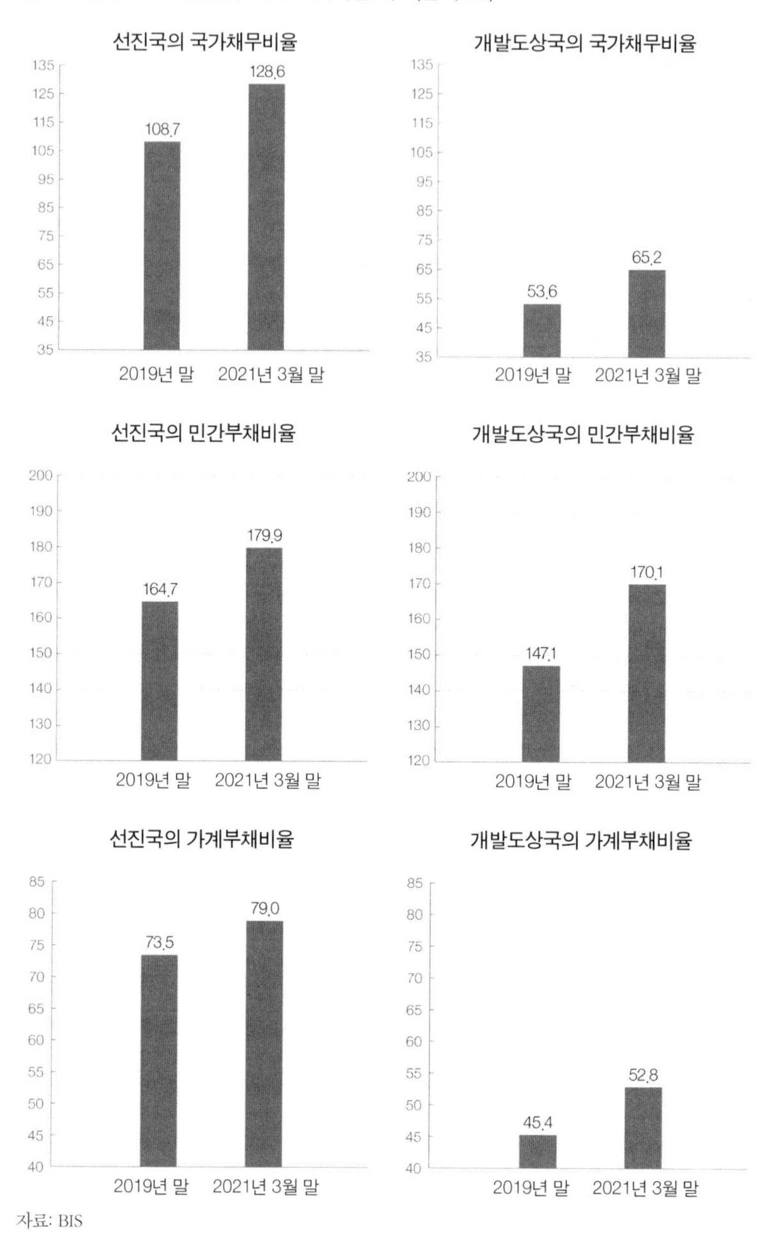

자료: BIS

그림 8-2 | 한국의 부채비율(단위: %)

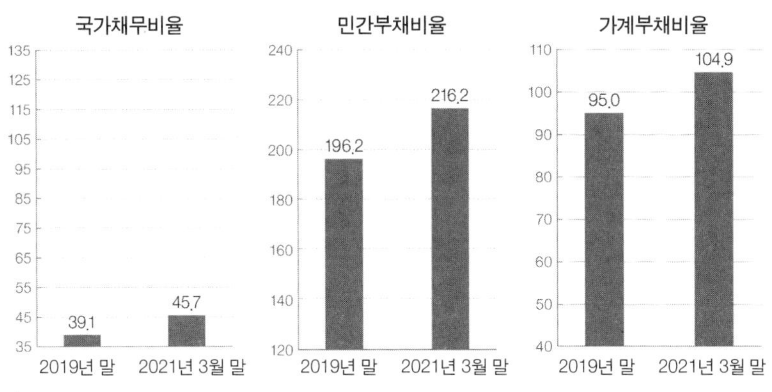

자료: BIS

표 8-1 | 2019년 말 대비 2021년 1분기 증가율

	국가채무	민간부채	가계부채
선진국	19.9%	15.2%	5.5%
개발도상국	11.6%	23.0%	7.4%
한국	6.6%	20.0%	9.9%

자료: BIS

세가 더욱 가팔라졌고 2020년 3분기에는 100%를 초과했다. 2021년 1분기 말 현재 한국보다 가계부채비율이 높은 나라는 스위스(133.4%), 호주(123.4%), 노르웨이, 덴마크, 캐나다(이상 3개국은 110~115%)뿐이었다. 자영업자, 즉 개인사업자 대출은 편제상 가계부채에 포함되지 않아 한국은 민간부채/GDP 비율이 특히 중요하다. 동 비율은 2020년 1분기에 200%를 넘어섰고 2021년 1분기 말 현재 216.2%에 이른다.

생계형 차입이 증가하긴 했지만 2020년 이후 민간부채가 급증한 원인을 정부 재정지원이 부족했던 탓으로만 돌리기에는 한계가 있어 보인다. 2020년 1분기부터 2021년 2분기까지 1년 6개월 간 통합재정수지와 국민계정 순 수

그림 8-3 | 민간부채비율, 가계부채비율, 국가채무비율 추이(단위: %)

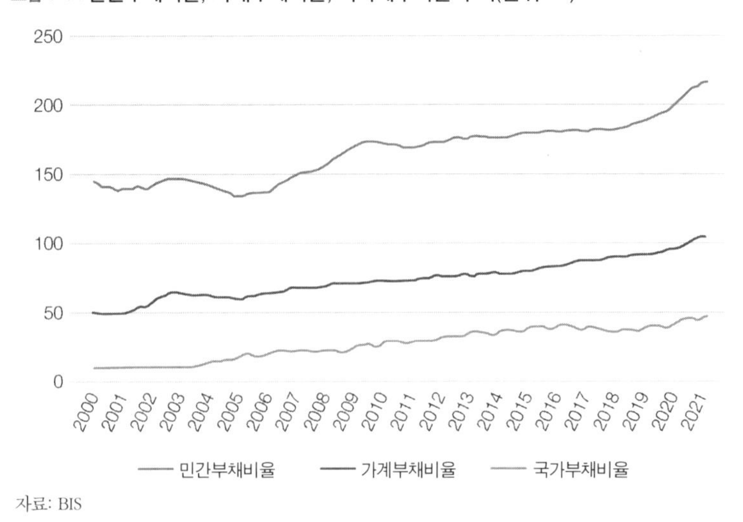

자료: BIS

출을 근거로 부문별 자금수지를 따져보면, GDP의 27%에 이른 재정적자와 4%의 경상수지 흑자(수출 초과)로 민간부문에는 GDP의 31%에 달하는 과잉 저축이 만들어진 것으로 추산된다. 가계와 기업의 민간부문 전체로 봤을 때에는 오히려 상당한 정도로 자금 잉여 상태인 것이다.

4. 주택가격과 가계부채: 주택시장 거래구조의 귀결

사실 2020년 이후 민간부문의 빚이 급격히 늘어난 원인은 따로 있다. 그 원인이 무엇인지는 우리 모두 안다. 주택매입수요 및 전세수요의 확대와 그에 따른 주택매매가격 및 전세가격의 상승이 바로 원인이었다.

문재인 정부의 본격적인 부동산 관련 금융대책은 2017년 8월에 발표된 8·2 주택시장 안정대책에 처음 포함되었다. 8·2 대책에서는 다주택자 대상

표 8-2 | 부문별 자금수지 추정

연도	재정흑자	경상적자	민간흑자
2000	25.2%	-1.8%	-23.4%
2001	21.7%	-1.4%	-20.4%
2002	30.9%	-1.2%	-29.7%
2003	14.1%	-1.6%	-12.5%
2004	3.7%	-3.5%	-0.2%
2005	-2.2%	-2.2%	4.5%
2006	6.2%	-0.6%	-5.6%
2007	24.5%	-0.9%	-23.6%
2008	22.8%	0.2%	-23.0%
2009	-15.5%	-4.2%	19.7%
2010	3.0%	-2.8%	-0.2%
2011	9.1%	-1.1%	-8.0%
2012	4.6%	-2.7%	-1.9%
2013	-3.2%	-4.6%	7.8%
2014	-4.1%	-5.0%	9.1%
2015	-5.9%	-6.8%	12.7%
2016	4.6%	-6.7%	2.0%
2017	8.7%	-4.7%	-4.0%
2018	8.2%	-4.4%	-3.8%
2019	-10.9%	-2.8%	13.7%
2020	-35.5%	-3.7%	39.2%
1H2021	-12.2%	-4.1%	16.3%

자료: 통합재정수지 월별자료와 국민계정 순 수출 자료를 토대로 필자 추산

그림 8-4 | 연간 부문별 자금수지 추이

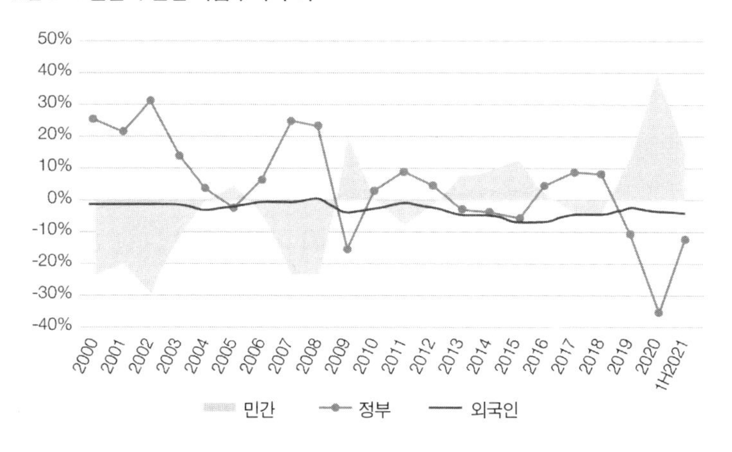

그림 8-5 | **매매가격 및 전세가격 추이**

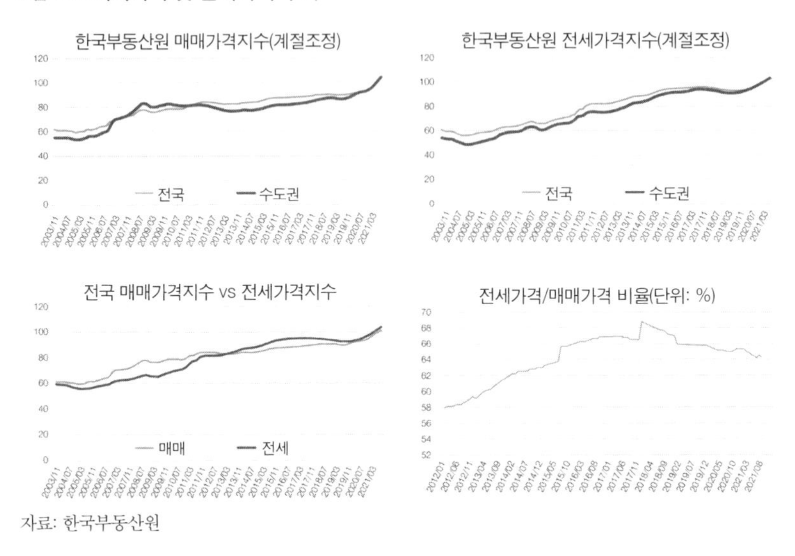

자료: 한국부동산원

금융규제를 강화했다(관계부처 합동, 2017.8). 투기지역 내 주택담보대출의 건수를 차주당 1건에서 세대당 1건으로 조정하고 투기과열지구 및 투기지역에 대해 LTV와 DTI 기준을 정비했다. 9억 원 이하 주택 대상 중도금 대출보증의 건수도 차주당 2건에서 세대당 2건으로 제한했다. 자금조달계획 신고를 의무화해 투기수요에 대한 조사도 강화했다.

2018년 9월 발표된 9·13 주택시장 안정대책에서는 투기 차단을 위해 다주택자에 대한 금융규제가 한층 강화되었다(관계부처 합동, 2018.9). 2주택 이상 세대의 규제지역 내 주택구입이나 비거주 목적의 공시가격 9억 원 초과 고가주택 구입에 대해 주택담보대출을 금지했다. 주택임대 개인사업자와 관련해서는 투기지역과 투기과열지구 내 주택담보 임대사업자대출에 대해 LTV 40% 기준을 적용하기로 했다.

9·13 대책 이후 주택시장이 대체로 안정 국면에 진입하는 것으로 보였으나

서울 강남권 재건축 단지를 중심으로 이상과열 징후가 나타나자 정부는 2019년 10월 1일 시장안정대책 보완방안을 발표했다. 핵심 내용은 투기지역과 투기과열지구 내 주택임대업 법인과 주택매매 개인사업자에 대해 LTV 40% 규제를 도입하는 것이었다. 고가주택 보유 1주택자에 대한 공적보증 제한도 추가되었다.

그러나 과열지역을 중심으로 갭 투자가 집중되고 다주택자의 투기수요가 진정되지 않자 정부는 다시 2019년 12월 12·16 주택시장 안정화방안을 발표했다. 이 12·16 대책에서는 대출규제의 사각지대를 해소하는 데 방점을 두었다(관계부처 합동, 2019.12). 이를 위해 먼저 모든 차주의 투기지역 및 투기과열지구 주택담보대출에 대해 9억 원까지는 LTV 40%, 9억 원 초과 금액은 LTV 20%를 적용해 금액 구간별로 규제비율을 차등 적용하기로 했다. 시가 15억 원 초과 초고가주택에 대해서는 모든 차주에 대해 주택담보대출을 금지했다. 고가주택의 기준을 공시가격 9억 원에서 시가 9억 원으로 변경하고 투기지역 및 투기과열지구 내 고가주택에 한해 차주 단위로 DSR 규제를 도입했다. 단, DSR 한도는 은행에 대해서는 40%, 비은행에 대해서는 60%로 차등을 두었다. 12·16 대책에서는 전세대출 차주가 고가주택을 구매하거나 보유하는 경우 주택금융공사나 주택도시보증공사 외에 서울신용보증에서도 전세대출 보증을 제한하도록 했다. 이는 전세대출을 이용한 갭 투자를 제한하려는 의도였다. 아울러 차주가 전세자금대출을 받은 후 고가주택을 매입하거나 2주택자가 되는 경우 전세대출 보증을 더 이상 유지하지 않기로 했다.

가계부채 증가율은 2017년 이후 하락하는 흐름을 보였으나 2020년 코로나 위기로 인해 다시 상승했다(〈그림 8-6〉 참조). 이에 금융규제 강화 조치는 2020년에도 이어졌다. 먼저 정부는 2월 20일 추가 대책을 발표했다. 조정대상지역 주택담보대출에 대해 9억 원까지는 LTV 50%, 9억 원 초과 금액은 LTV

그림 8-6 | 최근 가계부채 증가율(단위: %)

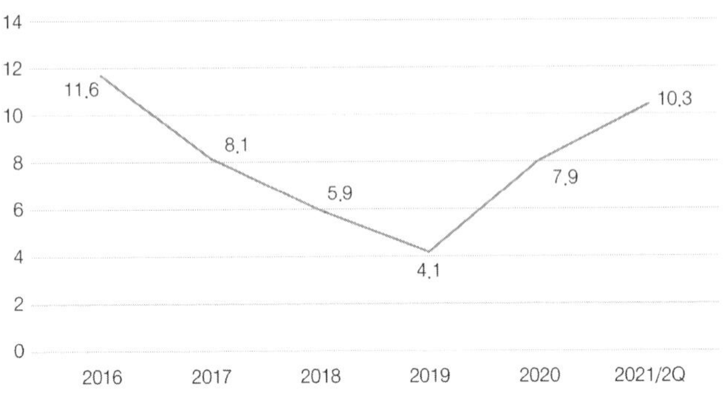

자료: 금융위원회·금융감독원(2021.10)

30%를 적용해 금액 구간별로 규제비율을 차등 적용하는 것이 주된 내용이었다(국토교통부, 2020.2).

그럼에도 불구하고 과열이 가라앉지 않자 정부는 다시 6월에 6·17 대책을 발표했다(관계부처 합동, 2020.6). 규제지역 내 주택에 대해 주택담보대출을 받은 무주택자와 1주택자에 대해서는 6개월 내 전입의무가, 그리고 1주택자에 대해서는 6개월 내 기존 주택 처분 의무가 부과되었다. 투기지역 및 투기과열지구 내 시가 3억 원 초과 아파트를 신규 구입하는 경우도 전세대출 보증 제한 대상에 추가되었고 전세대출을 받은 후 투기지역 및 투기과열지구 내 3억 원 초과 아파트를 구입하는 경우에는 전세대출을 원칙적으로 즉시 회수하도록 했다. 이는 갭 투자를 방지하기 위해 전세자금대출보증을 이용하는 것에 대한 제한을 강화하는 조치였다. 주택도시보증공사의 1주택자 대상 전세대출 보증 한도를 2억 원으로 인하하기도 했다. 아울러 투기과열지구와 조정대상지역 내 주택거래에 대해 자금조달계획서를 의무화하고 투기과열지구의 경우 증빙자료를 제출하도록 했다. 그리고 비규제지역을 포함한 전 지역의 주택매매사업자와 주택임대사업자에 대한 신규 주택담보대출을 금지했다.

그러나 이상 열거된 일련의 금융대책에도 불구하고 주택시장에서는 과열 국면이 이어졌고 그 과정에서 가계부채와 민간부채의 증가 속도도 가팔라졌다. 이에 정부는 2021년 4월에 중기계획이 포함된 가계부채 관리방안을 발표했다. 주요 내용은 가계부채 증가율 목표를 6% 이내로 관리하는 것과 2021년 7월부터 은행권 개인별 DSR 40% 규제를 1억 원 초과 신용대출 및 규제지역 내 6억 원 초과 주택에 대한 주택담보대출에 대해 적용하는 것이었다(금융위원회·금융감독원, 2021.4). 단 전세자금대출이나 예금담보대출은 소득 외 상환재원으로 인정해 DSR 규제 대상에서 제외했다.

10월에는 다시 10·26 대책을 통해 차주별 DSR 규제를 한층 더 강화했다(금융위원회·금융감독원, 2021.10). 2022년 1월부터는 총 대출액이 2억 원을 초과할 때, 그리고 2022년 7월부터는 총 대출액이 1억 원을 초과할 때 적용되는 것으로 변경되었다. DSR 산정 시 카드론도 포함하도록 했고 제2금융권에 대한 DSR 기준도 2022년 1월부터는 기존의 60%에서 50%로 강화 적용하도록 했다. 주택담보대출 등의 분할상환을 유도하는 조치도 포함되었다. 단, 전세자금과 중도금에 대한 대출은 총량 규제에서 제외하도록 했다.

만약 주택매입으로 민간의 부채가 증가한다면 주택가격의 수준은 민간부채가 얼마나 늘어나는지와 관련이 있다고 볼 수 있다. 따라서 주택가격 상승률, 즉 주택가격 수준의 변화율은 민간부채 증가 폭이 얼마나 변동하는지와 관련될 수 있다(Keen, 2017). 실제로 자료를 보면 주택가격 연간상승률과 민간부채 증가 폭의 변화량을 GDP로 나눈 비율 사이에 뚜렷한 동행성이 목격되는 경우가 있다. 최근 한국의 자료도 바로 그렇다. 집값 상승률이 가팔라지면서 민간부채가 증가하는 속도에 가속이 붙었다. 요컨대 2020년 이후 급격한 민간부채 증가는 주택가격 상승과 연관된 현상이다. 2005년 이후 주택가격 상승률과 민간부채 증가율 간 상관계수는 0.44, 주택가격 상승률과 민간부채

그림 8-7 | 민간부채 증가와 주택가격 상승

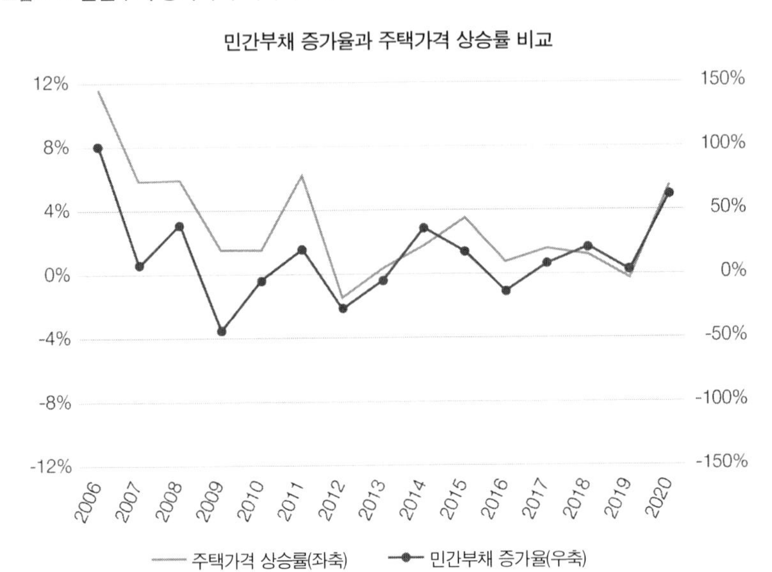

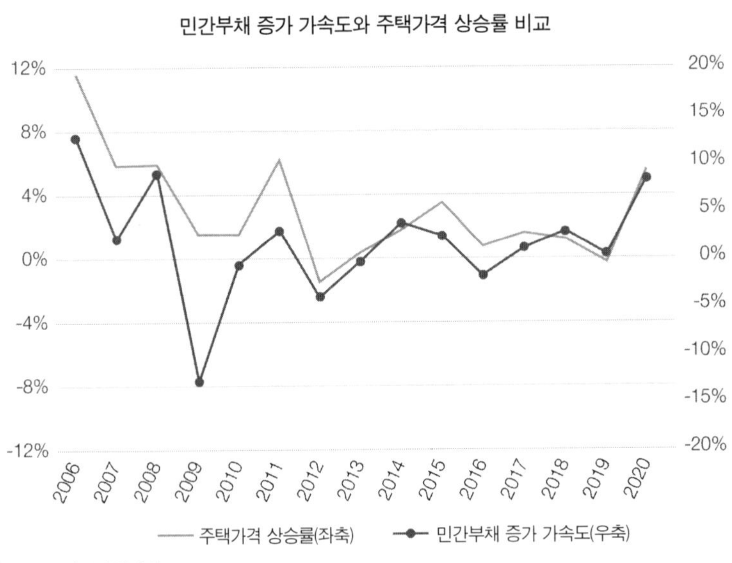

자료: BIS, 한국부동산원

그림 8-8 | 경기 사이클과 신용 사이클 비교(단위: %)

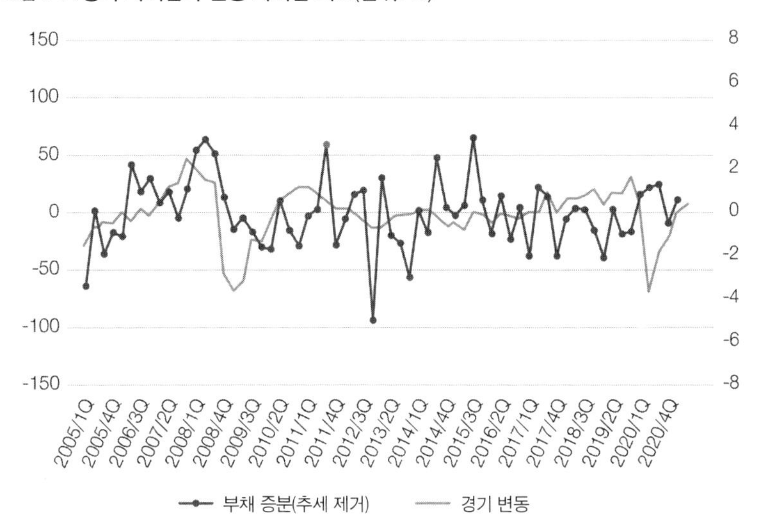

주: 국민계정 실질 GDP와 BIS 민간부채 변화량에 대해 HP 추세를 제거한 것임.

증가 가속도(민간부채 증분의 증분/GDP) 간 상관계수는 0.69였다.

다만 민간부채 변화량과 실질 GDP를 비교해 보면, 2020년 들어 전자는 HP(Hodrick-Prescott) 추세를 상회하고 후자는 HP 추세를 밑돌았다. 2019년에는 거꾸로 전자가 추세를 하회한 반면 후자는 추세를 상회했다. 두 해 모두 경기 사이클과 신용 사이클 간 괴리가 뚜렷했던 셈이다. 그러나 2021년 1분기 들어 경제가 점차 충격의 직접적인 영향으로부터 벗어나면서 두 사이클 간 괴리는 축소되는 양상이다(〈그림 8-8〉 참조).

이 글에서는 거래량과 가격의 관계를 통해 주택시장 특성을 살펴보고자 한다. 이를 위해 2006년 1월 이후 2021년 8월까지 국토교통부 주택거래량과 한국부동산원 매매가격지수 월별 자료의 시차상관관계를 분석한다. 기초적인 관측 결과, 거래량과 가격이 대체로 같은 방향으로 움직이는 공행성이 확인된다. 주택시장 가격 변동이 주로 공급 측 요인보다는 수요 측 요인에 의해 좌

그림 8-9 | 거래량과 가격 간 시차상관관계

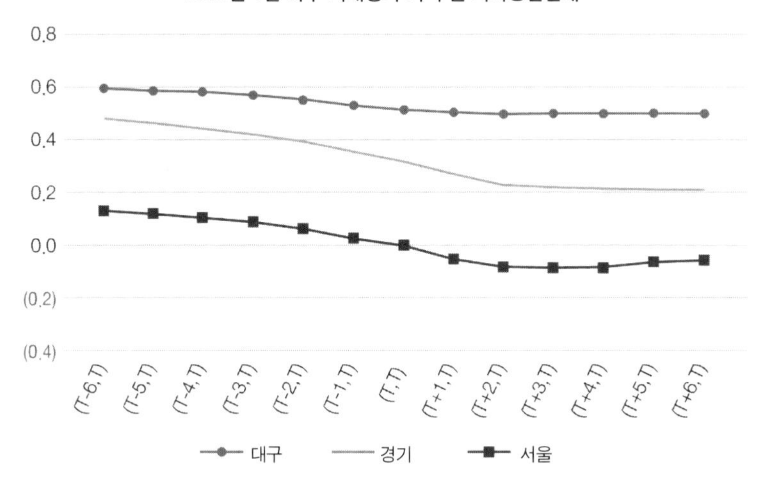
2006년 1월 이후 거래량과 가격 간 시차상관관계
0.8
0.6
0.4
0.2
0.0
(0.2)
(0.4)
(T-6,T)
(T-5,T)
(T-4,T)
(T-3,T)
(T-2,T)
(T-1,T)
(T,T)
(T+1,T)
(T+2,T)
(T+3,T)
(T+4,T)
(T+5,T)
(T+6,T)
대구
경기
서울

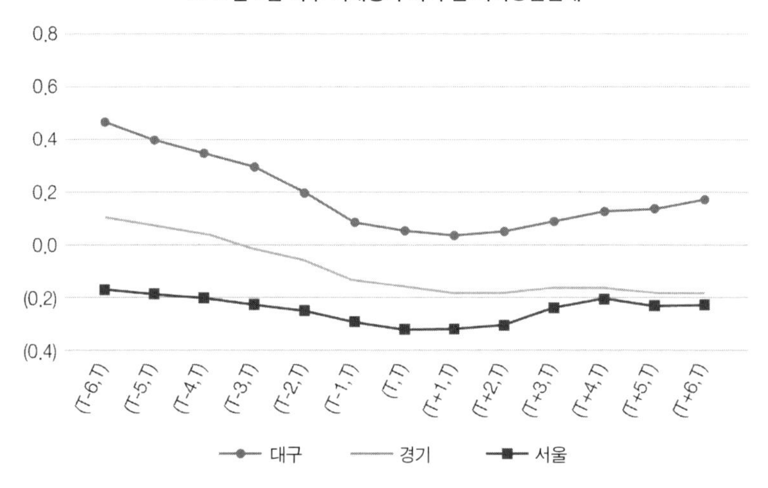
2017년 6월 이후 거래량과 가격 간 시차상관관계
0.8
0.6
0.4
0.2
0.0
(0.2)
(0.4)
(T-6,T)
(T-5,T)
(T-4,T)
(T-3,T)
(T-2,T)
(T-1,T)
(T,T)
(T+1,T)
(T+2,T)
(T+3,T)
(T+4,T)
(T+5,T)
(T+6,T)
대구
경기
서울

우되어 왔다는 해석이 가능한 대목이다. 가령 서울을 제외한 전 지역에서 공통적으로 거래량이 오르면 가격이 뒤따라 오르고 또 그렇게 가격이 오르면 이로 인해 거래량 증가가 더해지는 패턴이 관측된다. 다만 서울의 경우에는 거래량이 늘면 6개월 이상의 시차를 두고 가격이 뒤따라 상승하는 외에는 시차상관관계가 통계적으로 유의하지 않아 지방 주택시장과의 이질성이 두드러졌다. 비록 잠재적인 여러 설명변수의 영향을 통제하지 않는 점에서 한계는 있지만, 상관관계 분석 결과만 놓고 보면 주택가격 안정을 위해 공급 확대보다 수요 억제에 노력을 기울여 온 정부의 정책 방향이 영 잘못되었다고 단정하기는 쉽지 않아 보인다.

그런데 문재인 정부 기간인 2017년 6월 이후로 분석을 한정하면 전국적으로 거래량과 가격 간 시차상관관계가 과거보다 전반적으로 약화된 것으로 드러난다. 이 기간에 수요 측 요인과 공급 측 요인의 상호작용이 더욱 복잡해졌기 때문일 것이다. 그런데 이는 어쩌면 경제상황 및 정부정책의 변화에 대응해 특히 서울과 경기도를 중심으로 시장 거래구조에 일어난 변화를 반영하는 것일 수도 있다. 서울과 경기도에서는 거래량과 가격 간 상관계수가 마이너스(-)로 계산되지만, 이는 통계적 유의성이 없기 때문에 공급부족이 문제라고 진단하려면 더 분명한 증거가 있어야 한다.

이와 관련해 요즘 주택시장에서 주목되는 현상으로는 전세가격과 매매가격의 동반 상승, 무주택 30대 및 20대의 주택구입 성향 증가, 주택임대사업자 등이 주도한 이른바 갭 투자, 그리고 이를 뒷받침한 전세자금대출(편제상 주택담보대출에 포함)의 폭발적 증가(〈그림 8-10〉, 〈표 8-7〉) 등이 꼽힌다.

그런 가운데 중간소득 가구가 중간가격 주택을 구입할 때의 평균적인 빚 부담을 나타내는 '주택구입부담지수'가 서울의 경우 2021년 2분기 들어 과거 역사적 평균 120을 대폭 넘어서는 최고치 172.9까지 치솟았다(〈그림 8-11〉 참

표 8-3 | 거래량과 가격의 시차상관계수(2006년 1월~2021년 8월)

거래량 (거래량, 가격)	6개월 선행 (T-6, T)	5개월 선행 (T-5, T)	4개월 선행 (T-4, T)	3개월 선행 (T-3, T)	2개월 선행 (T-2, T)	1개월 선행 (T-1, T)	동행 (T, T)
전국	0.5295	0.5254	0.5214	0.5139	0.5036	0.4876	0.4708
서울	0.1273	0.1152	0.0998	0.0808	0.0576	0.0247	-0.0078
대구	0.5932	0.5824	0.5759	0.5677	0.5482	0.5225	0.5112
경기	0.4791	0.4594	0.4389	0.4127	0.3854	0.3460	0.3058

거래량 (거래량, 가격)	동행 (T, T)	1개월 후행 (T+1, T)	2개월 후행 (T+2, T)	3개월 후행 (T+3, T)	4개월 후행 (T+4, T)	5개월 후행 (T+5, T)	6개월 후행 (T+6, T)
전국	0.4708	0.4445	0.4314	0.4376	0.4412	0.4486	0.4516
서울	-0.0078	-0.0586	-0.0877	-0.0886	-0.0832	-0.0664	-0.0613
대구	0.5112	0.5001	0.4952	0.4952	0.4943	0.4931	0.4908
경기	0.3058	0.2554	0.2197	0.2114	0.2053	0.2083	0.2054

표 8-4 | 〈표 8-3〉에 대한 t 통계량과 유의성 검정(2006년 1월~2021년 8월)

(거래량, 가격)	(T-6, T)	(T-5, T)	(T-4, T)	(T-3, T)	(T-2, T)	(T-1, T)	(T, T)
관측치 개수	183	184	185	186	187	188	188
전국	8.3984***	8.3314***	8.2661***	8.1265***	7.9290***	7.6178***	7.2778***
서울	1.7266*	1.5651	1.3569	1.1000	0.7847	0.3372	-0.1063
대구	9.9129***	9.6664***	9.5286***	9.3541***	8.9155***	8.3565***	8.1123***
경기	7.3443***	6.9780***	6.6070***	6.1451***	5.6812***	5.0297***	4.3801***

(거래량, 가격)	(T, T)	(T+1, T)	(T+2, T)	(T+3, T)	(T+4, T)	(T+5, T)	(T+6, T)
관측치 개수	188	187	186	185	184	183	182
전국	7.2778***	6.7494***	6.4861***	6.5835***	6.6317***	6.7528***	6.7903***
서울	-0.1063	-0.7985	-1.1945	-1.2034	-1.1266	-0.8947	-0.8242
대구	8.1123***	7.8557***	7.7317***	7.7113***	7.6719***	7.6256***	7.5576***
경기	4.3801***	3.5924***	3.0545***	2.9255***	2.8305***	2.8651***	2.8151***

주: ***, **, *는 각각 1%, 5%, 10% 유의수준을 의미

표 8-5 | 거래량과 가격의 시차상관계수(2017년 6월~2021년 8월)

거래량 (거래량, 가격)	6개월 선행 (T-6, T)	5개월 선행 (T-5, T)	4개월 선행 (T-4, T)	3개월 선행 (T-3, T)	2개월 선행 (T-2, T)	1개월 선행 (T-1, T)	동행 (T, T)
전국	0.3130	0.2837	0.2604	0.2209	0.1714	0.1005	0.0681
서울	-0.1673	-0.1799	-0.1987	-0.2203	-0.2406	-0.2874	-0.3136
대구	0.4753	0.4052	0.3545	0.3028	0.2030	0.0925	0.0622
경기	0.1094	0.0821	0.0486	-0.0105	-0.0565	-0.1292	-0.1552
거래량 (거래량, 가격)	동행 (T, T)	1개월 후행 (T+1, T)	2개월 후행 (T+2, T)	3개월 후행 (T+3, T)	4개월 후행 (T+4, T)	5개월 후행 (T+5, T)	6개월 후행 (T+6, T)
전국	0.0681	0.0441	0.0424	0.0667	0.0588	0.0185	0.0032
서울	-0.3136	-0.3101	-0.2977	-0.2328	-0.2027	-0.2257	-0.2179
대구	0.0622	0.0412	0.0556	0.0966	0.1344	0.1446	0.1774
경기	-0.1552	-0.1794	-0.1729	-0.1549	-0.1580	-0.1746	-0.1787

표 8-6 | 〈표 8-5〉에 대한 t 통계량과 유의성 검정(2017년 6월~2021년 8월)

(거래량, 가격)	(T-6, T)	(T-5, T)	(T-4, T)	(T-3, T)	(T-2, T)	(T-1, T)	(T, T)
관측치 개수	45	46	47	48	49	50	50
전국	2.1612**	1.9622*	1.8091*	1.5363	1.1924	0.6996	0.4731
서울	-1.1127	-1.2133	-1.3603	-1.5317	-1.6998	-2.0792	-2.2884
대구	3.5426***	2.9399***	2.5431**	2.1547**	1.4214	0.6438	0.4317
경기	0.7218	0.5466	0.3263	-0.0709	-0.3882	-0.9028	-1.0885
(거래량, 가격)	(T, T)	(T+1, T)	(T+2, T)	(T+3, T)	(T+4, T)	(T+5, T)	(T+6, T)
관측치 개수	50	49	48	47	46	45	44
전국	0.4731	0.3025	0.2880	0.4484	0.3910	0.1211	0.0207
서울	-2.2884	-2.2358	-2.1148	-1.6058	-1.3733	-1.5191	-1.4467
대구	0.4317	0.2828	0.3779	0.6511	0.8996	0.9584	1.1684
경기	-1.0885	-1.2505	-1.1906	-1.0521	-1.0617	-1.1627	-1.1767

주: ***, **, *는 각각 1%, 5%, 10% 유의수준을 의미

그림 8-10 | 5대 시중은행의 전세자금대출 증가(2020년 말~2021년 9월 16일)

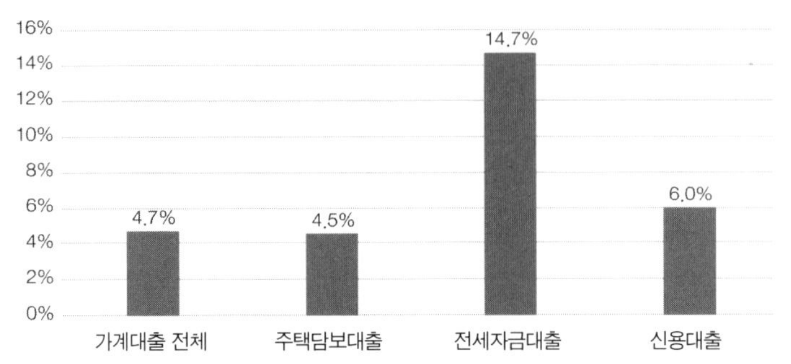

자료: 금융감독원

표 8-7 | 연령별 전세자금대출 추이(단위: 조 원)

	2017년 6월	2021년 6월	증가액
20대	4.4	24.4	20.0
30대	24.8	63.6	38.8
40대	15.3	36.4	21.1
50대	6.2	17.3	11.1
60대	2.1	6.8	4.7

주: 5대 시중은행(국민, 우리, 신한, 하나, 농협은행)
자료: 금융감독원

그림 8-11 | 주택구입부담지수 추이

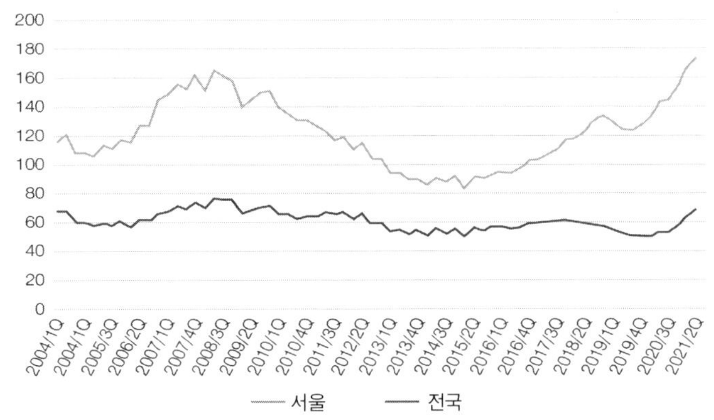

자료: 한국주택금융공사

표 8-8 | 연령대별 연소득 대비 가계부채비율(단위: %)

LTI	전체	20대 이하	30대	40대	50대	60대 이상
1Q2017	206.6	106.6	213.9	203.6	207.8	251.4
2Q2017	209.3	108.7	217.6	207.5	209.9	252
3Q2017	211.7	110.9	223.1	210.5	210.4	251.9
4Q2017	212.9	111.4	224.1	211.7	210.2	255.6
1Q2018	213.1	112.9	227	213	210.4	251.8
2Q2018	214.8	115.7	229.8	214.2	210.7	254.9
3Q2018	215.7	115	231.7	216.5	210.6	254.8
4Q2018	217.1	118.8	235.2	218	211.2	252.1
1Q2019	216.9	115.7	234.7	218.5	209.6	254.5
2Q2019	218.2	119.9	236.5	220.3	211	253.4
3Q2019	214.7	119.1	232	215.7	206.4	253.9
4Q2019	217.5	124	238.3	219.5	207.6	251.6
1Q2020	218.6	130.3	244.4	221	207	246.3
2Q2020	221.2	135.4	247.6	223.4	208.1	249.5
3Q2020	225.3	141.5	254.9	228.9	211.6	248.8
4Q2020	229.1	147.8	262.2	232.8	213.6	248.4
1Q2021	231.9	150.4	266.9	237.6	213.8	250.4

자료: 한국은행 가계부채DB

조). 반면에 지방은 2021년 2분기 68.3으로 과거 역사적 평균 60을 벗어나지 않은 수준이어서 대조적이다. 한편 연소득 대비 가계대출의 비율을 나타내는 LTI 비율도 상승했다. 특히 연령대별로 20대와 30대의 급상승세가 주목된다(〈표 8-8〉 참조).

5. 위기 가능성 진단

사정이 이렇다 보니 민간신용위험을 측정하는 BIS의 신용 갭 지표가 2021

그림 8-12 | BIS 신용 갭 추이

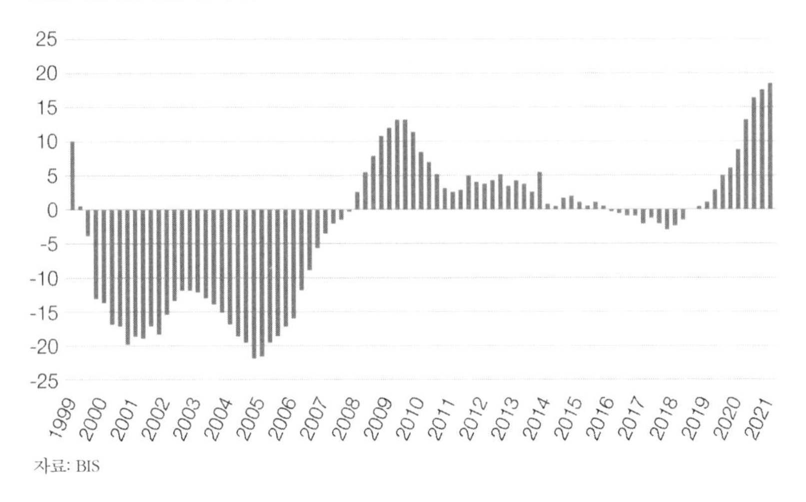

자료: BIS

년 2분기 들어 역대 최고치까지 치솟으면서 경계감이 높아진 것도 당연하다. 주택시장 버블이 꺼지고 대출이 부실화되면서 금융위기로 치닫는 파국을 맞이할 것이라는 경고도 심심찮게 들려온다.

지금으로서는 여러 나라의 과거 경험과 다양한 자료에 기초해 치우치지 않은 시선으로 우리 경제의 현 상황을 정확히 진단하려는 노력이 어느 때보다도 절실하다. 역사적으로는 민간부채비율이 200%를 돌파한 사례가 생각보다 많다. 적어도 세계 18개국 이상에서 그런 사례들이 확인된다.

그중 13개국에서는 최근까지도 200% 초과 상태가 이어지고 있다. 가장 장기간 지속된 경우는 네덜란드이다. 1998년부터 최근까지 무려 91분기 동안 민간부채비율이 200%를 넘고 있다. 금융위기와 연관되지 않은 사례도 있다. 2015년부터 최근까지 25분기 동안 민간부채비율이 200%를 초과한 캐나다가 대표적이다. 민간부채비율이 다시 200% 밑으로 떨어진 나라도 있다. 호주가 그러한 예이다. 말하자면 민간부채비율 200% 기준이 금융위기의 절대적인

표 8-9 | 국가별 민간부채비율 200% 초과 현황

국가	민간부채비율 현황
호주	2016년 4분기 연속 200% 초과
벨기에	2009년 2분기부터 최근까지 48분기 연속 190% 상회(41분기 동안 200% 초과)
캐나다	2015년 1분기부터 최근까지 25분기 연속 200% 초과
스위스	2009년 2분기부터 최근까지 48분기 연속 200% 초과
중국	2016년 1분기부터 최근까지 21분기 연속 200% 초과
덴마크	2005년 3분기부터 최근까지 63분기 연속 200% 초과
스페인	2007년 2분기부터 2013년 4분기까지 27분기 연속 200% 초과
프랑스	2017년 1분기부터 최근까지 17분기 연속 200% 초과
홍콩	2010년 3분기부터 최근까지 43분기 연속 200% 초과
아일랜드	2006년 2분기부터 최근까지 60분기 연속 200% 초과
일본	1989년 3분기부터 1998년 3분기까지 37분기 연속 200% 초과
한국	2020년 1분기부터 최근까지 5분기 연속 200% 초과
룩셈부르크	2003년 2분기부터 최근까지 72분기 연속 190% 상회(71분기 동안 200% 초과)
네덜란드	1997년 3분기부터 최근까지 95분기 연속 190% 상회(92분기 동안 200% 초과)
	1998년 3분기부터 최근까지 91분기 연속 200% 초과
노르웨이	2007년 4분기부터 최근까지 54분기 연속 200% 초과
뉴질랜드	2009년 1분기와 2분기에 200% 초과
포르투갈	2008년 2분기부터 2015년 2분기까지 29분기 연속 200% 초과
스웨덴	2008년 2분기부터 최근까지 52분기 연속 200% 초과

자료: BIS 데이터를 토대로 필자 정리

징후는 아닌 셈이다. 가계부채비율로 범위를 좁히더라도 상황은 비슷하다(〈표 8-10〉 참조).

따지고 보면 2020년 이후 부채 누증이 한국만의 현상인 것도 아니다. 위험을 과소평가해서는 안 되겠으나, 당장 금융위기가 닥쳐올 것처럼 호들갑을 떨 상황은 아니다. 민간부채비율이나 가계부채비율은 매년 누적되는 저량(stock)을 유량(flow)으로 나눈 것이므로 장기적으로는 상승 흐름이 자연스러울 수 있다. 적어도 수십 년 전 과거의 가계부채비율 80%와 최근 시점의 가계부채비율 80%의 의미가 같을 수는 없으며 다른 조건이 동일하다면 전자가 더 위

표 8-10 | **국가별 가계부채비율 90% 초과 현황**

국가	가계부채/GDP가 90%를 초과한 분기	최고값	최고값 시기
호주	2003년 4분기~최근	124.1	2016년 3분기
캐나다	2009년 3분기~최근	111.9	2020년 4분기
스위스	1999년 4분기~최근	133.4	최근
덴마크	2002년 3분기~최근	137.9	2009년 4분기
영국	2006년 4분기-2012년 2분기, 2020년 4분기~최근	96.4	2009년 4분기~2010년 1분기
홍콩	2020년 4분기~최근	91.4	최근
아일랜드	2006년 4분기~2013년 4분기	117.4	2009년 4분기
한국	2018년 2분기~최근	104.9	최근
네덜란드	2001년 3분기~최근	120.3	2010년 2~3분기
노르웨이	2015년 1분기~최근	114.9	2020년 4분기
뉴질랜드	2007년 2분기~2010년 4분기, 2016년 2분기~최근	99.4	최근
포르투갈	2009년 2분기~2013년 1분기	92.2	2009년 4분기
스웨덴	2020년 2분기~최근	95.6	최근
미국	2005년 2분기-2011년 1분기	98.4	2007년 4분기

자료: BIS 데이터를 토대로 필자 정리

험할 가능성이 크다고 할 수 있다.

실제로는 연체율이 사상 최저 수준에 근접하고 있고(〈그림 8-13〉 참조) 가계대출 차주 구성에서 고신용 차주의 비중이 2017년 69.7%에서 2021년 1분기 75.5%까지 늘어났다(〈그림 8-14〉 참조). 다중채무자이면서 소득 하위 30%이거나 신용점수 664점 이하 저신용에 속하는 취약 차주 비중은 2021년 1분기 5.3%(대출금액 기준)에 그치고 있다. 그간에 은행 부문의 재무안정성이 개선되면서 고정이하 여신비율도 낮은 수준이다(한국은행, 2021.6). 한국은행이 작성하는 합성지표인 금융안정지수(최대 100) 또한 2021년 8월에도 2.1의 매우 양호한 수치 값을 이어갔다(한국은행, 2021.9). 이는 위기단계 임계치 22, 주의단계 임계치 8을 크게 하회하는 수준이다.

가계 소득 가운데 원리금상환액의 비율을 나타내는 DSR도 2021년 1분기

그림 8-13 | 은행대출금 연체율(2005년 3월~2021년 7월)(단위: %)

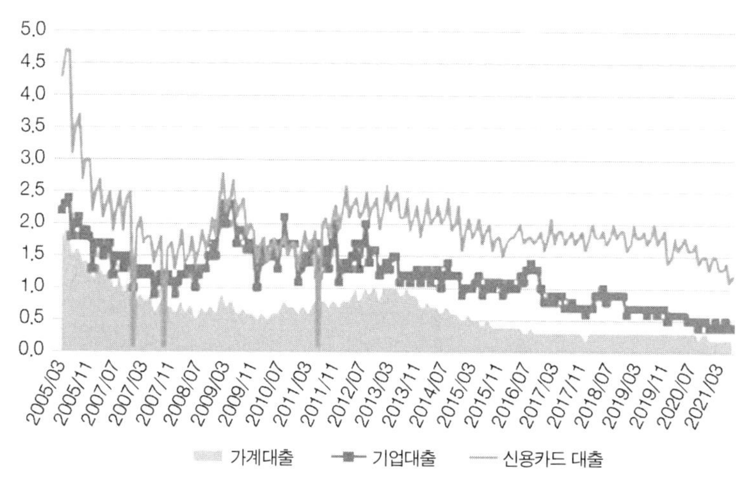

자료: 한국은행 ECOS

그림 8-14 | 가계대출 차주 구성(단위: %)

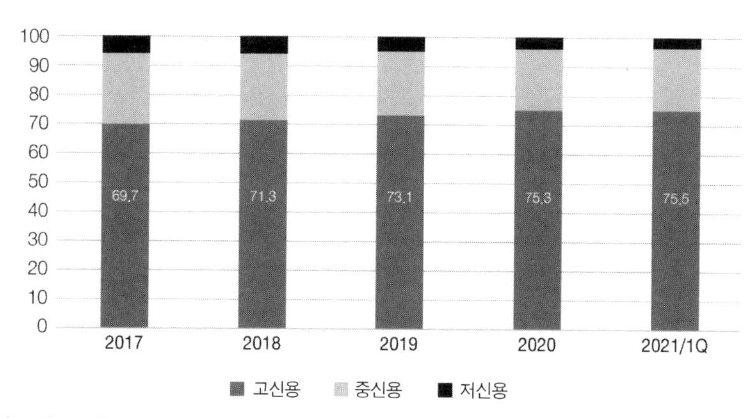

자료: 한국은행(2021.6)

말 36.1%(〈그림 8-15〉 참조)로, 한국은행이 소비를 제약하는 수준으로 추정한 45.9% 임계치를 밑돌고 있다. 〈표 8-8〉에 제시한 최근 LTI 비율 231.9% 역시 한국은행이 추정한 소비 제약 임계치 382.7%를 하회하고 있다.

그림 8-15 | DSR 추이(단위: %)

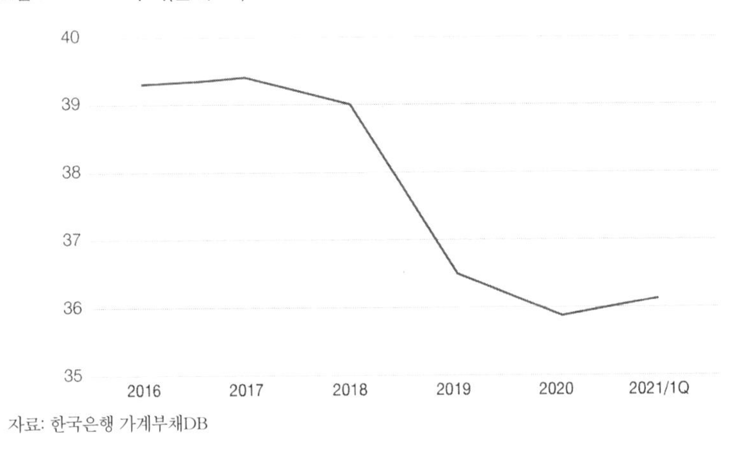

자료: 한국은행 가계부채DB

가계의 순자산이 2019년 이후 금융부채보다 빠르게 늘어 2020년 말 현재 5배를 초과하는 점(〈표 8-11〉), 그리고 2021년 2분기 말 현재 금융자산부채잔액표에 따르면 가계가 보유한 현금과 예금이 대출금 부채보다 많아 순 차입금이 마이너스라는 점(〈표 8-12〉)도 함께 고려할 만하다.

6. 바람직한 정책 조합

정부는 대출 총량의 증가율을 6%로 묶는 극약처방으로 대출규제를 강화했다. 그런데 늘어난 대출 총량은 빚에 의존하는 레버리지 투자를 제어하지 못하는 현행 주택시장 거래구조의 결과이지 원인은 아니다. 원인부터 바로잡지 않으면 결과를 바로잡을 수 없다. 전세자금대출과 전세보증금, 신용대출 등을 총동원해 레버리지를 극대화하면서 LTV 등 규제를 우회해 온 갭 투자 관행을 제어하지 못한다면 총량 규제를 밀어붙이는 데에도 한계가 있다. 대출

표 8-11 | 가계 대차대조표(단위: 조 원, 배)

연도	가계대출 차입금	가계보유 현 예금	가계 순 차입금	가계 순자산	순자산/가계대출
2011	1,021	1,082	-61	6,030	5.91
2012	1,070	1,118	-48	6,276	5.86
2013	1,130	1,179	-49	6,480	5.73
2014	1,200	1,255	-55	6,889	5.74
2015	1,324	1,363	-39	7,323	5.53
2016	1,466	1,481	-15	7,702	5.25
2017	1,583	1,582	1	8,258	5.22
2018	1,682	1,655	28	8,716	5.18
2019	1,766	1,783	-17	9,313	5.27
2020	1,936	1,968	-32	10,423	5.38

자료: 한국은행 ECOS

표 8-12 | 가계 금융자산부채잔액표(단위: 조 원)

연도	가계대출 차입금	가계보유 현 예금	가계 순 차입금
1Q2017	1483.6074	1502.5967	-18.9893
2Q2017	1513.0259	1523.628	-10.6021
3Q2017	1548.8911	1563.6093	-14.7182
4Q2017	1582.8081	1581.9883	0.8198
1Q2018	1603.873	1608.2844	-4.4114
2Q2018	1630.5715	1624.1919	6.3796
3Q2018	1654.9474	1643.3844	11.563
4Q2018	1682.2709	1654.7062	27.5647
1Q2019	1685.8579	1692.208	-6.3501
2Q2019	1706.596	1718.4417	-11.8457
3Q2019	1729.9516	1747.8554	-17.9038
4Q2019	1766.2284	1782.8716	-16.6432
1Q2020	1781.4411	1849.3282	-67.8871
2Q2020	1825.3947	1902.5886	-77.1939
3Q2020	1877.8033	1931.7076	-53.9043
4Q2020	1936.2917	1968.3969	-32.1052
1Q2021	1989.1137	2010.4434	-21.3297
2Q2021	2043.7642	2045.6958	-1.9316

자료: 한국은행 ECOS

총량의 증가율이라는 결과 값에만 집착하는 규제 방식은 성과를 거두기 어려울 수 있다. 기계적인 단일 수치의 총량 규제가 실수요까지 틀어막는다는 볼멘소리가 터져 나오고 집권당의 정치적 부담도 커져만 간다. 이는 국가채무비율 60%, 재정적자비율 3%의 수치 목표로 대표되는 이른바 한국형 재정 준칙만큼이나 허망한 집착에 그칠 공산이 크다.

금융 안정을 위한 건전성 규제의 본령은 지나친 레버리지를 제한하는 데 있다. 정부도 2021년 10월 10·26 대책을 통해 원리금상환액을 소득의 일정 비율 이내가 되도록 관리하는 차주 단위 DSR 규제를 조기에 안착시키려는 방향성을 분명히 했다. 기실 차주별로 상환능력에 대한 평가에 기초해 레버리지의 한계를 정하는 것은 지극히 자연스러운 접근법이다. 금융 당국으로서는 소득 수준에 비해 빚이 지나치게 많아서 DSR 비율이 높은 차주의 비중을 줄여가는 질적인 접근이 필요하다. 한편 10·26 대책에서 제2금융권에 대한 규제의 강도를 동시에 높인 것은 풍선 효과를 견제하는 효과가 있을 것이다.

다만 10·26 대책은 전세자금대출 가운데 실제 전세 거주 용도와는 별 관계없이 이루어지는 부분을 소득 이외의 상환재원이 인정된다는 이유로 관리 대상에서 누락시킴으로써 갭 투자가 이루어지는 구조를 온전히 지속시킬 위험이 있어 보인다. 현실적으로 개별 전세자금대출이 실제 전세 입주를 위한 실수요인지 아니면 갭 투자 등 다른 용도로 사용되는 투기수요인지를 식별하는 것은 어려운 문제이며 그런 점에서 최근 강화된 DSR 규제 역시 그 효과가 제약될 수 있다. 원칙적으로는 규제의 실효성을 높이기 위해 DSR 비율 계산 시 전세자금 원금을 일부라도 반영하는 방식을 염두에 두어야 한다. 임대차보호 관련 보완 입법을 전제로 한다면, 임대인의 사적 부채인 전세보증금에 대해서도 DSR에 반영하는 것이 적절한지 여부를 따져볼 만하다.

10·26 대책의 이른바 '플랜 B'는 가계부채 증가세가 지속될 경우의 추가적

인 대책으로서, 여기에는 전세자금대출을 받고도 추가대출을 받는 경우 DSR에 전세자금대출의 원금이 반영되도록 하는 방안이 포함되었으니 두고 볼 일이다. 이와 관련해 사실상 갭 투자자의 전세보증금 채무 상환을 정부가 보증해 주는 모양새를 띠는 전세자금대출은 차제에 제도 자체를 정비할 필요가 있다. 금융 당국은 대출 한도를 전세가격 상승분으로 제한할 예정이지만, 더 나아가 전세자금대출에 대한 보증 한도와 보증 비율을 조정하는 것이 무리한 규제는 아니다.

가계부문 경기대응 완충자본의 도입을 앞당기는 것도 은행 대출이 가계대출로 쏠리는 현상을 관리할 수 있는 정책 수단을 확보하는 차원에서 긍정적으로 검토할 필요가 있다. 이는 대출의 편중 위험을 관리하는 부문별 경기대응 완충자본(sectoral countercyclical capital buffer)의 일환으로서, 가계부채로의 편중이 심화되면 자기자본을 일정 비율만큼 추가 적립하게 하고 편중 상황이 해소되면 적립률을 낮추는 제도이다. 현재 가계부채와 주택가격의 증가율이 높은 수준을 유지하면서 가계부채로의 편중 위험도 커지는 상황이므로 제도 도입의 여건은 점점 더 성숙되고 있는 것으로 판단된다. 스위스 등의 선례에서 이 제도가 금융안정에 기여했다는 평가(김인구, 2013)가 있으며, 이미 우리 금융 당국도 2018년 1월 자본규제 개편 방안을 통해 이 제도의 도입을 추진한 적이 있다(관계기관 합동, 2018.1).

여태껏 전세가격 상승의 주범으로 억울하게 낙인찍힌 '주택임대차보호법'도 보완 입법을 더는 미루지 말아야 한다. 보완 입법은, 세입자의 주거권 보호를 강화하고 임대인의 계약갱신 거절 사유를 제한해 계약갱신청구권 행사 비율을 끌어올리는 데 초점을 맞추어야 할 것이다. 전월세상한제를 신규 계약에 도입하는 것도 반드시 부정적으로 볼 일만은 아니다.

그런데 강화된 건전성 규제를 꼭 기준금리 인상을 통해 뒷받침해야 하는 것은 아니다. 기준금리를 올려 가계부채를 줄이려고 의도한다면, 현실적인 경제상황이 허용하기 어려울 만큼 인상 폭이 커야 할 수도 있다. 현실이 허용하는 정도의 금리 인상으로는 주택시장 참여자들의 행동을 바꾸기 어려울 수 있기 때문이다. 하지만 이자부담 증가에 따른 부작용으로 수요 둔화 현상은 분명히 나타날 수 있다. 더욱이 금리 상승이 예상되면 단기적으로는 고정금리 가계부채가 더 늘어날 가능성마저 있다.

실제로 그동안 기준금리 인상이 주택가격 상승세를 진정시키는 데 성공적이었을까? 과거 사례를 보면 그렇게 성공적이지만은 않았다. 첫째 사례로, 주택가격 급등으로 2005년 10월부터 2007년 8월까지 기준금리를 3.25%에서 5%까지 인상한 경우를 들 수 있다. 그러나 가계부채 증가율은 2006년과 2007년에 오히려 상승했고 같은 기간 주택가격 상승세도 진정되지 않았다. 둘째 사례로, 2010년 7월부터 2012년 6월까지 기간에도 기준금리를 2%에서 3.25%로 인상한 것을 들 수 있다. 하지만 이 기간에도 주택가격 상승세가 진정되지 않았다. 셋째 사례로, 2017년 11월부터 2018년 11월까지 기준금리를 1.25%에서 1.75%로 인상했으나 주택가격 상승세를 잡지 못한 일도 있었다.

기준금리 인상이 가계부채를 줄일 것이라는 주장이 직관적으로 설득력이 있을지 몰라도 그와 같은 관계가 실증 분석의 결과로 확립된 것은 아니다. 오히려 이영수(2010)는 금리와 주택가격이 장기 균형식에서 양(+)의 관계인 것으로 추정했다. 같은 연구에서는 VECM 모형을 추정한 결과로 단기적인 영향은 양(+)과 음(-)의 관계가 시차에 따라 번갈아 나타난다고 보고했다. 김중규·정동준(2012)의 공적분 검정에서도 주택가격의 금리에 대한 탄력성은 10% 유의수준에서조차 통계적으로 유의하지 않은 것으로 추정되었다. 김영도(2017)는 다양한 실증 모형을 추정함으로써 기준금리의 부동산가격에 대한 영향이 특히 2016년 이후 약화되었다는 분석 결과를 제시한 바 있다. 주택금융연구원의 2018년 연구(주택금융연구원, 2018)에서는 기준금리가 주택가격에 미치는 영향에는 경제 상황에 따른 가변성도 작용하므로 기준금리 상승이 주택가격 상승을 동반할 수도 있다고 지적했다. 이근영(2020)은 기준금리의 영향이 비대칭적이어서 금리 인하로 주택가격이 오를 수는 있지만 금리 인상으로 인해 주택가격이 크게 하락하지는 않을 것이라고 보고했다.

앞에서 언급한 스위스의 가계부문 경기대응 완충자본 사례는 스위스 경제가 당시 미약한 회복세임을 고려해 통화정책의 완화 정도를 조정하지 않으면서 주택대출 증가세를 둔화시켜 주택시장 과열에 대응한 하나의 실례이다. 필자는 대내외 불확실성이 매우 크고 회복 전망이 여전히 불투명한 한국경제의 현 상황에서 가계부채를 축소할 목적으로 기준금리를 서둘러 인상하는 것은 거시경제의 전체적인 균형을 고려할 때 바람직하지 않다고 본다. 경제가 정상 궤도로 진입하지 못한 상태에서 통화정책의 완화 정도를 줄여간다면 경우에 따라서는 재정정책의 부담이 그만큼 더 커질지도 모른다.

과거 대공황시기인 1931년 9월 영국의 금본위제 이탈로 금 유출을 겪자 미국의 연방준비제도이사회는 재할인율을 인상했는데 이는 경제에 부작용만 노정해 침체를 가속화시켰다는 평가를 받고 있다. 1936년과 1937년에도 인플레이션 우려를 이유로 통화정책의 완화 기조를 버린 결과, 1938년 불황과 디플레이션이라는 이른바 이중침체(double deep)를 초래한 역사가 있다. 대공황의 경험으로부터 우리는 경제위기 동안 거시경제 정책에서는 무엇보다도 경제의 회복력에 대한 냉정하고 보수적인 판단이 우선되어야 한다는 교훈을 얻을 수 있다.

부채 감소가 급격히 진행되면 그로 인한 충격은 예상을 뛰어넘는 경제위기로 번지기 마련이다. 우리는 경제위기가 늘 약자에게 가장 가혹했음을 기억한다. 막연한 언어로 파국을 예언하는 것이 진보적인 것은 아니다. 지금으로서는 주택가격을 하향 안정시키고 가계부채비율의 하락이 완만한 속도로 이루어지게끔 유도하는 것이 최선이다. 자영업 부문을 중심으로 확산될 수 있는 부도위험을 조절하고 주택시장의 경착륙을 피하는 정책 조합이 바람직하다. 이를 위해서는, 재정정책은 확장 기조를 유지하고 통화정책은 재정정책을 도와 거시경제의 회복 경로를 지지하는 역할을 해야 한다. 금융정책은 차주별 DSR 규제를 보완하면서 전세자금대출 제도를 개편해 규제 차익의 기회를 최소화하고 실수요가 아닌 갭 투자 목적의 대출을 통제하는 방향으로 역량을 집중해야 한다. 아울러 가계부문 경기대응 완충자본을 조기에 안착시키는 노력이 도움이 될 것이다.

한편 혹자는 물가를 지적하면서 금리 인상을 주장하기도 하는데, 최근 물가 오름세는 국제유가 변동과 같은 공급 측 요인에 기인하는 측면이 커서 통화정책이 효과를 발휘할 여지가 별로 없다. 현실의 인플레이션에서는 경제주체들의 인플레이션 기대조차 중요하지 않다는 연구 결과(Rudd, 2021)까지 발표되고 있어, 공급 측의 물가상승 요인을 통화정책으로 제압하기는 힘겨워 보인다. 통화정책은 어디까지나 거시경제의 수요 측 요인과 관계되기 때문이다. 그런데 수요 측 요인의 물가에 대한 영향이 투영되는 근원인플레이션율은 2022년에도 물가안정 목표치 2%를 밑돌고 잘해야 1% 대 중반에 머물 전망이다(한국은행, 2021.8: 34). 2021년 10월 수정된 국제통화기금(IMF)의 세계경제 전망 데이터베이스(World Economic Outlook Database)에 따르더라도 한국경제의 GDP 아웃풋 갭(output gap)은 2021년에 이어 2022년에도 여전히 마이너스 값이 지속될 전망이다. 그렇다면 물가 때문에 당장 기준금리를 인상해야 한다는 주장은 설득력이 부족하다. 가계부채가 늘어난다고, 물가가 오른다고, 기준금리의 절대 수준이 너무 낮다고 해서 무턱대고 기준금리 인상부터 서두를 일은 아니라고 할 것이다.

7. 결론

일찍이 어빙 피셔(Irving Fisher)는 차주가 상환을 늘리면 늘릴수록 빚을 더 많이 지게 된다는 이른바 '피셔의 역설(Fisher's paradox)'을 제시했다(Fisher, 1933: 344). 피셔의 역설은 일본에서 현실이 되었다. 과잉부채 상태였던 일본의 민간부문은 버블이 붕괴되면서 '부채 최소화(debt minimization)'에 나섰고 이는 상황을 더욱 악화시켰다. 쿠(2010)의 설명에 따르면 일본 정부는 이와 같은 수요 기반 붕괴에 대해 정부지출 증가로 대응했고 그 결과로 대공황과 같은 극심한 상황은 피해갈 수 있었다. 다만 경기침체가 장기화하면서 민간부채 부담의 축소 역시 더디게 진행되었다.

그러나 정부지출 증가가 민간부채 축소를 가져온다는 주장은 앞에서도 언급했듯 부분적으로만 타당하다. 민간의 자금 잉여와 이에 따른 과잉저축은 민간부채 증가로 연결될 수 있다. 정부지출 증가로 민간부채 부담을 줄이는데 한계가 있을 수는 있지만, 그렇다고 해서 시장 자율에 맡겨놓는 것이 민간부채를 줄이는 최선의 방법일 수는 없다. 가령 한국 주택시장의 안정화를 위해 정부가 조세나 금융을 통해 개입하지 않고 시장에만 맡겨놓는다고 하자. 보나마나 가계부채는 더욱 빠른 속도로 늘어만 갈 것이다. 경제적 파국을 앞당기는 선택이 최선일 수는 없다. 그렇다면 민간부채 부담을 줄일 수 있는 다른 획기적인 방법은 없을까?

이 물음에 대한 하나의 대안은 부채 탕감과 같은 직접적인 조치일 수 있다. 이와 관련해 스티브 킨(Steve Keen)은 '현대적 부채 희년(modern debt jubilee)'을 제안했다(Keen, 2017). 제안의 내용은, 헬리콥터 머니처럼 정부나 중앙은행이 누구에게나 일정액의 예금을 지급하되 부채가 있는 가구는 우선적으로 부채부터 상환하도록 강제함으로써 채무자가 저축자보다 유리해지는 일을 방지하자는 것이다.

정부의 갖은 노력에도 불구하고, 앞으로 당분간은 수도권을 중심으로 주택시장 과열이 이어질 가능성이 있다. 서울시의 재개발규제 완화 대책 발표로 정비사업을 추진할 것이라는 기대감이 강화된 데에다 광역교통망 개선 계획이 확정된 것 또한 영향을 미칠 것이다. 반포 주공 1단지 등 일부 지역을 중심으로 정비사업에 따른 이주수요가 가져올 영향도 만만치 않아 보인다. 2021년 입주물량이 2019년이나 2020년 수준에 못 미치는 점도 시장 참여자들에게는 변수가 될 수 있다. 정부가 10·26 대책으로 DSR 규제를 강화했음에도 불구하고, 전세자금대출을 활용하는 갭 투자를 효과적으로 통제하지 못한다면 가계부채 증가세를 꺾기 어려울 것이라는 전망이 힘을 얻는 배경이다.

금융규제를 지금보다 더 강화한다고 해도 그것만으로는 주택가격 상승세를 억누르기 어려울 가능성이 크다. 금융규제는 사후적으로 거시경제 건전성을 관리하는 수단이지, 한국 사회의 부동산 문제를 원천적으로 해결하는 수단은 아니다. 문재인 정부의 규제 강화책 역시 주택거래량을 줄일 수는 있겠지만 주택가격을 잡는 데에는 적지 않은 곤란함이 있을 것으로 보인다. 결국 답은 금융 규제가 아닌 보다 근본적인 해법에서 찾아야 할 것이다. 레버리지 투자가 가능한 사각지대는 온존시키면서 임차인의 거주권을 보장하지 못하는 현행 제도는 바로잡아야 한다. 그러나 그렇게 하더라도 문제가 해결되지는 않을 것이다. 불로소득을 만들고 키워가는 현행 부동산시장의 거래구조를 근본적으로 바꿔내지 못한다면, 대출을 더 어렵게 만들고 금리를 더 올린다고 해도 한계가 있을 것이다.

참고문헌

관계부처 합동. 2017.8.「실수요 보호와 단기 투기수요 억제를 통한 주택시장 안정화 방안」.

_____. 2018.1.「생산적 금융을 위한 금융권 자본규제 등 개편방안」.

_____. 2018.9.「주택시장 안정대책」.

_____. 2019.12.「주택시장 안정화방안」.

_____. 2020.6.「주택시장 안정을 위한 관리방안」.

국토교통부. 2020.2.「투기 수요 차단을 통한 주택시장 안정적 관리 기조 강화」.

금융위원회·금융감독원. 2021.4.「가계부채 관리방안」.

_____. 2021.10.「가계부채 관리 강화방안」.

김영도. 2017.「자산가격경로를 통한 통화정책의 유효성에 대한 고찰」. 한국금융연구원.

김인구. 2013.「스위스 중앙은행의 경기대응 완충자본 제도 실시 배경 및 의의」. 한국은행. 프랑크푸르트사무소 조사연구.

김중규·정동준. 2012.「유동성과 금리가 부동산 가격에 미치는 영향 분석」. ≪주택연구≫ 제20권 제1호, 105~125쪽.

이근영. 2020.「정책금리가 주택가격에 미치는 영향」. ≪국제경제연구≫ 제26권 제2호, 35~61쪽.

이영수. 2010.「주택가격과 전세가격: VECM 분석」. ≪부동산학연구≫ 제16집 제4호, 21~32쪽.

주택금융연구원. 2018.「금리가 주택가격에 미치는 영향과 요인」.

쿠, 리처드 C.(Richard C. Koo). 2010.『대침체의 교훈』. 김석중 옮김. 더난출판사.

한국은행. 2021.6.「금융안정보고서」.

_____. 2021.8.「경제전망보고서」.

_____. 2021.9.「금융안정 상황」.

Docherty, P. 2020. "Prudential bank regulation: a post-Keynesian perspective." *European Journal of Economics and Economic Policies: Intervention*, 17(3), pp.399~412.

Dow, S. C. 1996. "Why the banking system should be regulated." *Economic Journal*, 106, pp.698~707.

_____. 2011. "Cognition, market sentiment and financial instability." *Cambridge Journal of Economics*, 35, pp.233~249.

_____. 2017. "Central banking in the twenty-first century." *Cambridge Journal of Economics*, 41, pp.1539~1557.

Dymski, G. 2010. "Why the subprime crisis is different: a Minskian approach." *Cambridge Journal of Economics*, 34, pp.239~255.

Fisher, I. 1933. "The debt-deflation theory of great depressions." *Econometrica*, 1, pp.337~357.

Keen, S. 2017. *Can We Avoid Another Financial Crisis?* Cambridge, UK: Polity Press.

Minsky, H. 1977. "The financial instability hypothesis: An interpretation of Keynes and an alternative to "standard theory."" *Challenge*, 20(1), pp.20~27.

_____. 1978. "The Financial Instability Hypothesis: A Restatement." Thames Papers in Political Economy.

Moore, B. J. 1988. *Horizontalists and Verticalists: The Macroeconomics of Credit Money*. Cambridge, UK: Cambridge University Press.

Palley, T. I. 2004. "Asset-based reserve requirements: reassessing domestic monetary control in an era of financial innovation and instability." *Review of Political Economy*, 16(1), pp.43~48.

Ramskogler, P. 2011. "Credit money, collateral and the solvency of banks: a post-Keynesian analysis of credit market failures." *Review of Political Economy*, 23(1), pp.69~79.

Rudd, J. 2021. "Why do we think that inflation expectations matter for inflation? (And should we?)." *Finance and Economics Discussion Series 2021-062*. Divisions of Research & Statistics and Monetary Affairs, Federal Reserve Board, Washington, D.C.

Sau, L. 2003. "Banking, information, and financial instability in Asia." *Journal of Post Keynesian Economics*, 25(3), pp.493~513.

제9장

공공임대주택제도 개혁 방안*

시장효과적인 공공주택 공급 방안

권세훈 | 상명대 경영학부 부교수

1. 서론: 연구 배경

최근 주택가격이 급등해 사회경제적으로 큰 충격을 주고 있다. 다주택자와 1주택자와 무주택자 사이에, 그리고 핵심 지역 주택 소유자와 주변 지역 주택 소유자 사이에 단기간에 대규모 부의 재분배가 발생했다. 이는 계층 간 세대 간 양극화를 극도로 심화시켰으며 노동이나 투자 등 경제활동 유인도 크게 왜곡시켰다. 또한 이는 경제윤리나 사회정의 관점에서도 용납하기 어려운 일이다. 서민들의 내 집 마련 희망은 좌절되었고, 주거비용 수준과 불확실성 모두 크게 증가했다.

이에 이 글은 작금의 주택문제에 대처하는 방안으로서, 사회적으로 공정하고 경제적으로 효율적이며 장기적으로 지속가능한 공공주택 공급 방안에 대해

* 이 글은 2020년 서울사회경제연구소로부터 연구비를 지원받아 서울사회경제연구소 월례토론회(2021.9.10)와 서울사회경제연구소/한국경제발전학회 공동 심포지엄 '부동산 정책 어디로 가야 하나'(2021.10.29)에서 발표한 내용을 보완한 것이다.

논하려 한다. 근본적으로 이 글은 사회복지나 윤리규범 차원을 고려하는 것이 아니라, 경제주체들의 유인 및 반응의 결과인 경제적 균형을 고려한다. 그리고 부의 분배가 최소화되는 효율적이고 공정한 공공주택 공급 방안을 제안하려 한다. 주택은 "소유가 아닌 거주"의 대상이다. 즉, "'사는 것'이 아닌 '사는 곳'"이 되어야 한다(김태섭, 2015). 주택 정책의 기본목표는 일부 운 좋은 무주택자를 자산소유자로 만들어주는 것이 아니라 대다수 무주택자의 주거비용을 안정시키는 것이 되어야 한다. 반값 아파트 공약처럼 소수의 제도 수혜자만 큰 경제적 이익을 보고 나머지 대다수 무주택자는 주택시장이 더 불안정해져 더 높아진 주거비용을 부담하는 불공정이 발생하지 않도록 해야 하는 것이다.

현재의 공공주택 임대 및 분양 등의 공급 방안 대부분은 사회복지 관점에서 설계되어 경제적 효과를 충분히 고려하지 못했다. 주택은 근본적으로 토지의 제약으로 인해 공급이 매우 제한적이다. 시간적으로 보면 오늘의 주택공급은 내일의 주택공급을 대체하고, 공간적으로 보면 빌라를 지으면 아파트를 지을 땅이 사라진다. 공공주택을 공급하면 시장의 주택공급이 대체된다. 따라서 공공주택 공급이 시장의 수요를 충분히 흡수하지 못한다면 주택공급이 증가하는데도 오히려 주택가격이 상승하는 역설적인 상황이 발생할 수 있다.

현재의 공공주택 공급제도는 사회적으로 희소한 주택자원을 저가로 공급하는 복지 용도로 소비함으로써 시장가격 상승을 유발하는 부작용이 크다. 공공주택 공급이 시장수요를 최대한 흡수하고 시장공급 대체를 최소화함으로써 주택가격 안정을 유도하기 위해서는 무엇보다도 먼저 공공주택을 '분양이 아닌 임대' 방식으로 공급하는 것이 바람직하다. 그것도 현재와 같은 복지형이나 추첨형이 아닌 '시장형으로 핵심 입지 지역에 대규모로 공급'할 것을 제안한다. 즉, 민간의 전세시장에 공급 증가 효과가 발생하도록 '시장가격의 단기전세'(예: 5년) 방식이 되어야 한다. 이렇게 하면 시장가격 기준이므로 '불공정 시비를 차단'하고, 민간 전세시장과 직접 경쟁해 '전월세 가격 하락'을 유도하며, '핵심 입지 거주의 세대 간 교체'를 이룰 수 있다. 그리고 '임대료 수입이 체계적으로 재투자'될 수도 있다. 즉, 주택가격이 지속 상승한다는 것은 시장수요가 증가한다는 신호이므로, 시장가 기준 공공임대료 수입이 증가할 것이고 이를 통해 공공임대주택 공급을 증대시킬 수 있을 것이다. 향후 주택 수요가 큰 폭으로 감소한다면 공공임대주택을 철거 또는 용도 전환해 그 수입으로 무주택자 주거지원 등에 사용할 수 있다. 즉, 효율성과 공정성과 지속가능성을 동시에 달성할 수 있는 것이다. 그뿐만 아니라 민간 전월세와 달리 전세금 미반환 위험 및 입주일자 이중일치 불편을 제거하고 과다한 중개수수료 등의 부담을 절감할 수도 있다. 장기적으로는 전월세 투자목적 주택의 수익 및 협상력을 낮추어 주택가격 안정화에도 크게 기여할 것이다. 한편 대규모 공공주택 공급과 관련해서는 공적 관리의 효율성, 핵심 입지 확보, 대규모 자본 조달 측면에서 어려움이 발생할 수 있으나, 이 또한 큰 문제없이 해결 가능하다고 판단한다.

이 글의 구성을 보면, 먼저 2절에서는 기본적인 모형을 통해 공공주택 공급 증가가 시장가격에 미치는 효과를 분석한다. 3절에서는 모형의 구성요소와 결과에 대해 정책적 관점에서 경제적 해석을 시도하고, 4절에서는 이 글의 핵심 제안인 시장가 단기 공공임대주택 제도의 구체적인 설계 방안에 대해 논의하며, 5절에서는 요약 및 결론을 제시한다.

2. 공공공급의 시장수요흡수 및 시장공급대체에 관한 모형

시장에서 공급이 증가하면 기본적으로 수요가 흡수되고 공급이 대체되는 두 가지 효과가 발생한다. 주택시장의 경우도 마찬가지로 공공주택을 공급하면 당연히 민간주택의 수요 일부가 흡수된다. 하지만 택지 감소 등의 이유로 현재나 미래의 주택공급 역시 어느 정도 감소가 불가피하다. 일반적으로 주택공급은 공급량뿐만 공급 방식에 따라서도 수요흡수 및 공급대체 효과에 차이가 있다. 여기에서는 공공주택 공급이 하위가격 수요를 먼저 충족하는 방식을 '복지형', 상위가격 수요를 먼저 충족하는 방식을 '시장형', 수요가격과는 독립적인 추첨을 통해 공급되는 방식을 '추첨형'으로 명명하고, 세 가지 방식에 따른 수요흡수 및 공급대체 효과에 대해 간단한 모형을 구성해 비교 분석한다.

먼저 〈그림 9-1〉에서 주택의 최대수요가격 P와 최대수요량 Q가 주어진 상태에서 원래의 수요곡선이 D_0라고 가정한다. 여기서 수요자의 지불능력(예: 소득)과 지불의사(수요가격)는 완전히 비례한다고 가정한다. 이때 공공주택이 xQ만큼 공급되어 시장의 수요를 흡수하는 효과를 비교 분석해 보면, 같은 수량이 공급되는 경우라도 공급하는 방식에 따라 시장의 수요를 흡수하는 효과가 달라지는 것을 알 수 있다. 단, x는 공공주택의 상대적 공급량을 뜻하며 $0 < x < 1$이다.

〈그림 9-1〉의 B는 공공주택이 하위가격 수요자에게 우선적으로 공급되는 경우 수요곡선이 어떻게 변화하는지를 나타내는데, 이하 이 글에서는 이러한 공급 방식을 복지형 공급으로 지칭하며, 이때 변화된 새로운 수요곡선은 D_1으로 표시한다. 〈그림 9-1〉의 C는 공공주택이 추첨을 통해 무작위로 공급되는 경우의 수요곡선 형태의 변화를 나타내는데, 이하 이 글에서는 이러한 공급 방식을 추첨형 공급으로 지칭하며, 이때 변화된 새로운 수요곡선은 D_2로 표시한다. 〈그림 9-1〉의 D는 공공주택이 상위가격 수요자에게 우선적으로 공급되는 경우의 수요곡선 형태 변화를 나타내는데, 이하 이 글에서는 이러한

그림 9-1 | 공공주택 공급 방식에 따른 수요흡수 효과 비교

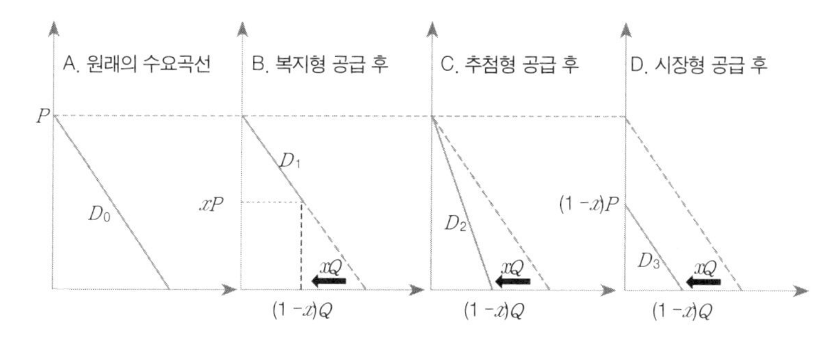

공급 방식을 시장형 공급으로 지칭하며, 이때 변화된 새로운 수요곡선은 D_3로 표시한다. 〈그림 9-1〉에서 각 공급 방식의 수요흡수 효과를 직관적으로 비교하면, 항상 $D_1 \geq D_2 \geq D_3$ 관계가 성립한다. 따라서 시장형 공급의 수요흡수 효과가 가장 뛰어나고, 복지형 공급은 수요흡수 효과가 없으며, 추첨형은 중간적인 효과를 가진다는 것을 알 수 있다.

다음으로 공급대체에 따른 최종적인 수요공급 균형에 대해 논의한다. 먼저 〈그림 9-2〉를 통해 공급곡선이 완전비탄력적인 경우를 살펴보자. 이는 토지 등의 제약요인으로 인해 주택공급이 시장수요에 탄력적으로 대응하지 못하는 상황을 가정하는 것으로, 추가적인 부동산 개발이 어려운 고밀지역이거나 건축에 오랜 기간이 필요한 상황에서 정책의 단기효과를 살펴보는 데 적합한 모형이다. 원래의 수요공급 상황에서 균형가격과 균형수량을 각각 P_0와 Q_0로 표기하고, 공공주택 공급이 기존 공급곡선을 대체하는 효과를 σ로 표기하면, 기존 공급곡선 S_0가 좌측으로 이동하는 정도는 $\sigma x Q$가 되며, 이때 새로운 공급곡선은 S_1으로 표기한다. 단, 공급의 대체효과는 부분적인 것으로, 즉 $0 < \sigma < 1$인 것으로 가정한다.

공공주택 공급 방식에 따른 결과의 차이를 비교하면, 완전비탄력적인 공급

그림 9-2 | 공급곡선이 완전비탄력적인 경우 수요공급 변화

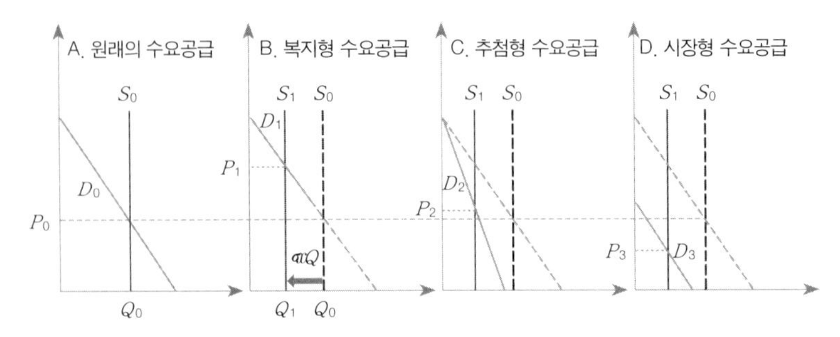

곡선을 가정했으므로 〈그림 9-2〉에서 균형수량은 모두 Q_1으로 동일하지만, 균형가격에서는 차이가 발생한다. 원래의 균형가격 P_0와 비교하면 복지형의 새로운 균형가격 P_1은 더 높아지는데, 이는 공공주택 공급에 따라 기존 주택 공급이 감소하는 대체효과가 발생하는 데 반해, 수요흡수 효과는 전혀 없기 때문이다. 반면 시장형은 새로운 균형가격 P_3가 P_0보다 더 낮아지는데, 이는 수요흡수 효과가 공급대체 효과를 압도하기 때문이다. 한편 추첨형의 경우는 공급대체 효과 σ의 크기에 따라 P_2와 P_0 사이의 대소관계가 달라진다.[1] 공급대체 효과가 커질수록(작아질수록), 즉 σ값이 1에(0에) 가까워질수록 균형가격 P_2가 더 증가(감소)한다. 결과적으로 $P_3 < P_0 < P_1$이고, $P_3 < P_2 < P_1$이며, P_0와 P_2 사이의 대소관계는 σ값에 의존한다.

다음으로 〈그림 9-3〉을 통해 공급곡선이 부분탄력적인 경우를 살펴보자. 이는 부동산 개발 가능 입지의 범위가 넓고 건축기간에 대한 제약도 낮은 경우에 적합한 모형이다. 여기서 공급곡선은 T_0 및 T_1으로 표기하고 그 기울

---

1) 〈그림 9-2〉의 C에서는 새로운 균형가격이 원래보다 커지는 것으로 표시되고 있으나, 이는 일반적인 결과가 아닌 하나의 예시일 뿐이다.

그림 9-3 | 공급곡선이 부분탄력적인 경우 수요공급 변화

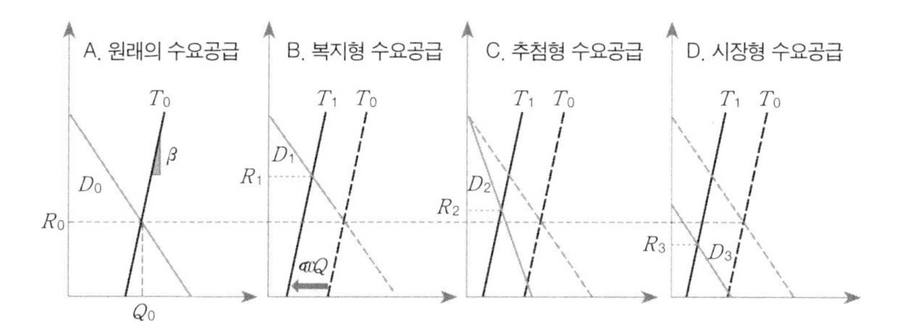

기는 β로 표시했다. 이 경우의 결과는 〈그림 9-2〉의 완전비탄력적 공급곡선의 경우와 질적으로 동일함을 알 수 있다. 즉, 복지형에서는 새로운 균형가격 R_1이 원래보다 상승하고, 시장형에서는 새로운 균형가격 R_3가 하락하며, 추첨형에서는 새로운 균형가격 R_2가 공급대체 효과의 크기에 의존한다. 즉, $R_3 < R_0 < R_1$이고, $R_3 < R_2 < R_1$이며, R_0와 R_2 사이의 대소관계는 σ 값에 의존한다. 한편 양적인 측면에서는 공급탄력성, 즉 공급곡선의 기울기 β의 크기가 중요한 영향을 미친다. 공급이 탄력적일수록, 즉 공급곡선 기울기가 평평할수록 공급 방식에 따른 차이가 작아진다. 이는 공급이 수요에 적극적으로 반응하는 시장의 복원력이 크게 작용하기 때문이다.

3. 수요흡수 및 공급대체 모형의 정책적 시사점

앞서 설명한 수요흡수 및 공급대체 모형의 취지는 다양한 방식으로 이루어지거나 제안되는 공공주택 공급 방안들의 효과를 논리적으로 비교 설명하는 것이다. 모형의 복지형 공급은 현실에서 소득기준을 주로 참고하는 공공(장

표 9-1 | 모형의 공공주택 공급 유형별 특성 비교

공급 유형	현실의 유사 제도	저소득층 주거복지	시장효과		
			수요흡수	공급대체	가격안정
복지형	공공임대, 특별분양	일부 수혜자 혜택 집중	낮음	높음	낮음
추첨형	추첨, 가점제 분양	부분적 고려	보통	보통	보통
시장형	주택매매, 전월세	고려 미흡	높음	낮음	높음

기)임대주택과 그 특성이 유사하며, 추첨형 공급은 아파트 청약 등의 선별기준이 되는 분양가점제도와 유사하다고 판단된다. 이러한 임대 및 분양 제도는 수요흡수 및 공급대체 측면에서 비효율적이고, 수혜자와 비수혜자 사이의 불공정 소지가 크며, 장기적으로 지속가능성도 낮다. 이에 여기에서는 새로운 대안으로 시장형 공공임대주택 공급 방안을 제시하려 한다. 〈표 9-1〉은 앞서 설명한 모형의 공급 유형별 효과와 현실의 유사한 제도에 대해 비교 정리한 것이다.

먼저 〈그림 9-1〉의 A에서 기본적인 주택 수요 크기를 구성하는 요소는 최고수요가격 P와 최고수요량 Q이다. 최고수요가격 P는 향후 주택시장의 수급 및 그에 따른 가격 전망에 의존한다. 주택시장 미래가 더욱 불안정할 것으로 예측될수록 P는 증가할 것이다. 최고수요량 Q가 주어진 상황에서 P가 증가할수록 수요는 더욱 비탄력적으로 된다. P값을 낮추려면 공공주택 공급 등 정부정책이 주택시장 수급상황을 근본적으로 개선해 향후 주택가격이 안정될 것임을 시장참가자들에게 설득할 수 있어야 한다. 장기적으로 지속가능한 일관적인 부동산 정책이 필요한 이유이다.

또 다른 측면으로 최고수요량 Q를 줄이기 위해서는 다주택자나 투자목적의 수요를 억제할 필요가 있다. 정부 자료에 의하면[2] 최근 다주택자의 주택매입 비중이 크게 증가한 것으로 보인다(전강수, 2021). 따라서 다주택 소유를 직접적으로 규제하고, 소유주택 수 증가에 따른 누진적 보유세를 강화하며, 비거주 주택에 대해 빈집세나 간주소득세 등 종합적인 세제를 정비해야 한다. 보다 근본적으로는 양적완화 및 저금리 등 금융정책의 기조 또한 변경할 필요가 있다.

공급 측면에서는 공공주택 공급량의 상대적인 규모를 의미하는 x의 효과를 살펴보아야 한다. 직관적으로는 x가 클수록 당장의 공급이 증가하므로 주택가격이 낮아질 것으로 예상된다. 그러나 공급 방식에 따라 수요흡수 효과가 현저히 다르므로 주의가 필요하다. 특별히 모형의 복지형 공급은 수요흡수 효과가 전혀 없으므로 공급대체 효과에 의해 최종가격이 절대적으로 상승한다. 추첨형은 수요흡수가 부분적으로 발생하므로 공급대체 효과의 크기에 따라 다른 결과가 나온다. 시장형의 경우는 수요흡수 효과가 최대화되어 공급대체 효과를 압도하므로 최종가격이 절대적으로 하락한다.

이러한 수요흡수 및 공급대체 효과에 영향을 미치는 주된 요소로는 공급대체 효과의 크기를 나타내는 σ와 공급곡선의 기울기 β를 생각할 수 있다. 먼저 σ가 클수록 공공주택 공급이 민간부문의 주택공급을 더 많이 대체하므로 시장의 주택가격이 상승하는 효과를 낳는다. σ값이 최소가 되는, 즉 가급적이면 민간의 공급여력을 대체하거나 방해하지 않는 방식으로 공공주택이 공급되어야 한다. 단, 여기서 민간의 공급여력이란 현재뿐만 아니라 미래의 것까지 모두 포함하는 개념이다.

다음으로 생각할 요소는 공급곡선의 기울기 β인데, 이는 공급탄력성과 반비례한다. 즉, 공급곡선 기울기가 증가할수록 공급이 비탄력적임을 뜻하며,

---

2) 2017년 8월 2일자 관계부처 합동 보도자료 「실수요 보호와 단기 투기수요 억제를 통한 주택시장 안정화 방안」에 따르면 다주택자의 주택매입 비중은 2012~2015년 연평균 4.6%에서 2016~2017년 13.9%로 급증했다.

표 9-2 | 모형 구성요소의 가격효과와 정책적 시사점

모형 구성요소		가격효과	정책적 시사점
P	최대수요가격	(+)	- 주택시장 안정이 합리적으로 기대되는 지속가능하고 일관된 정책 필요
Q	최대수요량	(+)	- 다주택 및 투자목적 수요 억제 필요 - 단, 실거주 수요도 억제되는 부작용 주의
x	공공주택 공급량	복지형: (+) 추첨형: (?) 시장형: (-)	- 공공주택 공급은 수량과 방식이 모두 중요함 - 수요흡수를 최대화하는 시장형이 바람직함
σ	공급대체 효과	(+)	- 민간 및 미래의 주택공급 대체효과를 최소화하는 방식으로 공공주택을 공급해야 함
β	공급곡선 기울기 (공급탄력성 역수)	x 효과 확대	- 민간 규제 완화로 공급탄력성 확대 필요 - 단, 수익 환수 세제 개편 등 필요

이 경우 공공주택 공급 방식에 따른 공급량의 가격효과 차이가 더욱 증폭된다. 즉, 공공주택 공급 x가 증가할 때 복지형/추첨형/시장형 유형별로 가격 상승 또는 하락 효과가 다르게 나타나는데 공급이 비탄력적일수록 이러한 가격효과 차이가 더욱 커진다. 이는 공급이 비탄력적인 상황일수록 공공주택 공급 방식 등 정책 설계가 더욱 중요하다는 것을 뜻한다.

한편 주택공급의 탄력성은 가용 토지가 많고 규제가 적을수록 증가한다. 즉, 주택가격 상승이라는 시장의 수요 증가 신호에 공급이 탄력적으로 대응할 수 있다. 그런데 현재 서울 등 핵심 입지 지역은 가용 토지에 여유가 있다고 보기 어려우므로 차선책으로 주택공급 규제 완화를 생각할 수 있다. 다만 규제 완화에 따라 대규모 개발이익이 예상되므로 시장참여자에게 충분한 유인을 제공하는 것 이상의 초과수익에 대해서는 강력한 공익환수 조치를 마련할 필요가 있다. 〈표 9-2〉는 앞서 설명한 모형의 구성요소별 가격효과 및 이와 관련된 정책적 시사점을 비교 정리한 것이다.

4. 시장형(시장가 단기전세) 공공주택 공급 방안

앞서 논의를 통해 공공주택 공급은 복지형이나 추첨형보다 시장형 방식으로 이루어져야 한다고 설명했다. 그렇다면 시장형 방식, 즉 상위가격 수요자에게 공공주택을 우선적으로 공급하면서도 효율성뿐만 아니라 공정성과 지속가능성을 모두 만족시킬 수 있는 구체적인 방안은 무엇인가? 여기에서는 그 해답으로 시장가격 단기전세 방식으로 공공주택을 핵심지역에 대규모 임대할 것을 제안한다.

1) 임대 vs. 분양

공공주택을 공급하는 기본 방식은 분양보다는 임대가 바람직하다. 공공주택이 민간에 분양되면 소유권이 이전되어 향후 정책자원으로 활용하기 어렵다. 무임승차자 문제, 알박기, 주관적인 거주지 애착 등으로 인해 재개발이나 재건축이 쉽지 않은 경우가 바로 대표적인 예가 될 것이다.

반면 임대 방식은 공적 소유이므로 정책자원으로 지속적으로 활용할 수 있다. 참고로 한국의 경우 공공임대재고율이 여전히 낮은 수준이다(이선화, 2021). 국공유지 비율도 현저히 낮은데 그나마 공원이나 도로 등 주택으로 활용하기 어려운 토지가 대부분이므로 향후 토지비축 제도가 필요하다.[3] 임대는 분양

3) 이와 관련해 전강수(2021)는 "얼마 남지 않은 기존 국공유지를 분양주택 부지로 활용하는 것도 문제이다. 2019년 현재 한국의 국공유지 비율은 30%로 싱가포르(81%), 대만(69%), 미국(50%) 등에 비해 현저하게 낮고 대부분 공원이나 도로 등 경제적 이용의 여지가 작은 토지들이다. 이는 역대 정부가 국공유지를 확보하기는커녕 기회만 되면 땅을 민간에 팔아넘긴 탓이다. … 전문가들 사이에 토지비축 제도를 적극적으로 활용해 국공유지를 확충해야 한다는 인식이 확산하고 있다. … 얼마 남지 않은 국공유지에다 분양주택을 건설하는 정책

과 달리 정부의 토지비축을 체계적으로 실행되도록 한다. 만약 자산관리 비효율 등으로 인해 민간으로 소유를 이전해야 할 상황이 된다면 언제라도 민영화할 수 있다. 즉, 분양은 매우 신중한 판단이 필요한 비가역적인 결정인 반면, 임대는 정부가 다양한 정책 선택권을 계속 보유하는 가역적인 결정인 셈이다. 특히 서울 등 핵심 입지 지역에 대해서는 이러한 정책 선택권의 경제적 가치가 매우 크다. 이론적으로 선택권의 가치는 선택 대상[4]의 가치 수준뿐만 아니라 그 변동성에도 크게 영향을 받는다. 즉, 미래의 상황이 불확실할수록 주택가치의 변동성이 증가하며, 따라서 관련 선택권의 가치 또한 커진다. 그리고 정부가 정책자원 측면에서 많은 선택권을 가지고 있어야 정책효과에 대한 시장의 신뢰도 향상된다.

공정성 측면에서도 임대가 더 바람직하다. 공공주택은 민간주택에 비해 어느 정도 혜택이 부여되는 경우가 일반적이다. 분양의 경우 혜택이 일시에 분양당첨자에게 집중된다. 특히나 근래에 반값 아파트 같은 인기영합적인 주택정책은 더욱 그러하다. 부동산가격이 폭등하는 상황에서 분양 확대를 추진할 경우 건축시차로 인해 적기에 주택이 공급되지 못해 오히려 투기적 수요만 자극해 시장을 더욱 불안정하게 만들 수 있다(전강수, 2021). 반면 임대는 정책 방식에 따라 다양한 효과를 유도할 수 있으며, 그 혜택이 여러 기간에 걸쳐 여러 사람에게 분산될 수 있다. 결론적으로 공공주택은 임대 방식으로 진행하고 분양은 민간부문에서 시장원리에 따라 시행되는 것이 바람직하다.

을 추진하고 있으니 안타깝기 짝이 없다"라며 현실을 개탄하고 있다.

4) 파생상품론에서는 선택권을 옵션(options)으로, 선택대상을 기초자산(underlying assets)으로 지칭한다.

2) 시장가격 vs. 복지비용

공공주택의 경우 사회복지 차원에서 시장가격보다 낮은 가격으로 제공되는 경우는 대부분인데, 그 가격 차이가 크면 클수록 초과수요가 더 많이 발생하고 수혜 기준의 공정성과 객관성 시비가 발생하기 마련이다. 주택자원은 그 희소성으로 인해 소수의 수혜자에게만 혜택이 부여되는데, 대부분 복지적 관점에서 저소득층이나 특수계층에게 공급되는 경우가 많아 시장의 수요흡수 효과가 매우 저조하다. 반면 이러한 공공주택이 주요한 입지에 대규모로 공급될수록 시장의 주택자원이 더욱 부족해진다. 이에 나머지 비수혜자는 상대적 박탈감을 느끼게 되고 더 불안정해진 주택시장에서 더 높아진 주거비용을 부담하게 된다. 한편 수요흡수 효과를 제고하기 위해 고소득층 등 상위가격 수요자에게 공공주택을 저가로 공급하는 것은 더더욱 용납하기 어렵다.

이처럼 수요흡수 효과와 공정성 딜레마를 해결하기 위해서는 공공주택을 시장가격 기준으로 공급해야 한다. 최대한 시장가격과 근접한 가격으로 공공주택을 공급함으로써 초과수요를 억제하고 공정성 시비를 최소화해야 한다. 시장가격 기준을 적용하는 가장 확실한 방법은 경매방식을 이용하는 것이다. 일정 기간 이상 무주택자만을 대상으로 최고 임대가격을 제시받는 경매방식을 통해 효과적으로 시장수요를 흡수할 수 있다. 기본적으로 최소한도 이상의 월세를 부담케 하고, 대출규제를 고려해 일정 한도 이내에서 시장이자율 기준으로 전월세 전환을 허용하는 방식이 효과적일 것이다.

경매방식을 적용하기 어려운 소규모 공급이나 수시 공급의 경우는 시세를 최대한 추종하는 객관적 기준을 미리 마련하고 자격기준에 따라 가점제나 추첨을 결합하는 방법을 생각할 수 있다. 다만 지나치게 복잡한 자격기준 가점제는 기준 자체의 형평성 시비와 함께 운영의 어려움과 부정수혜 등의 문제가 발생할 소지가 있다. 무주택 기간이나 해당지역 거주요건 등 최소한의 자격 기준만 부여한 가운데 시장가격 기준이나 추첨 방식으로 운영하는 것이 바람직할 것이다.

3) 단기임대 vs. 장기임대

장기임대의 가장 큰 장점은 임차인에게 장기적인 주거 안정성을 제공할 수 있다는 점이다. 그러나 이러한 복지효과는 경제적으로 공짜가 아니다. 모든 무주택 서민에게 장기임대를 폭넓게 제공할 수 있다면 좋겠지만, 주택자원 부족으로 인해 초과수요를 비시장적 방식으로 할당해야 하므로 수혜자의 범위가 축소될 수밖에 없다. 따라서 시장가치와의 차이만큼의 혜택이 수혜자에게 집중 부여되고, 소비된 주택자원으로 인해 시장의 주택가격이 상승해 나머지 무주택자들이 높아진 주거비용을 부담하게 되는 점은 저가분양의 경우와 유사하다. 그리고 장기임대된 주택은 당연히 장기간 정책자원으로 사용되지 못한다.

한편 단기임대의 장점으로는 기본적으로 더 짧은 주기로 시장가격을 반영하므로 경제적 효율성을 높이고 수혜자와 비수혜자 간 불공정 문제도 완화할 수 있으며, 거주지 변경 필요성이 높은 청장년 세대에게 거주지 선택의 자유를 더 자주 부여할 수 있다는 것을 들 수 있다. 한편 수도권 인구유입 증가에 따른 주택 수요 증가에 대한 대비책으로도 시장가 공공단기임대가 가장 효과적인 방안이 될 것이다.

4) 시장가 단기 공공임대 vs. 민간 전월세 시장

한국의 주택 임대 방식은 전통적으로 전세제도가 주를 이루고 있으며, 최근까지도 전세수요가 강세를 보여 전세공급이 부족한 것으로 판단된다(배영목, 2021). 모든 무주택자가 주택을 매입할 수는 없으므로 주택을 임대하는 경제주체가 반드시 필요하다. 기본적으로는 공공주택을 민간의 전월세와 유사한 방식으로 공급함으로써 전월세 가격 안정을 꾀할 수 있다. 전월세 가격 안정은 당장에 무주택 서민의 주거비용을 낮출 뿐만 아니라, 다주택자 등이 주택투자로부터 얻는 수익의 근본가치(fundamental value)를 감소시켜 궁극적으로 주택가격을 안정시키는 효과를 얻게 될 것이다. 그렇다면 민간의 전월세 시장을 더욱 활성화시키는 정책도 주택 정책 대안이지 않을까? 이 글에서 제안하는 것처럼 굳이 공공주택을 시장가격 기준으로 단기간 임대하는 정책이 필요한 이유는 무엇일까? 즉, 시장가 단기 공공임대와 민간의 전월세 시장의 차이점은 무엇일까?

먼저 공공주택 특성상 전월세 계약에 수반되는 각종 법률적·경제적 위험을 크게 낮출 수 있다. 대표적인 예로 민간 전세는 세입자가 집주인에게 돈을 빌려주는 경제적 구조로 인해 세입자가 집주인의 신용위험을 부담한다. 하지만 공공주택에서는 이른바 깡통전세 등 집주인 신용위험을 완전히 제거할 수 있다. 그리고 공공주택 단기임대제도를 체계적으로 관리한다면 주택 탐색의 편의성을 증진시키고 중개수수료 역시 크게 절감할 수 있을 것이다.

그리고 법규와 무관하게 경제적 협상력에 의해 세입자가 부담하는 각종 부담 역시 제거하거나 경감할 수 있다. 또한 공공주택은 민간 전세와 달리 집주인 측의 신용위험 부담이 없으므로 세입자에게 다양한 금융 서비스를 더 효율적으로 제공해 줄 수 있다. 한 예로 현재 민간의 전세 시장에서는 이사를 원하는 경우 임차인이 신규 세입자에게 신규로 전세금을 수령해 이전 세입자에게 전세금을 반환하는 것이 관행이다. 즉, 이전 세입자와 신규 세입자의 이사일자가 이중적으로 일치(double coincidence)해야 한다. 하지만 공공주택에서는 이른바 브리지론(bridge loan) 등 단기 대출을 이용해 이러한 불편과 위험을 제거할 수 있을 것이다.

5) 공공임대제도 vs. 민간임대등록제도

민간 전월세 시장에서 세입자가 감당해야 하는 위험성과 불편함에 대해서는 임대인의 책임성을 강화하는 제도적 보완을 통해 어느 정도 해결할 수도 있다. 대표적인 예로 문재인 정부 초기에 민간임대주택의 등록을 촉진하는 민간임대시장 활성화 정책이 시행되었다. 2017년 말에 세제 개편 등 지원 방안이 마련되었고 이후 민간임대주택 사업자 등록이 크게 증가했다. 그러나 2018년 하반기부터 서울 주택가격이 상승하면서 국민적 비판에 직면하자 정책 추진이 철회되고 3기 신도시 주택건설계획이 발표되었다(이상영, 2021). 이 글은 이러한 정책 전개가 모두 문제가 많다고 판단한다. 즉, 임대는 민간보다 공공부문이 담당하고, 분양은 공공보다 민간이 담당하는 것이 바람직하다. 여기에서는 분양 논의는 생략하고 공공임대제도와 민간임대등록제도의 차이를 비교 설명하는 데 논의를 집중하기로 한다.

기본적으로 민간임대 사업자는 시장원리에 따라 움직이므로 수요흡수 효과가 크다는 이점이 있다. 또한 주로 시장에서 매매거래를 통해 임대주택을 마련하므로 공급대체 효과 역시 매우 높다. 따라서 전세공급을 늘리는 효과와 함께 주택매매가를 높이는 효과가 동시에 발생하는데, 현재는 후자가 전자의 효과를 압도하는 상황으로 판단된다. 그리고 주택가격이 상승해서 임대료 수입이 증대된다 하더라도 이 수입이 임대주택 공급을 추가하는 데 재투자된다는 보장이 없다. 임대용 주택을 매입하기 위한 비용이 더 크게 증가할 수도 있고 미래의 불확실성 위험부담을 회피하려 할 수도 있기 때문이다.

반면 시장형 공공임대주택의 경우는 시장가격 기준으로 운영하되 근본 목적은 주거비용 안정이다. 임대료 수입은 시장의 수익성 기준과 무관하게 추가 공급을 위해 체계적으로 재투자되며, 기타 주택 정책 자원으로도 활용 가능하다. 결론적으로 임대는 가능한 공공부문이 담당해야 하며, 특히 다주택자 등이 보유한 비거주 주택들도 공공임대주택으로 수용하는 것이 바람직하다. 그러나 이는 당장에 현실화되기 어려우므로, 일단은 빈집으로 묶이지 않고 최대한 건전한 방식으로 임대가 활성화되도록 적절한 당근과 채찍 정책을 구사해야 할 것이다. 예를 들어 다주택 수에 따라 누진적으로 보유세를 부과하고 빈집세나 간주소득세 등을 마련함으로써 투자 목적으로 인해 주거용 주택자원이 사회적으로 낭비되는 유인을 최소화해야 할 것이다.

6) 시장형 공공임대와 취지 및 방식이 유사한 제도

시장형 단기 공공임대와 취지 및 방식이 일부 유사한 제도가 있다. 예를 들어 시가 80% 정도에 공공주택을 단기간 임대하는 제도나 5년 임대 분양전환[5] 등의 제도가 있다. 그러나 이들 제도 역시 시장가격에 충분히 근접하지 못할 뿐만 아니라 일부 자격자에게만 혜택을 부여한다는 점에서 한계가 분명하다. 구체적인 가격 산정 공식에서 보수적인 입장을 견지하므로 다양한 부가적 혜택이 부여되는 경우가 많다. 그리고 앞서 설명한 바와 같이 공공임대의 경우 민간임대에 비해 다양한 이점이 있으므로 유사한 조건의 민간임대 시세보다 훨씬 더 비싸야 시장가격적으로 정상이다. 따라서 80% 시세 조건은

---

5) '임대주택법' 제21조 제10항 및 관련 하위 규정. 참고로 동법은 2015년 말 '민간임대주택에 관한 특별법'으로 개정되면서 분양전환의무 등의 규제를 폐지했다.

여전히 시장가치와 격차가 매우 클 수밖에 없다. 그리고 이러한 제도들은 부분적·일시적으로 시행되는 경우가 많아 공급량 측면에서도 시장가격을 안정화시키는 효과가 미미하다. 더구나 단기임대 후 분양전환하는 경우는 단기임대제도가 아니라 분양제도에 선택권을 부여한 구조이므로 앞서 설명한 분양제도보다도 훨씬 폐해가 큰 제도이다. 최근에는 분양전환과 관련해 여러 분쟁까지 발생하는 실정이다.[6] 시장형 공공임대는 임시방편적으로 시행될 것이 아니라 분명한 공공주택정책 비전에 따라 혁신적인 방식으로 시행되어야 할 것이다.

7) 공공임대 관리의 비효율성 우려

공공부문이 민간에 비해 시설과 계약을 관리하는 데서 비효율적일 수 있다는 우려가 나올 수도 있다. 그러나 먼저 시설관리 측면에서 보면, 한국인들이 선호하는 아파트는 시설이 표준적이어서 관리 및 서비스를 외주화하기에 매우 용이하다. 오히려 민간주택이 아파트 대표자 선출과 공동사업 집행 등에서 분쟁과 부정이 발생하기도 하므로 공공주택의 시설관리가 더 효율적인 면도 많다. 계약관리 측면에서 보더라도 상위가격 수요자를 상대하므로 복지를 고려하지 않아도 되며, 규모의 경제를 활용해 전산시스템을 구축해 관리함으로써 효율성과 편의성을 높일 수 있을 것이다.

---

6) http://www.econovill.com/news/articleView.html?idxno=360587; https://www.mk.co.kr/news/realestate/view/2020/10/1081489

8) 핵심 입지 확보 방안

서민주거를 안정시키기 위해서는 시장가격 전반을 신속하게 안정시켜야 하는데, 이를 위한 가장 효과적인 방안은 주변 입지가 아닌 핵심 입지에 대규모로 주택을 공급하는 것이다. 하지만 핵심 지역은 토지를 확보하기 어렵다는 문제가 있다. 일차적으로 핵심 입지 내에 가용 공유지를 활용하는 방안, 그 다음으로는 민간의 재건축 주택조합 설립을 정부가 주도해 다수의 지분을 확보하는 방안, 최후의 보루로는 그린벨트 용지를 수용하는 방안을 고려할 수 있다. 향후 주택 수요가 감소한다면 공공주택 일부를 철거해 원래의 용도를 회복할 수도 있다.

9) 대규모 자본조달 방안

기본적으로 국가토지비축 제도에 근거해 최대한 공유지를 확보해야 하는데, 이 과정에서 대규모 재정의 투입이 요구된다. 재정이 부족하다면 자본시장을 활용할 필요가 있다. 기본적으로 시장가격 기준으로 임대료 수입을 확보할 수 있으므로 이를 담보로 하는 자산담보부증권(Asset-Backed-Securities: ABS)을 발행할 수도 있다. 최근 사회책임투자채권(Social Responsible Investment bond: SRI) 제도를 활용하는 방안도 고려할 수 있다. 핵심 입지의 토지 및 주택은 높은 담보가치와 양호한 임대 수익성을 예상할 수 있으므로, 자본시장을 이용한 자본조달이나 투자자 모집에도 큰 어려움이 없을 것으로 판단된다.

5. 요약 및 결론

이 글은 사회적으로 공정하고 경제적으로 효율적이며 장기적으로 지속가능한 공공주택 공급 방안으로서 시장가격 단기전세 방식의 공공임대주택을 핵심 입지에 대규모 공급할 것을 제안했다. 현재의 공공주택 임대 및 분양 등의 공급 방안은 대부분 사회복지 관점에서 설계·운영되어 비효율적이고 불공정한 소지가 많다. 토지와 주택은 근본적으로 입지의 제약으로 인해 공급이 제한되므로 공급 간에 대체효과가 발생한다. 복지 목적으로 공공주택을 공급하면 시장의 주택자원이 소비되어 공급이 대체된다. 그리고 현재의 대다수 공공주택 공급 방식은 시장의 수요를 충분히 흡수하지 못한 채 공급대체 효과만 유발하기 때문에 주택가격 안정화 효과가 미미한 것으로 판단된다.

이 글은 이러한 상황을 논리적으로 설명하기 위해 수요흡수 및 공급대체 모형을 구성하고 공공주택 공급을 복지형-추첨형-시장형 유형으로 구분해 시장효과를 비교 분석했다. 시장가격을 안정화시키는 효과 측면에서 보면, 복지형이 가장 열등하고 시장형이 가장 우수하며 추첨형이 중간적인 효과를 가진다고 설명했다. 또한 수요를 통제하기 위해 다주택자와 투자 목적 수요를 억제해야 하고, 불안정한 가격기대가 형성되지 않도록 시장참가자들을 설득할 수 있는 지속가능하고 일관성 있는 부동산 정책을 추진해야 하며, 공급량뿐만 아니라 공급 방식 또한 중요하다는 사실을 논증했다. 이러한 균형관계에 공급대체 효과와 공급탄력성이 영향을 미친다는 것도 아울러 설명했다.

공공주택 공급이 시장수요를 최대한 흡수하고 시장공급 대체를 최소화함으로써 주택가격 안정을 유도하기 위한 구체적인 설계 방안도 제안했다. 먼저 공공주택은 분양이 아닌 임대 방식으로 공급하는 것이 바람직하다. 단 현재와 같은 복지형이나 추첨형이 아니라 시장가격의 단기전세(예: 5년) 방식인 시장형으로 핵심 입지 지역에 대규모로 공급해야 한다. 시장가격 기준이므로 불공정 시비를 차단하고, 민간 전세시장과 직접 경쟁해 전월세 가격 하락을 유도하며, 핵심 입지 거주의 세대 간 교체를 이룰 수 있다. 한편 주택가격이 지속적으로 상승한다면 임대료 수입이 증가하므로 공공임대주택 공급을 증가시킬 수도 있다. 하지만 향후 주택 수요가 큰 폭으로 감소한다면 공공임대주택을 철거 또는 용도전환해 그 수입을 무주택자 주거지원 등에 사용할 수도 있다. 즉, 효율성, 공정성, 지속가능성을 동시에 달성할 수 있는 것이다. 그뿐만 아니라 민간 전월세와 달리 전세금 미반환 위험 및 입주일자 이중일치 불편을 제거하고 과다한 중개수수료 등의 부담을 절감할 수도 있다. 무엇보다도 시장가격 기준에 따라 얻은 수입을 체계적으로 추가 공급에 재투자할 수 있다. 관리의 효율성 및 입지 확보와 대규모 재원조달에 대해서도 적절한 방안을 활용할 수 있음을 설명했다. 궁극적으로 시장형 단기임대 공공주택은 전월세 투자목적 주택의 수익과 협상력을 낮추어 주택가격 안정화에도 크게 기여할 것이다.

참고문헌

김태섭. 2015. “주택은 ‘사는 것’ 아닌 ‘사는 곳’”. ≪click 경제교육≫ 통권 제143호(2015.7), 22~23쪽.

권세훈. 2021. 「지속가능한 공공주택공급 방안」. 서울사회경제연구소 9월 월례토론회 발표. 2021.9.10.

배영목. 2021. 「우리나라 전세시장 변화와 정책적 함의」. 서울사회경제연구소. ≪SIES 이슈와 정책≫ 제35호. 2021.3.10.

이상영. 2021. 「부동산정책 왜 실패하나」. 서울사회경제연구소. ≪SIES 이슈와 정책≫ 제33호. 2021.2.19.

이선화. 2021. 「부동산 시장에 대한 이해와 보유세 개편 쟁점」. 서울사회경제연구소. SIES Forum Series 제41차 발표 자료. 2021.6.11.

이준구. 2009. 『미시경제학』(제5판). 법문사.

전강수. 2021. 「수도권 주택공급 확대 정책을 비판한다」. 서울사회경제연구소. ≪SIES 이슈와 정책≫ 제38호. 2021.5.24.

지은이(수록순)

송인호

오하이오 주립대학교 경제학 박사

현재 한국개발연구원 선임연구위원, 경제정보센터 소장

주요 연구: 「종합부동산세 변화가 주택가격과 민간소비에 미치는 영향」(2021), 「우리나라 주택공급의 문제점과 개선방향」(2019), 「주택연금의 지속가능성을 위한 개선방안: 주택가격을 중심으로」(2017)

이관건

KDI 국제정책대학원 정책학 석사

현재 한국개발연구원 거시금융정책연구부 전문연구원

이상영

서울대학교 경제학과 졸업, 서울대학교 경제학 박사

현재 명지대학교 부동산대학원 원장

주요 연구: 『정책의 시간』(공저, 2021), 『임대주택산업론』(공저, 2020), 『서울리츠2030신주거전략』(공저, 2017)

전강수

서울대학교 경제학과 졸업, 서울대학교 경제학 박사

현재 대구가톨릭대학교 경제금융부동산학과 교수

주요 연구: 『세상을 고치는 경제의사들』(2022), 『'반일 종족주의'의 오만과 거짓』(2020), 『부동산공화국 경제사』(2019), 『토지의 경제학』(2012), 『부동산 투기의 종말』(2010)

이선화
서울대학교 경제학과 경제학 학사 및 석사
미국 캘리포니아 주립대학교(Davis 소재) 경제학 박사
현재 국회미래연구원 연구위원
주요 연구: 『경제적 불평등의 특성과 조세정책의 과제: 부동산 보유세를 중심으로』(2020), 「복지재정과 교육재정 적정성 전망과 지방재정 운용에의 시사점」(공저, 2018), 「주택거래 구조모형을 이용한 조세정책효과」(공저, 2018)

정영식
서강대 경영학과 졸업, 서강대학교 경영학 박사(재무관리)
현재 대외경제정책연구원 선임연구위원
주요 연구: 「국제사회의 부동산 보유세 논의 방향과 거시경제적 영향분석」(2021), 『금융불안지수 개발과 금융불안요인 변화 분석』(2019), 『글로벌 부동산 버블 위험 진단 및 영향 분석』(2018)

박종선
단국대 법학과 졸업, 전남대 생활과학박사
현재 광주복지연구원 정책연구실 연구원
주요 연구: 「국민연금과 기초연금이 고령자 가구의 소비에 미치는 영향」(2020), 「고령자 가계에 있어서 공적이전소득이 사적이전소득에 미치는 영향」(2020), 「영구임대아파트 입주자의 우울 영향요인에 관한 융합연구: K 광역시를 중심으로」(2020)

정세은
서울대학교 경제학과 졸업, 파리 13대 경제학 박사
현재 충남대학교 경제학과 교수
주요 연구: 「자녀세대의 주택 취득에서의 부의 대물림 현상 연구」(2021), 『촛불 이후, 한국 복지국가의 길을 묻다』(공저, 2020), 「국민연금과 기초연금이 고령자 가구의 소비에 미치는 영향」(2020)

정준호

서울대학교 지리학과 졸업, 옥스퍼드대학교 박사

현재 강원대학교 부동산학과 교수

주요 연구: 『한국의 민주주의와 자본주의: 불화와 공존』(공저, 2016), 『뉴노멀』(공저, 2017), 『우리는 복지국가로 간다: 정치·경제·복지를 통해 본 한국 사회 핵심 쟁점』(공저, 2020), 『2022 한국의 논점』(공저, 2021)

나원준

서울대학교 경제학과 졸업, 서울대학교 경제학 박사

현재 경북대학교 경제통상학부 교수

주요 연구: "Long-run convergence in a neo-Kaleckian open-economy model with autonomous export growth"(2017), 『소득주도성장의 경제학』(2018), "The role of autonomous demand growth in a neo-Kaleckian conflicting-claims framework"(2019), 『MMT 논쟁』(2021)

권세훈

서울대학교 국제경제학과 졸업, 서울대학교 경영학 박사

현재 상명대학교 경영학부 교수

주요 연구: 『파생상품 이해』(2019), "A credit rationing model of the medium risk borrowers with low valued collateral"(2022), 「ELS 금융상품의 복잡성 진화와 금융소비자보호」(2019), 「한국 상장기업 무형자본의 위험과 수익」(공저, 2019)

한울아카데미 2365

서울사회경제연구소 연구총서 40

불평등 시대의 부동산 정책

엮은이 | 서울사회경제연구소
지은이 | 송인호·이관건·이상영·전강수·이선화·정영식·박종선·정세은·정준호·나원준·권세훈
펴낸이 | 김종수
펴낸곳 | 한울엠플러스(주)
편 집 | 신순남

초판 1쇄 인쇄 | 2022년 3월 10일
초판 1쇄 발행 | 2022년 3월 25일

주소 | 10881 경기도 파주시 광인사길 153 한울시소빌딩 3층
전화 | 031-955-0655
팩스 | 031-955-0656
홈페이지 | www.hanulmplus.kr
등록번호 | 제406-2015-000143호

Printed in Korea.
ISBN 978-89-460-7365-4 93320

※ 책값은 겉표지에 표시되어 있습니다.